高等学校公共课系列教材

马克思主义哲学原理

主编　戎毓春

西安电子科技大学出版社

内 容 简 介

　　本书以党的十八大精神为指导，以中国特色社会主义建设面临的问题为中心，从现代远程教育学生的实际出发，系统而简明地阐述了马克思主义哲学的基本原理，并将党的十八大报告提出的新思想、新观点、新论断融入各章的论述中。全书在内容选择、逻辑框架、章节体系以及理论的时代性和针对性等方面均有所创新。本书共九章，主要内容包括哲学和马克思主义哲学、世界的物质性和人的实践活动、物质世界的联系和发展、联系和发展的基本规律与基本环节、认识的本质和发展过程、真理和价值、人类社会的本质和基本结构、社会发展的一般规律和社会发展的动力、社会进步和人的全面发展。每章后均附有"同步练习"，供学生自测之用。

　　本书适用于高等院校各个专业的学生和参加自学考试的读者。

图书在版编目(CIP)数据

马克思主义哲学原理辅导/戎毓春主编. —西安：西安电子科技大学出版社，2013.1
(2021.4 重印)
ISBN 978-7-5606-2965-0

Ⅰ.①马… Ⅱ.①戎… Ⅲ. 马克思主义哲学—远程教育—教学参考资料 Ⅳ.①B0-0

中国版本图书馆 CIP 数据核字(2012)第 294195 号

责任编辑　李惠萍　雷露深
出版发行　西安电子科技大学出版社(西安市太白南路 2 号)
电　　话　(029)88242885　88201467　　　邮　　编　710071
网　　址　www.xduph.com　　　　　　电子邮箱　xdupfxb001@163.com
经　　销　新华书店
印刷单位　咸阳华盛印务有限责任公司
版　　次　2013 年 1 月第 1 版　　2021 年 4 月第 9 次印刷
开　　本　787 毫米×960 毫米　1/16　印张 15
字　　数　288 千字
印　　数　23 001～26 000 册
定　　价　33.00 元(含答题纸)
ISBN 978-7-5606-2965-0/B
XDUP 3257001-9

高等学校公共课"十三五"规划教材

编审委员会名单

主　　任　史小卫　丁振国

副 主 任　辛　庄　李文兴

编　　委　(按姓氏笔画排序)

　　　　　王晓华　王燕妮　宁艳丽　冯育长　戎毓春

　　　　　周　涛　周　源　范永武　赵文平　赵常兴

　　　　　夏永林　黄锁成　康晓玲　詹海生　滕　昕

前　言

〰〰〰

　　"马克思主义哲学原理"是西安电子科技大学现代远程教育各专业通开的一门公共必修的思想政治理论课。设置本课程的目的和基本要求是，帮助具备高中以上文化程度的网络学院的学生完整、准确地掌握马克思主义的辩证唯物主义和历史唯物主义的基本原理，学会用马克思主义的立场、观点、方法分析和解决实际生活中的各种问题，特别是能用马克思主义的哲学理论分析和解决在我国改革开放与中国特色社会主义建设中面临的各种新问题，从而树立科学的世界观、人生观和价值观，同时也为学好其他各门课程提供正确的世界观和方法论的指导。

　　本书以党的十八大精神为指导，以教育部社科司颁发的教学基本要求为依据，从现代远程教育学生的实际出发，系统而简明地阐述了马克思主义哲学的基本原理。本书是作者在总结多年哲学教学实践经验的基础上编写而成的，在内容选择、逻辑框架、章节体系和理论的时代性与针对性等方面都做了很大的努力。全书具有以下特点：第一，努力从世界观和方法论的高度阐述中国特色社会主义理论体系中的重要思想观点，贯彻体现党的十八大精神，并以此为中心安排编写重点，将党的十八大报告中提出的新思想、新观点、新论断和相应的哲学原理有机统一起来，融入各章的论述中，因而具有鲜明的时代性；第二，认真贯彻学马列"要精、要管用"、"理论联系实际"及"三贴近"的原则，在内容取舍和理论阐述上力求符合高起专层次的特点，简明扼要，通俗易懂，体现出哲学教学的针对性和现实性；第三，尽可能吸收改革开放30多年来国内高校哲学教学和科研中取得的较为成熟的新成果，充分吸取以往哲学教材的优点和编写经验，在保持哲学教材体系基本不变的前提下，注重提高学生的基本理论素养以及运用马克思主义的立场、观点、方法分析问题与解决问题的能力，增强了教材的实用性和可读性；第四，根据教学实际的需要和广大学生的要求，在每章后增加了"同步练习"部分，分别列出了若干个具有典型性的客观性试题和主观性试题，以供学生练习、自测、复习、考核之用。

　　本书是教师集体智慧的产物。陕西高校马克思主义原理教学研究会副会长、省内哲学领域知名专家 、西安电子科技大学人文学院戎毓春教授担任本书主编，负责书稿的总体设计、拟定编写提纲，并负责全书的统稿、审稿、定稿。参加编写的人员都是长期从事高校思想政治理论课教学并且经验丰富的教师，按照撰稿的顺序依次为：刘晨、王庆英、李芳、鲁甜、宋媛、朱晓晖、杨新华、李亚娟、曹策、白莹、龙安星以及崔洁洁。

　　本书在编写过程中得到了西安电子科技大学网络与继续教育学院和西安电子科技大学出版社的领导及相关人员的关心、支持与帮助；编写本书时，作者借鉴和汲取了国内学术界同行的一些优秀的研究成果以及现行哲学教材中的百家之长，在此一一表示真诚的谢意！

　　由于时间仓促和编者水平所限，书中难免存在疏漏和不足之处，恳请广大读者批评指正。

戎 毓 春

2012 年 11 月

于西安电子科技大学

目　录

哲学和马克思主义哲学

任何真正的哲学都是自己时代精神的精华。

——马克思

学习目的与要求 ✍

　　本章是全书的绪论，重点阐明马克思主义哲学的实质和基本特征。通过本章的学习要了解什么是哲学，哲学的基本问题及其内容；要理解马克思主义哲学是科学的世界观和方法论，是现时代精神的精华；要明确学习马克思主义哲学的目的是为了树立科学的世界观、人生观和价值观，掌握正确认识世界和改造世界的理论武器，指导自己的实践活动。

基本概念 ✍

　　哲学、世界观、哲学的基本问题、唯物主义、唯心主义、辩证法、形而上学、马克思主义哲学、现代西方哲学、马克思主义哲学中国化

重点问题 📑

1. 哲学和哲学的基本问题
2. 马克思主义哲学和具体科学的关系
3. 唯物主义和唯心主义的划分标准和基本形态
4. 马克思主义哲学及其实现的伟大变革
5. 马克思主义哲学的中国化
6. 党的十八大对马克思主义哲学中国化的理论创新
7. 学习马克思主义哲学与树立正确的世界观、人生观和价值观的关系

第一节　哲学和哲学的基本问题

一、哲学

　　什么是哲学？不同的人有不同的看法和理解。要完整地回答这个问题，需要有丰富的哲学知识和深刻的体验。不过，我们可以用最简单的话来概括：哲学是理论化、系统化的世界观。哲学所要研究的是宇宙和人生的最根本的道理。

　　在希腊文中，哲学由"爱"和"智慧"两个词组成，即"爱智慧"的意思。在中国古代汉语中，"哲"字的释义也是聪明、智慧。中国古代把聪明而有智慧的人称为哲人。所以，中国近代以来就把关于智慧的学问称之为哲学。

　　人怎样才能聪明、有智慧？关键是在掌握许多具体知识的基础上，掌握宇宙和人生的根本道理。有知识才能懂道理，愚昧无知不可能懂道理；而懂得了根本的道理就会触类旁通，变得聪明起来。哲学所探讨的就是整个世界(包括外部世界和人自身主观世界)的根本道理。所以，哲学就是关于世界观的学问，是关于自然、社会和人类思维发展的一般规律的学问。

　　哲学是理论化、系统化的世界观。世界观也称宇宙观，是人们对于整个世界总的看法和根本观点。世界观是人类生产实践的产物，人类要生存就必须要从事物质生产劳动，同外部世界打交道。在社会生产实践中，人们逐渐地认识了各种事物，产生了对具体事物的观点和看法，久而久之，就由个别上升为一般，由个性上升为共性，逐渐形成了对整个世界的根本看法和观点。例如，世界上的万事万物有没有一个共同的本原？如果有，这个本原是什么？它是如何产生万事万物的？世界上的事物是运动变化的还是静止不动的？运动变化是杂乱无章的还是有一定规律的？等等。对这些问题的观点和看法就是世界观。世界观人人都有，但一般人的世界观是自发形成的，不系统、不定型，缺乏理论论证。哲学家把人们的世界观以理论的形式加以高度地抽象概括，通过一系列特有的概念、范畴，经过严密地逻辑论证而形成理论体系。所以，哲学是关于世界观的理论体系，是理论化、系统化的世界观。

　　哲学是关于自然知识、社会知识、思维知识的概括和总结。哲学产生于奴隶社会。在人类认识史上，最早的哲学是和各门具体科学混成一体的。后来，随着社会的发展和人们对各种事物认识水平的不断提高，各门具体科学才逐渐从哲学中分化出来。这种哲学和具体科学的分化是科学发展的必然趋势，但在当时一些人却企图建立一种包罗万象的哲学体系，使哲学凌驾于具体科学之上，成为"科学之科学"，这实际上是做不到的。哲学和具体科学是一般与个别的关系。哲学是从总体上研究整个世界的本质和普遍规律的，而各门具体科学是从某一个方面、某个领域研究世界的特殊规律的。同时，哲学和各门具体科学又有着密切的关系。哲学以具体科学为基础，具体科学以哲学为指导。首先，哲学依赖于具体科学，具体科学的进步推动着哲学的发展。哲学之所以能够存在和发展，就在于它植根于具体科学的土壤中，不断从具体科学提供的新材料中概括出哲学的一般结论。其次，具体科学的发展也离不开哲学的指导。科学家的科学研究活动，总是自觉或不自觉地在某种世界观和方法论的指导下进行的。

哲学既是世界观又是方法论，是世界观和方法论的统一。方法论是人们认识世界和改造世界的根本方法的学说。在任何情况下，人们总是自觉或不自觉地要以某种世界观指导自己的言行。一般来说，人们对整个世界的根本看法是什么，这是世界观；在这样的观点指导下去分析问题和解决问题，这是方法论。所以，有什么样的世界观就必然有什么样的方法论，一定的方法论体现着一定的世界观，二者是同一问题的两个方面。

二、哲学的基本问题和基本派别

任何一门科学，都有自己所要研究和解决的基本矛盾，即基本问题，哲学也不例外。恩格斯指出："全部哲学，特别是近代哲学的重大的基本问题，是思维和存在的关系问题。"[1]思维和存在的关系问题，也可以表述为精神和物质的关系问题或意识和物质的关系问题。

哲学的基本问题包括两个方面的内容：一方面是思维和存在、物质和意识何者为第一性，何者是世界的本原问题。对此所作的不同回答，是划分唯物主义和唯心主义的唯一标准。凡认为物质第一性、意识第二性，物质是世界的本原、意识是由物质派生出来的，就属于唯物主义；相反，凡认为意识第一性、物质第二性，意识是世界的本原、物质是由意识派生出来的，就属于唯心主义。一切哲学都不能超出这两大基本派别。另一方面是思维能否反映存在，世界能否被认识，即思维和存在有无同一性的问题。对这个问题的不同回答，是划分可知论和不可知论的标准。可知论坚持思维和存在具有同一性，认为世界是可知的，世界上只有尚未被认识的事物，而没有根本不可认识的事物。绝大多数哲学家，包括所有的唯物主义者和彻底的唯心主义者，都认为世界是可知的。只有少数哲学家否认思维能够反映存在，认为世界是不可知的，把思维和存在绝对对立起来，属于不可知论者。

---

[1] 《马克思恩格斯选集》第4卷，人民出版社，1995年版，第223页。全书凡引此书，不再列出出版社名及版本。

哲学基本问题的两个方面是相互联系、相互渗透、不可分离的。任何一种哲学在解决哲学的基本问题时，这两个方面都是相互影响的。

为什么说思维和存在的关系问题是哲学的基本问题呢？第一，思维和存在的关系问题是任何哲学派别都无法回避的问题。哲学是关于世界观的学说，世界上的一切事物和现象无非分为两大类：一类是物质现象，一类是精神现象，它们之间的关系问题是一切哲学家都要首先回答的问题。第二，思维和存在的关系问题是研究和解决其他哲学问题的前提和基础，决定并制约着其他哲学问题的解决，具有出发点和理论前提的意义。对其他一切哲学问题的回答，归根到底都是从不同侧面、不同角度回答思维和存在的关系问题。第三，对思维和存在关系问题的不同回答，是划分唯物主义和唯心主义的唯一标准。只有牢牢把握住思维和存在的关系问题，才能在纷繁复杂的思想斗争中辨明哲学阵营，揭示思想发展的规律性。第四，思维和存在的关系问题也是实际生活和工作中的根本问题。人们在实际工作中，无论是认识世界还是改造世界，都必须要处理好主观和客观的关系问题，这是人们在实践中普遍存在并必须要解决的重要问题。实践证明，人们凡是坚持一切从实际出发，实事求是，主观和客观相统一，自觉按照客观规律办事，就能取得胜利。反之，主观不符合客观，人们在实践中就会遭受挫折或失败。

哲学的基本问题并非哲学的一切问题，除了哲学的基本问题所要回答的世界本原问题，即世界"是什么"的问题以外，还有关于世界的状况是"怎么样"的问题，诸如世界是运动、变化、发展的，还是静止不动的？世界上的各种事物是相互联系的，还是彼此孤立的？对于这些问题的不同回答，形成了辩证法和形而上学的对立。凡是坚持用联系的、运动的、发展的观点看待世界的都属于辩证法；凡是用孤立、静止、片面的观点看待世界的，都属于形而上学。所以，在哲学中既存在唯物主义和唯心主义的对立，又存在辩证法和形而上学的对立。毛泽东把这两种对立称之为哲学的"两个对子"，二者不是彼此孤立的，而是交织在一起的。一般来说，人们在认识世界的过程中总是要先回答"世界是什么"的问题，然后才进一步回答"世界怎么样"的问题。况且，作为哲学基本问题的思维与存在的关系问题是划分唯物主义和唯心主义的唯一标准。因此，辩证法和形而上学不是与唯物主义相结合就是与唯心主义相结合，从古至今，从来没有超越唯物主义和唯心主义两大基本派别之外的独立的辩证法和形而上学的派别。

三、人类哲学思想的历史演变

哲学作为世界观的理论体系，是随着人类文明的发展而产生和发展起来的。在几千年的哲学发展史上虽然涌现出各种流派，但根据其对哲学基本问题的不同回答可归结为两大基本派别——唯物主义和唯心主义。

　　唯物主义哲学是随着人类社会实践与科学的发展以及在与唯心主义的斗争中不断发展并完善起来的，它从古代到现代依次经历了三个基本阶段。

　　唯物主义发展的第一个阶段是古代朴素唯物主义。古代朴素唯物主义把世界的本原归结为一种或几种具体的物质形态，如水、火、气、"五行"(金、木、水、火、土)等，把这些具体的实物看成是构成世界万物的永恒不变的"始基"。古代朴素唯物主义发展的最高成就是古希腊哲学家德谟克利特的"原子论"和中国古代哲学中的"元气说"。古代朴素唯物主义用具体实物来解释世界的本原，坚持了世界物质性的正确立场，但总的来说缺乏科学论证，是一种直观、朴素的猜测。

　　唯物主义发展的第二个阶段是近代形而上学唯物主义。近代形而上学唯物主义在总结自然科学成果的基础上，认为世界是物质的，却把物质归结为原子，认为世界万物都是由原子构成的，原子是世界的"始基"，原子的特性就是物质的特性。近代形而上学唯物主义以当时的自然科学为依据，克服了古代朴素唯物主义的直观性和猜测性，这是它进步的一面。但由于受到当时自然科学发展水平的局限，其自身存在着严重的缺陷：一是机械性，把一切运动都归结为机械运动，用机械力学的原理解释世界的一切现象；二是形而上学性，把世界看成是孤立静止的，否认事物之间的联系；三是不彻底性，在自然观上坚持唯物主义，但在历史观上仍然是唯心主义，认为精神、意志是社会历史发展的决定力量。

　　唯物主义发展的第三个阶段是辩证唯物主义和历史唯物主义。它克服了旧唯物主义的局限性，实现了唯物主义和辩证法的统一、唯物辩证的自然观和历史观的统一，从而成为科学的、完备的、彻底的唯物主义。

　　唯心主义有两种基本形式：客观唯心主义和主观唯心主义。客观唯心主义把某种脱离人类的客观精神当做世界的本原，认为世界上的一切事物都是这种客观精神的表现和产物。这种客观精神，在古希腊哲学家柏拉图的哲学中称作"理念"，在近代德国哲学家黑格尔哲学中称作"绝对观念"，我国宋代的朱熹则称它为"理"。柏拉图宣扬的理念世界派生物质世界的"理念论"，黑格尔以"绝对观念"的辩证发展构筑的"逻辑学"以及朱熹"理在气先"都是典型的客观唯心主义。主观唯心主义则把主观精神、主观意志当做世界的本原，认为世界上的一切事物都是由人的主观精神、主观意志决定的。如我国宋代哲学家陆九渊认为"吾心即是宇宙，宇宙即是吾心"；明代哲学家王守仁的"心外无物"；18世纪英国大主教贝克莱认为"物是观念的集合"，"存在就是被感知"；唯意志主义者叔本华、尼采等人把意志看做世界万物的本原和基础，看做自然和社会发展的动力以及一切认识的基础。所有这些都属于主观唯心主义观点。客观唯心主义和主观唯心主义虽然表现形式不同，但本质是相同的，它们都把精神当做世界的本原，把物质当做第二性的，颠倒了物质和意识的关系，因而都是错误的。

辩证法的发展也可以分为三个阶段。第一个阶段是古代朴素的辩证法。古代朴素的辩证法认为，万事万物是相互联系、相互作用、不断变化发展的。一般说来，朴素唯物主义都具有朴素辩证法思想，是唯物主义和辩证法的自发结合。赫拉克利特是古希腊朴素辩证法的主要代表；在我国，《易经》和《老子》中都包含有丰富的辩证法思想，成为我国辩证法思想的重要代表。

辩证法发展的第二个阶段是以黑格尔为代表的唯心主义辩证法。在哲学史上，他是第一个自觉地、系统而全面地论述辩证法的基本思想和主要规律的人。但是他的辩证法思想建立在唯心主义的基础上，于是合理的辩证法思想便因唯心主义体系而窒息。

辩证法发展的第三个阶段是马克思主义哲学的唯物辩证法。马克思和恩格斯批判地继承了黑格尔辩证法的"合理内核"，把辩证法和唯物主义科学地结合起来，使辩证法学说发展为科学的、彻底的辩证法。

第二节　马克思主义哲学

一、马克思主义哲学的产生

任何一种科学理论都是时代的产物，总是与产生这种理论的社会历史条件分不开的，并与时代的需要密切相关。

马克思主义哲学产生于 19 世纪中叶，是资本主义制度的矛盾发展和无产阶级革命斗争的产物，它的产生有着深刻的社会历史原因。19 世纪上半叶，资本主义生产关系已经在欧洲一些主要国家占据了统治地位，从英国开始的第一次工业革命已经扩大到欧洲大陆，资本主义由工场手工业阶段进入了机器大工业阶段。随着资本主义经济的迅速发展，资本主义的固有矛盾已经上升为主要矛盾，无产阶级反对资产阶级的阶级斗争已经从自发的经济斗争发展到自觉的政治斗争的新阶段，其标志是 19 世纪三四十年代爆发的著名的三大工人运动：1831 年和 1834 年法国里昂工人两次大规模的武装起义，1838 年至 1848 年英国声势浩大的宪章运动，1844 年德国西里西亚纺织工人起义。这三大工人运动表明，无产阶级已经作为一支独立的政治力量登上了历史舞台。无产阶级要摧毁资本主义社会制度，创建新世界，客观上迫切需要创立一种能为他们的革命斗争指明方向和道路的科学理论，而马克思主义及其哲学正是适应这一历史需要而产生的。

马克思主义哲学的产生，也是这一时期自然科学取得前所未有的巨大成就的结果。18世纪末到 19 世纪初，自然科学已经从分门别类"搜集材料的科学"逐步转变为"整理材料的科学"。那种认为自然界绝对不变的形而上学观点，连续遭到自然科学新发展的冲击。康德的"星云说"第一个打开了形而上学自然观的缺口，生动地论证了宇宙的空间联系和天体演化过程，接着地质学、胚胎学、动植物生理学、有机化学等陆续建立和发展起来，特别是细胞学说，能量守恒和转化定律及达尔文的生物进化论三大科学发现，具有划时代意义。细胞学说与能量守恒和转化定律是马克思主义哲学的主要自然科学前提，生物进化论则为马克思主义哲学的诞生提供了强有力的自然科学论证。

马克思主义哲学还是对当时欧洲社会科学优秀成果的概括和总结，是对人类哲学思维中的唯物主义和辩证法传统的批判继承与发展。特别是德国古典哲学中黑格尔的辩证法和费尔巴哈的唯物主义思想，成为马克思主义哲学的直接理论来源。在理论上，马克思、恩格斯抛弃了黑格尔哲学的唯心主义体系，批判继承了它的辩证法的"合理内核"；抛弃了费尔巴哈哲学中的形而上学和宗教的、伦理的唯心主义杂质，批判地吸取了它的唯物主义的"基本内核"。马克思、恩格斯在此基础上加工改造，创立了崭新的无产阶级世界观的理论体系——马克思主义哲学。

二、马克思主义哲学实现的伟大革命变革

马克思主义哲学在人类哲学史上所实现的伟大革命变革，体现在哲学的对象、内容、作用等重大问题的全新解释中。

马克思主义哲学是关于自然、社会、思维发展的普遍规律的科学。马克思主义哲学的产生是哲学发展史上最伟大的革命变革，表明人类哲学思想的发展进入了一个崭新的阶段，它宣告了以往旧哲学作为"科学之科学"的终结，并明确规定自己的研究对象是自然、社会和人类思维发展的最普遍、最一般的规律。古代哲学在科学尚未分化的历史条件下，把哲学世界观同具体科学知识掺和在一起，是由当时生产力水平决定的。近代以来，各门具体科学已经纷纷从哲学的母体中分化独立出来，并且逐渐建立起自己的知识理论体系。但是，包括黑格尔哲学在内的旧哲学，都把具体的实证科学知识包括在自己的哲学体系之中，把哲学看做是凌驾于具体科学之上的"科学之科学"，这无论是对于哲学的发展还是对于科学的发展都是有害的。哲学的任务是研究自然界、人类社会和思维发展中普遍起作用的最一般的规律，从而使马克思主义哲学真正成为科学的世界观和方法论。

马克思主义哲学是完整、严密的科学体系——辩证唯物主义和历史唯物主义。马克思主义哲学批判地继承了德国古典哲学的优秀传统，克服了旧唯物主义的缺陷，以彻底的唯物主义原则，创立唯物论和辩证法、唯物主义自然观和唯物主义历史观相统一的哲学，即辩证唯物主义和历史唯物主义相统一的世界观。

相对于形而上学唯物主义而言，马克思主义哲学是辩证唯物主义。从古代朴素唯物主义到形而上学唯物主义的演变，无疑是哲学发展的巨大进步，但这种进步是以牺牲唯物主义和辩证法的统一为代价的。形而上学限制着唯物主义，唯心主义窒息着辩证法。马克思主义哲学在实践的基础上真正克服了这个矛盾，把唯物主义和辩证法有机地、高度地统一起来。在马克思主义哲学中，二者相互渗透，彼此贯通，是水乳交融、血肉相连的。

相对于一切旧哲学而言，马克思主义哲学是历史唯物主义或唯物主义历史观。旧唯物主义者把自然同历史截然对立起来，一方面他们把自然看做是纯粹客观的、自在的东西，而且是那个尚未置于人的统治之下的自然界。另一方面又把人类活动及由这类活动构成的社会历史看做是某种主观的过程。他们把唯物主义和历史看做是不相容的，所以一旦涉及历史问题时，不是与唯心主义殊途同归，就是抹杀历史的特殊性，把历史自然化，把历史过程等同于自然过程。

人类的物质实践活动是唯物的、辩证的，也是社会的、历史的。辩证唯物主义和历史唯物主义都是从实践的唯物主义这一本质特征引申出来的，是这一本质特征必然展开的内在逻辑和理论体现。马克思主义哲学不是辩证唯物主义和历史唯物主义的简单相加，而是以科学的实践观为其思想灵魂的内在统一的哲学体系，是不同于传统哲学的实践的、辩证的、历史的唯物主义。

马克思主义哲学是批判的、开放的和发展的学说。实践性、科学性、革命性、创新性和阶级性是马克思主义哲学的一系列主要特征。

马克思主义哲学最基本的特征是它的实践性。这是因为：第一，实践的观点是马克思主义哲学看待人与世界关系的基本思维方式。实践充分体现了人的主体性存在的本质，构成了人类的基本存在方式。第二，实践的观点是马克思主义哲学解决哲学基本问题的依据。马克思主义哲学认为，思维与存在的统一，既不是唯心主义所主张的自然统一于精神，也不是旧唯物主义所主张的人类社会被动地统一于自然界，而是二者辩证统一于人的社会实践活动。人通过实践活动，一方面改变环境，另一方面改变人自身，正是通过主体和客体的相互作用，主观见之于客观的实践活动，思维内容的客观性得到直接证明。第三，实践的观点集中体现了马克思主义哲学的革命本质和功能作用。马克思提出了哲学要改造世界，即为实践服务的任务。哲学为实践服务，就是用理论指导实践，把理论变成人民群众的行动，变成改造世界的物质力量，这是马克思主义哲学的基本功能和作用，也是区别于以往旧哲学的根本标志。

马克思主义哲学的另一个重要特征是它的科学性。这种科学性是指它不仅以科学的发展为基础，还在于它批判地继承了以往哲学中的积极成果，又同以往哲学有着本质的区别，在研究内容、对象、性质、作用等方面都发生了根本性的变化，从而成为真正科学的世界观和方法论。在研究对象上，正确地解决了哲学和具体科学的关系问题。在理论内容上，马克思主义哲学把唯物主义和辩证法，唯物辩证的自然观和唯物辩证的历史观有机统一起来，形成了完整而严密的科学体系，从而为无产阶级、劳动群众提供了认识世界和改造世界的强大理论武器。

马克思主义哲学还具有创新性的重要特征。这主要是指马克思主义哲学不是"终极真理"，不是一个自我封闭的体系，而是一个无限发展的开放体系。马克思主义哲学同时代的步伐保持密切的联系，以强烈的历史责任感，严格依据实践的发展和科学进步，创造性地丰富和发展自己的理论，并及时修正某些被实践证明已经陈旧的观点和结论，以保持和发展自己学说的科学性、真理性，使其焕发着蓬勃的生机；同时，坚持科学的世界观和方法论，坚持鲜明的党性原则，对反马克思主义的观点和理论进行毫不含糊的批判和斗争，以正确的方向和道路指导实践，并在同各种谬误的批判和斗争中丰富和发展自己。

综上所述，建立在实践基础上的科学性与革命性相统一的马克思主义哲学，是无产阶级认识世界和改造世界的强大思想武器。马克思主义哲学是批判的革命学说，是开放的、不断发展的体系。它要求我们，必须真正理解马克思主义的精神实质，坚持科学的世界观和方法论，反对背离、敌视马克思主义的思潮和倾向；同时，它要求我们要有强烈的时代感和历史责任感，把马克思主义哲学看做是活生生的发展的学说，使之永远同实践和科学的发展相一致，始终闪耀着指导时代前进的思想光辉，反对教条化、绝对化和僵化地认识和对待马克思主义。

三、马克思主义哲学的中国化

马克思主义哲学中国化最初是在中国革命中提出的一个重大的理论和实践课题。马克思主义哲学中国化是以马克思主义哲学在中国的传播为前提的，没有马克思主义哲学在中国的传播，就根本谈不上马克思主义哲学中国化的问题。马克思主义哲学科学地揭示了整个客观世界特别是人类世界发展的一般规律，是无产阶级认识世界和改造世界的锐利思想武器。因此，在本质上它是一种世界性的哲学，具有普遍性。但它不可能为各个国家或民族提出具体的发展道路。所以，马克思主义经典作家一贯要求各国马克思主义者必须根据各自的实际来运用马克思主义，并在与各国革命实践相结合的过程中加以创造性的发展。中国共产党人把马克思主义哲学作为自己的世界观和方法论，作为考察和把握中国国情和命运的工具，因而使马克思主义哲学中国化的应用进入到新的阶段，也使其与中国社会发展实践的结合进入到新的阶段。

马克思主义哲学中国化的实质，就是在中国革命、建设和改革的实践中对马克思主义哲学的创新和发展，这也是中国化的马克思主义哲学——毛泽东思想、邓小平理论和"三个代表"重要思想以及科学发展观得以产生和确立的根本依据。所谓马克思主义哲学中国化，就是用马克思主义哲学来解决中国的问题，同时又使中国丰富的实践经验上升为理论，并且同中国优秀文化相结合，以形成具有中国特色、中国风格和中国气派的马克思主义理论。这种中国化的马克思主义哲学，既是马克思主义哲学的东西，又完全是中国的东西。在内容上，它运用马克思主义哲学的立场、观点和方法，分析和解决中国革命和建设的实际问题，揭示中国社会经济发展的客观规律，并把中国人民在长期斗争和建设中所积累起来的丰富经验加以科学总结和概括，使之上升为理论，成为中国化的马克思主义哲学。在形式上，它把马克思主义哲学从欧洲形式、欧洲语言，变为中国形式、中国语言，即根据中国的民族特点，运用中国人民所喜闻乐见的民族形式，来深入浅出地阐述马克思主义哲学的基本原理，阐明中国革命、建设和改革的理论和政策。

马克思主义哲学为什么要中国化？一是解决中国问题的现实需要。中国国情的特殊性，要求马克思主义在中国发挥指导作用就必须实现其中国化。马克思主义哲学之所以能在中国发挥作用，不但因为它是科学，而且主要是因为中国社会的需要。二是马克思主义理论的内在要求。马克思主义哲学提供的不是可以随意套用的教条，而是进一步研究问题的出发点和供这种研究使用的方法论。马克思主义哲学在各个国家要想发挥其指导作用，就必须结合各个国家不同历史时期的具体实际，将其进一步加以民族化、具体化。

在领导中国革命和建设的过程中，以毛泽东同志为代表的中国共产党人，把马克思列宁主义的基本原理同中国革命的具体实践结合起来，创立了毛泽东哲学思想，第一次实现了马克思主义哲学的中国化。党的十一届三中全会以来，以邓小平为主要代表的中国共产党人，开辟了社会主义事业发展的新时期，形成了建设中国特色社会主义的路线、方针、政策，阐明了在中国建设社会主义、巩固和发展社会主义的基本问题，创立了邓小平理论，探索出建设中国特色社会主义的正确道路，推进了马克思主义哲学的中国化。党的十三届四中全会以来，以江泽民同志为代表的中国共产党人，在建设中国特色社会主义的伟大实践中，积累了治党、治国、治军新的宝贵经验，创立了"三个代表"重要思想，实现了党的指导思想的又一次与时俱进，从而进一步推进了马克思主义哲学的中国化。党的十六大以来，以胡锦涛为总书记的党中央紧密结合新世纪新阶段国际国内形势的发展变化，提出了树立和落实科学发展观、构建社会主义和谐社会、建设社会主义新农村、加强党的先进性建设等重大战略思想和战略任务，继续推进着马克思主义哲学中国化的发展进程。

2012 年 11 月，中国共产党第十八次全国代表大会在北京举行。这是党领导全国人民坚定不移沿着中国特色社会主义道路前进，为全面建成小康社会而奋斗的关键时刻召开的具有重要意义的一次大会。十八大报告在党的理论创新历史上意义重大，其理论贡献将载入史册。

　　十八大报告理论创新最大的亮点在于，报告以十年成功实践为基础，明确科学发展观同马克思列宁主义、毛泽东思想、邓小平理论、"三个代表"重要思想一道，是党必须长期坚持的指导思想。这是十八大报告理论创新最突出的贡献。同时，对科学发展的内涵进行了进一步阐述，对贯彻落实科学发展观提出了新要求。十八大报告关于科学发展观这些重要论述，有利于全党增强贯彻落实科学发展观的自觉性和坚定性，进一步把思想和行动统一到科学发展上来，有利于全党不懈探索和把握中国特色社会主义规律，对于把科学发展观贯彻到我国社会主义现代化建设全过程、体现到党的建设各方面意义重大而深远。

　　十八大报告在"旗帜"问题上的理论创新是对"旗帜"的论述更深入、更全面了。报告鲜明地指出，"中国特色社会主义是当代中国发展进步的根本方向，只有中国特色社会主义才能发展中国"。旗帜问题至关重要，旗帜就是形象，旗帜就是方向。现在国内外、党内外最关心的就是中国下一步怎么走，中国共产党下一步怎么执政，向着何处走，走什么道路，实现什么样的目标。所有这些问题，概括起来就是举什么旗的问题。

　　这面旗帜的内涵是报告提出的三个重点：中国特色社会主义道路、中国特色社会主义理论体系、中国特色社会主义制度。这是新中国成立六十多年特别是改革开放三十多年来，我们党干的三件大事，或者说是三项重大理论和实践成果。十八大报告向世界表明，中国共产党今后执政就是高举这面旗帜。

　　十八大报告对中国特色社会主义所作的充分论述在党的理论创新历程中具有重要意义。报告围绕在中国建设什么样的社会主义、怎样建设社会主义这个根本问题，提出了关于坚持和发展中国特色社会主义、关于夺取中国特色社会主义新胜利的一系列新观点、新论断。主要包括：首次在党的全国代表大会报告中科学阐述了中国特色社会主义道路、中国特色社会主义理论体系、中国特色社会主义制度的内涵及其相互关系，提出中国特色社会主义的总依据是社会主义初级阶段，总布局是"五位一体"，总任务是实现社会主义现代化和中华民族伟大复兴；提出不断丰富中国特色社会主义的实践特色、理论特色、民族特色、时代特色，指出发展中国特色社会主义是一项长期的历史任务；首次提出在新的历史条件下夺取中国特色社会主义新胜利必须牢牢把握"八项基本要求"。

　　这些新观点、新论断，有利于我们全面把握中国特色社会主义的科学内涵，进一步增强道路自信、理论自信、制度自信，也体现了我们党对中国特色社会主义规律的认识和把握，达到了新高度，必将以重大历史性理论贡献载入史册。

　　总之，马克思主义哲学中国化的过程，就是马克思主义哲学与中国革命、建设和改革实践相结合的过程，更是以毛泽东、邓小平、江泽民和胡锦涛为代表的中国共产党人对马克思主义哲学创新和发展的过程。

一个半世纪以来，与马克思主义哲学并存的众多哲学流派，其兴衰变化，如昙花一现。唯有马克思主义哲学，是经受了实践和时间考验的真正的哲学。马克思指出："以往的哲学家们只是用不同的方式解释世界，而问题在于改变世界。"[①] 马克思主义哲学是以改造世界为己任的学说。马克思主义哲学之所以具有强大的生命力，就在于它能够顺应时代的要求，以实践作为自己的动力之源，与时俱进。

第三节　马克思主义哲学与现时代

马克思主义哲学的产生实现了哲学发展史上具有划时代意义的伟大变革，但绝不是哲学发展的终结，以实践性为基本理论特征的马克思主义哲学是在实践中实现自我完善的哲学。随着时间的推移，时代的发展，马克思主义哲学不断面临新的实践，及时总结和概括新的实践经验必将使它的内容得到丰富和充实，使它的基本原理阐述得更加深刻、准确，它的某些具体论断不可避免地要加以修正或改变。马克思主义哲学是与时俱进的哲学，是发展的哲学，这正是马克思主义哲学强大生命力之所在。否认马克思主义哲学随着时代的发展而发展，实际上也就否认了马克思主义哲学本身。

一、马克思主义哲学与现时代发展

当今世界，和平与发展是时代的主题。然而，国际形势正在发生深刻的变化，政治多极化和经济全球化在曲折中发展，世界各种文明在竞争中取长补短，在求同存异中共同发展。作为现时代两种基本的社会制度，资本主义和社会主义在过去的一个世纪中都发生了许多新的变化。如何认识社会主义的新变化，如何认识当代资本主义的新变化，如何认识社会主义与资本主义关系的新变化，等等。这些重大问题都需要从新的实际出发，弘扬与时俱进的精神，在新的实践基础上推进理论创新，用新的理论指导新的实践，更好地发挥马克思主义哲学推动现代社会进步的作用。

资本主义制度在走向衰亡的过程中出现了一系列原先没有预见的新情况。今天的资产阶级已经是一个有着数百年统治经验的统治阶级。资本家利用现代高新技术为他们带来的超额利润，以其中一小部分提高工人的生活待遇，在一定程度上缓和了劳资矛盾；不少资本主义国家推行所谓的"福利主义"，对于缓和社会矛盾，维持社会稳定起到了一定的作用；发达资本主义国家利用经济全球化对发展中国家进行野蛮掠夺；近几十年来，资本主义国

① 《马克思恩格斯选集》第 1 卷，第 57 页。

家较普遍地采取各种措施对政治、经济体制进行调节和改良，诸如加大国家干预经济的力度，实行资产的资本主义国有化，进一步完善资本主义民主政治等，这些措施虽不可能从根本上解决资本主义制度固有的矛盾，但在一定范围内和一定程度上确实缓和了资本主义的各种矛盾。第二次世界大战结束后的半个多世纪中，主要资本主义国家的经济都有明显的增长，这表明资本主义尚有发展的余地，其生产力还有较大的伸展空间，生产关系还有一定的调节空间。面对当代资本主义出现的种种新情况，一方面要看到资本主义的本质并没有发生根本改变，马克思主义创始人对资本主义所作的科学分析和得出的基本结论不能动摇；同时，必须正视并认真研究这些新情况，揭示新的历史条件下资本主义的发展趋势。

社会主义制度在其发展壮大的过程中遇到了一系列未曾预料到的新问题。社会主义制度没有首先诞生于经济文化发达的资本主义国家，而是最早在相对落后的国家先后建立起来，这些国家面临着通过大力发展生产力以巩固和发展社会主义的重大历史课题。可是，大多数社会主义国家的执政党没能从理论上正确把握社会主义的本质，没有完全搞清楚"什么是社会主义、怎样建设社会主义"这一根本问题，因而在实践中放松了大力发展社会生产力这一根本任务，使得社会主义的发展严重受阻。社会主义较之以往的社会制度具有无可比拟的先进性，但先进的社会制度只有在实践中通过改革进行不断的自我完善和自我更新，才能充分发挥其优越性和先进性。由于对此缺乏应有的自觉性，致使社会主义在相当长的时期内停留于高度集中统一的僵化模式。社会主义是一种全新的社会制度，在理论和实践的各个方面都缺乏成功的经验，只有经过长期艰难的探索过程，才能逐步把握社会主义发展的规律。改革开放以来，中国特色社会主义实践提出了一系列新课题，例如，把社会主义基本经济制度同市场经济有机结合起来，建立起富有活力的社会主义市场经济体制；进行社会主义民主政治建设，建立起民主健全、法制完备、充分保证人民当家做主的社会主义政治体制；在大力发展生产力，进行经济建设的同时，加强社会主义精神文明建设、和谐社会建设以及生态文明建设；等等。通过对新的历史条件下社会主义新实践做出新的理论概括，实现理论创新，从而推动马克思主义哲学和社会主义理论达到当代新的水平。

随着科技进步和社会发展，当今世界出现了一系列前所未有的全球性问题。所谓全球性问题，是指直接关系全人类当前和长远利益、与人类命运攸关的一些重大问题。这些问题仅靠一个或几个国家是无法解决的，只有在全球范围内通过世界各国的共同努力，才能得以解决。较早的一批全球性问题是从 20 世纪中叶开始陆续提出来的，这些问题一出现就引起全球的普遍关注，如人口问题、环境问题、粮食问题、资源问题、人类社会可持续发展问题等；近二三十年来有更多的全球性社会问题尖锐地摆到人类面前，如制贩毒品、暴力恐怖主义、黄色文化、网络犯罪等等；作为当今世界的两大主题——和平与发展，即东西问题和南北问题，则是现时代最大的具有全球性的战略问题。发现和提出问题本来就是哲学的重要任务，全球性问题直接关系全世界所有国家和人民的共同利益，马克思主义哲学理应高度重视这些问题，要从哲学的高度对解决全球性问题提出正确的思路，为人类做出应有的贡献。

二、马克思主义哲学与现代科学技术

哲学既然是具体科学知识的概括和总结，它总要通过总结科技进步取得的新成就，不断充实自己的内容。恩格斯认为，随着自然科学领域中每一划时代的发现，唯物主义哲学必然要改变自己的形式。近百年来，尤其是第二次世界大战结束后的半个多世纪以来，科学技术取得日新月异的迅猛发展，在许多领域实现了重大突破，这里仅列举现代科技进步中若干带有根本性意义的成果：与物质结构研究相关的高新科技，有关宇宙起源和演化方面的研究进展，有关地球起源和演化的研究以及地球系统科学，关于生命起源的研究以及与此密切联系的包括基因工程在内的现代生物科学技术，微电子与计算机科学技术，特别是发展前景极为广阔的现代人工智能科技，等等。现代科学技术的丰硕成果使得人类认识世界和改造世界的活动达到了前所未有的深度和广度，同时也提出了一系列新课题，要求从世界观和方法论的高度加以思考和解决。

现代科技巨大进步是马克思主义哲学与时俱进、实现理论创新的重要推动力。一方面，马克思主义哲学从现代科技取得的重大成果中汲取丰富的养料，不断充实和完善自己，这里存在着若干种完全不同的情形：有的现代科技成果进一步证明了马克思主义哲学原理，例如，爱因斯坦相对论以令人信服的科学事实揭示了物质和运动、物质运动和时间空间的不可分割性，从另一个侧面证明了马克思主义哲学关于世界物质统一性原理；有的现代科技成果大大丰富了马克思主义哲学原理，如现代科学关于物质结构的理论以及现代宇宙学中的某些新发现，对于研究物质运动的时空形式的无限性和有限性问题，具有特殊的启发意义；有的现代科技成果则进一步补充了马克思主义哲学的某些原理，如电脑科学和现代人工智能技术大大充实了马克思主义哲学关于意识的本质和功能的原理，从而将认识主客体关系的理论提高到全新的水平。此外，现代科技创造出大批极其先进的认识和实践的工具及手段，大大延伸了人类认识和改造世界的肢体和器官，提高了人类认识和实践的能力，这对于推动马克思主义哲学的发展无疑是十分重要的。

另一方面，现代科学技术进步中遇到越来越多的、单靠技术本身无法解决的更深层次的问题，特别是怎样使科技进步更好地造福于人类这个问题，要求马克思主义哲学从宏观方面加强研究和指导，这对推动马克思主义哲学的发展也有重要意义。例如，要研究现代科技进步与整个社会进步、文明发展的相互关系，使得科技进步更好地推动人、自然、社会的协调发展；要研究"科学—技术—生产"的内在联系，使三者互相促进形成良性循环，建立科学技术成果转化为实际生产力的有效机制，推动高新技术尽快地转化为高新产业；要从世界观和方法论的高度研究科学技术的本质——创新，帮助科技工作者更加自觉、更有成效地创新。当前，特别紧迫的任务是要研究现代科技伦理问题。现代科技进步极大地提高了人类控制自然和人自身的能力，但在运用于社会时所遇到的问题也越来越突出，现代科技进步给人类社会带来正负两方面的影响，迫切要求现代科技工作者和现代哲学工作者携起手来，在"造福人类"的总原则下研究制定出具体的道德行为规范，以确保现代科技朝着健康的方向发展。

　　总之，在科学技术飞速发展的现时代，必须努力加强马克思主义哲学和现代科技的密切联系，以求得共同发展。要从根本上摒弃把马克思主义哲学同现代科学技术对立起来的观点，既要纠正过去曾经发生过的用马克思主义哲学代替具体科学研究的错误，同时，又要警惕试图以现代科学技术的某些成果动摇甚至否定马克思主义哲学基本原理的错误。

三、马克思主义哲学与现代西方哲学

　　当今，文化多元化的重要表现之一是哲学思想的复杂多样性。作为科学的世界观与方法论的马克思主义哲学并不是现时代唯一的哲学，也不是唯一正确的哲学。如果无视其他哲学的存在，以为只有马克思主义哲学才是正确的，对其他哲学一概采取排斥、否定的态度，势必造成自我封闭，不利于马克思主义哲学在现时代的创新发展。

　　就在马克思主义哲学产生和发展的同时，传统的近代西方哲学逐渐演变成为现代西方哲学。所谓现代西方哲学，通常是指 19 世纪中期以来，尤其是 20 世纪中期以来西方资产阶级各种哲学流派的总称。现代西方哲学内部派别众多，错综复杂的派系大体可分为人本主义和科学主义两股主要思潮。人本主义思潮也称为非理性主义思潮，发端于叔本华、尼采的唯意志主义，它力图把整个宇宙归结于自我生存欲望的冲动，其中影响最大的流派是存在主义。由于深刻的社会原因，二战以后以萨特为主要代表的存在主义曾经在西方风靡一时，存在主义特别强调孤立的个人存在的意义，认为只有从这种个人的存在出发，才能排除一切不真实性，也才能恢复人的自由和尊严。现代西方科学主义思潮开始于孔德的实证主义，它强调人的知识只能建立在经验范围内的"实证"的基础之上，标榜实证哲学是"超越于唯物主义和唯心主义之上的唯一科学的哲学"。20 世纪初以来主要流行于美国的实用主义更进一步将实证主义"商业化"，把科学知识归结为"行动的工具"，把真理归结为"有用"，在西方有着相当大的影响。20 世纪二三十年代开始兴起的逻辑实证主义否认永恒的、必然的事实知识，例如以波普尔为代表的批判理性主义认为，一切科学理论都不过是一些大胆的猜测或假设，最终必定被"证伪"。

　　马克思主义哲学和现代西方哲学虽同存在于现时代，且都有着广泛的影响，但却是两种在本质上不同的哲学。首先，阶级属性和社会作用不同。马克思主义哲学是无产阶级的世界观理论，是无产阶级为实现自己肩负的历史使命而奋斗的精神武器，其社会作用从根本上讲就是指导无产阶级和广大人民群众科学地认识世界和革命地改造世界——包括改造自然和社会，在改造客观世界的同时改造主观世界，不断自我完善，实现人的全面发展。现代西方哲学无论其内部存在多少流派，也不管这些流派之间怎样进行激烈的论争，就其总体和主流而言，是现代资产阶级的世界观理论，是现代资产阶级利益的哲学表现，其社会作用主要是为现代资本主义政治、经济制度提供哲学论证。其次，理论实质不同。马克思主义哲学是以实践为基础的唯物主义和辩证法高度统一、唯物辩证的自然观和历史观高度统一的完整严密的科学体系，是彻底的唯物主义，也是彻底的辩证法；现代西方哲学无论怎样自称是"超越"唯物主义和唯心主义之上的"最新哲学"，就其总体和主流而言，都没有真正摆脱唯心主义和形而上学的阴影，这在他们的社会历史观中表现得尤为明显。再次，理论形态不同。马克思主义哲学与时俱进的理论品质决定了它具有独特的自我更新能力，它的基本理论内容即辩证唯物主义和历史唯物主义是一以贯之的、稳定的；现代西方哲学中的人本主义和科学主义思潮，在内容和形式上都呈现多变性、短暂性的特点，始终没有形成一个比较统一、稳定的理论体系。从以上的对比中足以证明马克思主义哲学在现代哲学中处于主导地位，无愧为现时代精神之精华。

今天，在全球范围内，资本主义制度毕竟还是占主导地位的社会制度，在西方，资产阶级意识形态仍然是主流意识形态，而作为现代资本主义社会内在矛盾的世界观反映，现代西方哲学正是现代资产阶级意识形态的核心内容，因此，必须高度重视现代西方哲学在现时代的作用和影响。马克思主义哲学对待现代西方哲学应采取对话和交流的态度，通过认真研究，一方面要批判现代西方哲学中的唯心主义、不可知论、形而上学的错误，驳斥其中某些流派对马克思主义哲学的攻击，揭露他们对现代社会生活以及现代成果的歪曲；另一方面要借鉴和汲取现代西方哲学具有积极意义的内容，包括它们中间有的流派在研究问题时所选择的新视角或采用的新方法，以及在某些新领域进行的有益探索，积累的一些新的值得重视的思想资料，提出的一些新的有价值的理论观点。同现代西方哲学的对话和交流对于丰富和发展马克思主义哲学，增强马克思主义哲学的时代感和战斗力，是十分有益的。

四、学好哲学　终身受益

学习马克思主义哲学的意义包括以下四个方面的内容。

首先，学习马克思主义哲学的根本目的，在于培养和确立科学的世界观、人生观和价值观。人拥有自己的精神世界，这是人与其他动物的一个重要区别。人世间的一切创造都包含着伟大的精神力量，精神力量与物质力量的交互作用和结合促成了自然界面貌的改变和人类社会的进步。人的精神世界丰富多彩，世界观、人生观和价值观则是其中最核心的部分，是精神世界的灵魂，人们的思想言行，特别是在一些重大问题上的思想言行，归根到底是受其支配的。世界观是人们对整个世界总的根本的看法，生活在世界上的人不可能脱离自己与自然、与社会、与他人的关系，要想正确处理这些关系就必须有正确的世界观作指导。人生观是人们对诸如人生意义、人生目的、人生价值、人生道路等人生重大问题的根本看法和态度，这些都是每一个人无法回避的问题。例如，人生观中的一个核心问题——人究竟为什么活着，对于任何一个活着的人，这个问题都是客观存在的，并且是始终起着重大作用的。价值观是人们对于外在的对象和自身活动的意义和价值的评价，包括评价的目的、标准、方法等。今天，价值观中最根本的问题是如何看待和解决个人价值和社会价值的关系。一个人如果离开了科学的世界观、人生观和价值观作指导，他的精神世界一定是空虚的，他的精神动力一定是软弱无力的，绝不可能牢固树立正确的理想和信念，即使掌握了某些知识和本领，也不可能有大的作为，更不可能对人类做出贡献。科学的世界观、人生观和价值观不可能自发形成，学习马克思主义哲学是培养和确立科学的世界观、人生观和价值观的根本途径。

当代中国的大学生要努力提高自身的全面素质。人的素质是多方面的，包括政治素质、哲学素质、文化素质、专业素质、身心素质等，其中哲学素质是特别重要的，因为它对其他方面素质的培养具有广泛的渗透作用。学习马克思主义哲学，提高自己的哲学素养，才能在学习、工作和生活中比较自觉地运用科学的世界观和方法论。哲学素养的提高还包括用人类积极向上的精神充实自己的精神世界，如批判精神、实践精神、科学精神、人文精神、创新精神等，这也是我们在学习马克思主义哲学时需要培养的。

其次，学习马克思主义哲学是为了掌握认识世界和改造世界的理论武器。人类从事的全部活动，概括起来不外乎是两大任务——不断地认识世界和改造世界；就每一个人来说，他的一切活动也无非是做两件事——认识事物和解决矛盾。确立科学的世界观、人生观、价值观，归根结底也是为了更好地认识世界和改造世界。而人的认识和实践活动总是自觉或不自觉地以一定的哲学思想作为指导。学习马克思主义哲学的重要目的在于自觉地运用科学的世界观和方法论指导认识世界和改造世界的活动，从而提高自己的认识和实践水平。就以大学生们通过专业知识学习提高自己的专业素质这一活动来说，因为马克思主义哲学对于各门具体科学有着普遍的指导作用，所以掌握马克思主义哲学原理是学好各门具体科学知识的重要条件，离开了科学的世界观和方法论的指导，我们学到的专业知识只能是零碎的、不深刻的。哲学素有"多思"、"深思"的传统，马克思主义哲学更进一步要求我们用科学的思维方法进行思考。大学生学习哲学的一个重要目的就是掌握科学的思维方法，这对于我们一生的学习、工作和生活都有深远的影响。

再次，学习马克思主义哲学，尤其是掌握当代中国化的马克思主义哲学，能帮助我们更加深刻理解和自觉贯彻党的路线、方针与政策，从而确保在思想上、行动上同党中央保持一致。例如，党在社会主义初级阶段的基本路线，是以解放思想、实事求是的思想路线为思想理论基础的，它的每一项内容，即一个中心和两个基本点都不是任意规定的，不仅有事实的即实践的依据，而且有哲学的、理论的依据。通过系统学习马克思主义哲学原理，掌握党的基本路线的哲学理论基础，我们就不再是仅仅知道在社会主义初级阶段必须以经济建设为中心，必须坚持改革开放和四项基本原则，而且能进一步懂得为什么必须这样做，就能在更高的水平上理解和贯彻党的基本路线，从而更加自觉地投身于建设中国特色社会主义的伟大实践。

最后，学习马克思主义哲学要坚持理论联系实际的原则。马克思主义哲学的性质和任务决定了学习马克思主义哲学的目的，而学习目的又决定学习马克思主义哲学应采取的方法。学习马克思主义哲学的方法，最根本的要求就是坚持理论联系实际的原则。

坚持理论联系实际的原则，首先要求通过认真读书，钻研理论，领会马克思主义哲学的基本观点和基本原理。关于这一方面要特别注意以下几个问题：第一，要全面、完整地领会马克思主义哲学，不能把本来是严密的马克思主义哲学科学体系割裂成一个个孤立的观点或原理，要注意各个观点或原理之间的内在联系，特别要注意把握体现在每一个观点或原理中唯物论和辩证法的统一。第二，在读书学习钻研理论时，一定要动脑多思，尤其提倡独立思考，而不是死记硬背书本上的条条框框。对于一些重要原理务必弄清其中的道理，不仅知道"是什么"，还要懂得"为什么"，注重训练和提高自己理论思维特别是哲学论证的能力。第三，读书学习中要注意做到"要精，要管用"的要求，力求读懂，所谓读懂就是把书本上讲的道理化为自己个人的内在智慧、道德品格和实际能力。

坚持理论联系实际的原则的另一个要求，便是学以致用，要以马克思主义哲学作指导，分析和研究实际问题，在紧密联系实际的过程中真正理解马克思主义哲学。"实际"的范围极其广泛，人们实践活动所涉及的一切领域、一切问题都属于实际，大至当今世界的现实实际，我国革命、建设和改革的实际，小至我们个人的生活、学习和思想的实际，都是学习马克思主义哲学时可以和应该联系的实际。当代中国最大的实际，就是我国现在正处于并将长期处于社会主义初级阶段，建设中国特色社会主义是我们正在从事的最具伟大意义的实践。今天，学习马克思主义哲学，一定要以我国改革开放和现代化建设的实际问题为中心，着眼于马克思主义哲学的应用，着眼于对实际问题的哲学思考，着眼于今天新的实践以及中国和世界的新的发展，唯有如此，才能真正掌握现时代精神的精华——马克思主义哲学。

同 步 练 习

Ⅰ. 客观性试题

一、单项选择题(在每个小题列出的四个选项中，有一项是最符合题目要求的，请将正确选项填在答题纸的括号内)

1. 哲学的基本问题是(　　)。

A. 世界观和方法论的关系问题

B. 物质和运动的关系问题

C. 理论和实践的关系问题

D. 思维和存在的关系问题

2. 划分唯物主义和唯心主义的标准在于是否承认(　　)。

A. 世界是普遍联系的

B. 世界是运动发展的

C. 世界是物质的

D. 世界是统一的

3. 肯定思维和存在具有同一性，这是(　　)。

A. 唯物主义的观点

B. 唯心主义的观点

C. 形而上学的观点

D. 可知论的观点

4. 哲学上的两大基本派别是指(　　)。

A. 辩证法和形而上学

B. 唯物主义和唯心主义

C. 可知论和不可知论

D. 主观唯心主义和客观唯心主义

5. 马克思主义哲学与具体科学的关系是(　　)。

A. 共性和个性的关系

B. 整体和部分的关系

C. 内容和形式的关系

D．本质和现象的关系

6．从研究对象上看，马克思主义哲学是（　　）。

A．凌驾于一切科学之上的"科学之科学"

B．关于客观世界一切规律的科学

C．关于自然、社会和思维发展普遍规律的科学

D．关于人和人生问题的科学

7．划分历史唯物主义和历史唯心主义的标准在于是否承认（　　）。

A．物质决定意识

B．社会存在决定社会意识

C．实践决定理论

D．本质决定现象

8．在马克思主义哲学产生以前不曾存在（　　）。

A．唯物主义和唯心主义的斗争

B．辩证法和形而上学的斗争

C．唯物史观和唯心史观的斗争

D．可知论和不可知论的斗争

9．马克思主义哲学区别于一切旧哲学最根本的特点是（　　）。

A．实践性

B．阶级性

C．科学性

D．革命性

10．辩证法与形而上学所要回答的问题是（　　）。

A．世界的本原是什么的问题

B．世界的状态是怎么样的问题

C．世界是否有统一性的问题

D．世界是否可以认识的问题

11．马克思主义认为，哲学是（　　）。

A．系统化、理论化的世界观

B．科学的世界观和方法论

C．关于自然、社会和思维发展一般规律的科学

D．包罗万象的"科学之科学"

12．马克思主义哲学的产生意味着（　　）。

A．人类哲学思想的发展达到了顶峰

B．科学的哲学体系已经最终完成

C．建立了绝对真理的完整体系

D．为哲学的发展开辟了新的正确道路

二、多项选择题(在每个小题列出的五个选项中，有二至五项是符合题目要求的，请将正确选项填在答题纸的括号内)

13．下列选项中，属于哲学基本问题内容的有(　　)。

A．物质和意识何者为第一性的问题

B．物质世界是否运动、发展的问题

C．物质世界是否可以认识的问题

D．物质世界是否普遍联系的问题

E．物质世界发展的动力是什么的问题

14．一切哲学都是(　　)。

A．关于世界观的理论体系

B．世界观和方法论的统一

C．科学的世界观和方法论

D．唯物主义和辩证法的统一

E．唯物主义自然观和历史观的统一

15．下列选项中，属于唯物主义发展的基本阶段的有(　　)。

A．庸俗唯物主义

B．朴素唯物主义

C．形而上学唯物主义

D．辩证唯物主义和历史唯物主义

E．原子唯物主义

16．下列选项中，属于辩证法发展的基本阶段的有(　　)。

A．自然辩证法

B．朴素辩证法

C．思维辩证法

D．唯心辩证法

E．唯物辩证法

17．马克思主义哲学产生的直接理论来源是(　　)。

A．黑格尔辩证法的"合理内核"

B．培根的经验论

C．狄德罗的唯物主义

D．费尔巴哈唯物主义的"基本内核"

E．康德的认识论

18．近代形而上学唯物主义的严重缺陷是（　　）。

A．主观性

B．机械性

C．朴素性

D．形而上学性

E．不彻底性

19．马克思主义哲学是完整、严密的科学体系，因为它实现了（　　）。

A．唯物主义和辩证法的统一

B．世界观和方法论的统一

C．感性认识和理性认识的统一

D．唯物辩证的自然观和唯物辩证的历史观的统一

E．自然科学和社会科学的统一

20．下列选项中，属于马克思主义哲学在哲学研究对象上变革的是（　　）。

A．它是关于自然、社会和思维发展一般规律的科学

B．它结束了包罗万象的"科学之科学"的统治

C．它实现了唯物主义和辩证法的统一

D．它创立了历史唯物主义理论体系

E．它正确解决了马克思主义哲学与具体科学的关系

21．马克思主义哲学同以往旧哲学的区别在于（　　）。

A．它把唯物主义和辩证法高度统一起来

B．它把唯物辩证的自然观和历史观高度统一起来

C．它是关于自然、社会和思维发展一般规律的科学

D．它是以实践为基础的科学性和革命性相统一的哲学

E．它是无产阶级和劳动人民认识世界和改造世界的思想武器

22．历史唯心主义的主要缺陷有（　　）。

A．没有考察人们思想动机背后的物质原因

B．看不到物质生活条件在社会发展中的作用

C．看不到人民群众创造历史的决定作用

D．看不到社会意识的能动作用

E．否认社会发展的客观规律性

Ⅱ．主观性试题

23．简述哲学基本问题的内容及其意义。

24．简述马克思主义哲学与具体科学的关系。

25．为什么说马克思主义哲学的创立是哲学发展史上的伟大革命变革？

26．如何正确认识马克思主义哲学与现代西方哲学的关系？

27．谈谈你对学习马克思主义哲学与树立正确的世界观、人生观、价值观关系的理解与认识。

世界的物质性和人的实践活动

　　观念的东西不外是移入人的头脑并在人的头脑中改造过的物质的东西而已。

——马克思

学习目的与要求 ✍

　　本章讲述马克思主义哲学唯物主义的基本原理。通过本章的学习，要正确理解物质第一性、意识第二性的唯物主义基本原理，树立辩证唯物主义一元论的世界观；正确理解物质和意识的关系，在实际工作中，要做到按照客观规律办事，坚持一切从实际出发，反对主观主义；确立科学实践观，正确把握实践的观点在马克思主义哲学中的地位和作用。

基本概念 ✍

　　物质、意识、运动、静止、时间、空间、一元论、二元论、实践、主观能动性、客观规律性、实事求是

重点问题 📖

1. 辩证唯物主义物质范畴的内容和意义
2. 物质的根本属性和存在形式
3. 实践的本质、基本特征和作用
4. 社会生活的本质
5. 意识的起源、本质和能动作用
6. 世界的物质统一性原理和一切从实际出发

第一节　物质及其存在形式

一、辩证唯物主义的物质观

哲学上的物质概念是用来表示客观世界各种各样的物的共同本质的一个基本概念。对哲学物质概念的认识，人们经历了一个漫长的历史过程。只有马克思主义哲学的物质观才科学地回答了世界的本原问题，从而正确地说明了哲学物质概念与自然科学物质结构理论的关系，这对我们认识世界、改造世界具有重大的意义。

物质范畴是唯物主义哲学的基石。早在马克思主义哲学产生之前，唯物主义哲学就提出了这个范畴。但只有到马克思主义哲学出现，才对物质范畴作出了科学的界定。

古代朴素唯物主义依据生活经验来建立自己的哲学体系。他们把那些看得见、摸得着的有形物体当做物质本身。例如中国古代的"五行说"就曾把物质归结为金、木、水、火、土这五种"原初物质"，认为天地万物都是由这五种东西构成的；古希腊的哲学家们把物质归结为水、火、土、气等形态。古希腊著名的哲学家德谟克利特认为，世界万物都是由不可分割的颗粒（原子）和虚空构成，原子是世界的共同基础。显然，古代朴素唯物主义坚持从物质世界本身寻找世界万物的本原，并同当时的唯心主义和宗教迷信思想进行了斗争，其方向是正确的，对以后唯物主义哲学的发展有深刻影响。但它缺少科学的论证，只是一些朴素的直观和天才的猜测，同时，把世界万物归结为一种或几种"原初物质"，无法解释客观世界是多样性的统一。

到了近代，随着生产和科学的发展，形成了形而上学唯物主义的物质观。近代物理学认为，一切有形实物都是由原子构成的，原子是构成实物最小的、不可分割的、永恒不变的基本单位。形而上学唯物主义者认为这就是一切物质的共同点。于是，他们把自然科学关于物质结构的观念，当做哲学上的"物质"范畴，把原子的物理学特性，如广延性、不可分性和质量不变等，当做物质唯一不变的根本特性。

同朴素唯物主义相比，形而上学唯物主义物质观以当时的自然科学成果为依据，克服了自发的、猜测的性质，并以此来解释世界的物质性，这是一个进步，是唯物主义物质观的发展和深化。但是这种观点又带有形而上学机械决定论的局限性，它不懂得一般和个别的关系，把自然科学关于物质结构的理论同哲学的物质范畴混为一谈；不理解物质世界的多样性和复杂性；不了解人类对物质世界的认识是一个永无止境的过程，把人类对原子这个物质层次的认识当做对物质的终极认识；它割裂了自然界和人类社会的物质统一性，在社会历史领域陷入了唯心主义。

朴素唯物主义和形而上学唯物主义的致命错误，就在于它们把物质狭隘地理解为实物，这样，就不得不从物质结构上去找寻各种物质的共同点。随着科学的发展，人们的物质结构观念不断发展，继发现电子之后，科学家又发现了质子、中子、中微子、光子和夸克等，这些"基本粒子"都不是构成物质的最小单位。人们对物质结构的认识日益深化，永无止境，任何时候都不可能找到"最终的"物质实体。在这种情况下，确立一种科学的哲学物质观也就成为哲学历史发展的必然。

马克思主义哲学继承和发扬了以往唯物主义的传统，在总结 19 世纪以来自然科学发展的新成果和哲学长期发展的历史经验的基础上，创立了辩证唯物主义的物质观。

辩证唯物主义认为，不能像旧唯物主义那样，把世界的本原归结为某一种具体的物质形态或某种共同的物质结构。恩格斯明确指出："实物、物质无非是各种实物的总和，而这个概念就是从这一总和中抽象出来的；我们就用物质这种简称，把许多不同的、可以从感觉上感知的事物，依照其共同的属性把握住"。[①] 这说明，作为哲学范畴的"物质"，是对各种具体实物共同属性的概括。列宁继承和发展了恩格斯的思想，总结了 19 世纪末到 20 世纪初的自然科学新成就，给"物质"下了一个经典的定义："物质是标志客观实在的哲学范畴，这种客观实在是人通过感觉感知的，它不依赖于我们的感觉而存在，为我们的感觉所复写、摄影、反映。"[②]

物质概念是唯物主义哲学最基本的范畴，是构建唯物主义体系的基石，列宁对物质概念的科学界定具有重要的理论意义。

第一，它坚持了物质的客观性，同唯心主义以及二元论划清了界限。列宁的物质定义从哲学基本问题的高度强调物质是不依赖于我们的感觉而存在的"客观实在"，指明了物质对意识的独立性、根源性以及意识对物质的派生性、依赖性，从根本上否定了把意识作为世界唯一本原的唯心主义一元论和把物质与精神同时作为世界本原的二元论。

第二，它坚持了物质的可知性，同不可知论划清了界限。列宁的物质定义指出，物质"是人通过感觉感知的"，说明了人的认识可以反映客观实在，从而坚持了辩证唯物主义的反映论和可知论。物质是人的感觉可以反映的对象，而不是不可捉摸、不可认识的"自在之物"。当然，现在世界上还有许多未解之谜，但随着实践和科学的发展，它们迟早会被人们破解。世界上只存在尚未被认识的事物，不存在永远不可认识的事物。

第三，它坚持了物质的辩证性，同形而上学唯物论划清了界限。列宁的物质定义对物质世界的多样性作了最高的哲学概括。物质的具体形态和结构是物质的个性，它是可变的、

---

① 《马克思恩格斯选集》第 3 卷，第 556 页。
② 《列宁选集》第 2 卷，人民出版社，1995 年版，第 135 页。全书凡引此书，不再列出出版社名及版本。

相对的，但不管物质的具体形态、结构如何变化，物质的唯一特性即客观实在性永远不变。这就克服了形而上学唯物主义把物质具体形态的特性当做物质的本质特性的局限性。

要坚持辩证唯物主义的物质观，就要进一步搞清楚物质和物质形态、哲学物质范畴和自然科学物质结构理论之间的关系。物质是标志客观实在的哲学范畴，而物质的表现形态却是多种多样、不计其数的。任何物质形态，都有一定的内在结构和层次，它的各个部分按其内在的联系形成有规律的体系，等等。总之，物质不是抽象的存在，它要通过多种多样的具体形态而存在，物质的具体结构和属性就是物质形态。物质和物质形态的关系是共性和个性的关系，物质是共性，物质形态是个性。哲学物质范畴和自然科学的物质结构理论的关系亦是如此。

第四，它坚持了唯物主义自然观与唯物主义历史观的统一，是构成彻底的唯物主义的出发点。马克思主义哲学既看到了自然界的物质性，又以实践为基础揭示了人类社会的物质性，建立起统一的说明自然过程和历史过程的唯物主义原则，实现了唯物主义自然观和唯物主义历史观的统一，从而使唯物主义成为彻底的、完备的理论。

二、辩证唯物主义的运动观

辩证唯物主义的物质观，是与它的运动观密切联系在一起的。马克思主义哲学认为，"运动"是标志宇宙间一切事物、现象和过程的变化的哲学范畴。运动同物质一样，是具有最大的广泛性和普遍性的哲学范畴。物质和运动不可分：一方面，物质是运动的物质，没有不运动的物质。从宏观世界到微观世界，从无生命的无机界到有生命的有机界，一直到人类社会，都处在运动之中，没有绝对不动、凝固不变的东西。另一方面，运动是物质的运动，没有脱离物质的运动。物质是运动的担当者，是一切运动和发展的实在基础。科学表明，一切形式的运动都有自己的物质载体：宏观物体是机械运动的载体，分子是热运动的载体，电子是电运动的载体，生命有机体是生物运动的载体，生产方式是社会运动的载体，等等。

形而上学唯物主义离开运动谈物质，主张物质可以离开运动而存在。它认为，物质是静止不动的，如果有变化也只能是数量的增减和位置的移动。这种运动观的错误在于，它把高级运动形式简单归结为低级运动形式，从而割裂了物质和运动的关系，否定了运动的绝对性和多样性。

唯心主义则否认运动是物质的运动，认为运动的主体是精神。客观唯心主义者把"理"、"道"、"绝对精神"等看做是世界的主体，认为运动就是客观精神在运动；主观唯心主义者认为一切事物都是主观意识或精神的运动及其产物。中国古代的佛教理论家惠能在听到别人争论风吹幡动还是幡自己在动时说："不是风动，不是幡动，仁者心动。"这就把风吹幡动这种自然现象完全说成人心的一种幻觉，是心自身产生的。主、客观唯心主义运动观的根本错误，就在于否认了世界的物质性，否认了精神、概念的运动对物质的依赖性。

辩证唯物主义在肯定一切事物都是运动着的同时，也承认事物具有相对静止状态和稳定的形式。相对静止是表示物质运动在一定条件和一定范围内处于暂时稳定和平衡状态的哲学范畴。一般来说，可以在两种情况下理解静止是运动的一种特殊状态。一是指对一定的参照系而言，一物体对参照物体没有发生机械的位置移动。如我们以地球作为参考系，地面上的山脉、河流、高楼大厦等都是处在一个固定的位置，没有发生位置的变化，因而我们可以说它们是静止的。二是指事物处在质变之前的量变阶段，仍然保持着自身固有的性质，而没有变成其他事物。如人的一生要经历儿童、少年、青年、中年、老年等阶段，就某一个具体的人来说，在他生命结束之前，仍然是他自己，而没有变为另外的事物。

运动和静止是辩证统一的关系。首先，相对静止和绝对运动是相互区别的，从整个物质世界来看，一切都处于运动中，没有不运动的物质，这说明运动是普遍的、永恒的和无条件的，因而是绝对的。但就物质的具体存在形式来说，它又有静止的状态，有某种稳定的形式，这种静止和稳定总是暂时的、有条件的，因而是相对的。其次，相对静止和绝对运动又是相互联系的，二者相互依赖，相互包含，并在一定条件下可以相互转化。在绝对运动中有相对静止，在相对静止中又有绝对运动，动中有静，静中有动，又动又静。世界上一切事物的存在和发展，都是绝对运动和相对静止的辩证统一。

运动的绝对性与静止的相对性是物质运动的两个属性，不能只重视绝对运动而忽视相对静止，在坚持运动绝对性的前提下，肯定相对静止的存在，承认相对静止具有重要的意义。

第一，相对静止是事物存在和分化的必要条件。只有把握了相对静止，才能理解事物的多样性，区分开不同的事物。因为事物只有在相对静止状态下，才能保持自己质的稳定性，才会有一个个不同质的事物。如果事物都是瞬息万变，倏忽即逝的，没有任何质的稳定性，就无法与别的事物区别，也就谈不上任何事物的存在。

第二，相对静止是确定和区分事物性质的重要依据。把握相对静止才能认识和利用事物，对事物进行确定的研究。各门具体科学就是根据各自研究的事物及其运动形式的不同而进行分工的。

第三，相对静止是衡量运动的尺度，不了解静止，也就不了解运动。相对静止是绝对运动的参照系。在日常生活和科学活动中，我们要描述或测量物体的运动，就必须选择一个相对静止的物体作参照物，否则，就无法描述或测量。离开相对静止来谈运动，就会使一切都变成不可捉摸、无法认识的东西，从而导致相对主义和诡辩论。

三、辩证唯物主义的时空观

辩证唯物主义认为物质不仅是运动的，而且都要经历一定的时间和占据一定的空间，时间和空间是物质运动的存在形式。

时间是指物质运动的持续性和顺序性。在科学和日常生活中经常使用的"过去"、"现在"、"未来"、"长久"、"短暂"这些词，表现的就是时间形式或时间关系。时间的特点是一维性和不可逆性。这是指时间只有从过去、现在到将来，它的流逝总是沿着单向前进，去而不返，不可逆转。俗话说"岁月不居"、"时不我与"、"机不可失，时不再来"，讲的就是这一特性。

空间是运动着的物质的广延性和伸张性，表示物体彼此之间的并存关系和分离状态，表示物体的体积、形态、位置和排列次序等。在科学和日常生活中经常使用的"位置"、"场所"、"距离"、"体积"、"角度"这些词，表现的就是空间形式或空间关系。空间的特点是三维性，即任何物体都有长、宽、高三个维度。通常人们又把时间和空间联结起来，称之为四维时空。

时间和空间作为运动着的物质的存在形式，它们同物质运动是不可分离的。一方面，时间和空间离不开物质运动，离开物质运动的时间和空间是不存在的。时间是以物质在空间的运动来度量和认识的，离开物质在空间的运动，它就成为无法度量、神秘莫测的东西。人们就是依据地球在天体空间中的运动来确定年、月、日的，并依据物质在空间的运动来规定和测定时间。空间也同样是以物质在时间上的运动来度量的。另一方面，物质运动也离不开时间和空间，离开时间和空间的物质运动也是不存在的。时间和空间同物质运动的不可分离性，表明了时间和空间的客观性。同物质运动一样，作为物质运动的存在形式，时间和空间也是不依赖于人的意识的客观实在。

坚持时间、空间与物质运动不可分离的原理，就要反对形而上学的时空观。形而上学唯物主义把时间和空间同运动着的物质割裂开来，认为时间和空间可以脱离物质的运动而独立存在，具有不受物质形态和运动形式变化影响的绝对不变的特性。在这种观点看来，时间是与物质运动无关的绝对均匀流逝的纯粹的持续；空间是与物质相脱离的绝对空虚的框架，虽有物质充塞其中，但它本身却是不变的，牛顿的时空观就是如此。在牛顿看来，"绝对的、真正的和数学的时间自身在流逝着，而且由于其本性而均匀地、与任何其他外界事物无关地流逝着"；"绝对的空间，就其本性而言，是与外界任何事物无关而永远是相同的和不动的"。现代科学的发展特别是非欧几何和相对论的提出，证明这种"绝对时间"和"绝对空间"是不存在的，证明时间和空间随着物质运动的变化而具有多种特性。

时间和空间既具有绝对性又具有相对性，是绝对性和相对性的统一。

　　时间和空间的绝对性，是指时间和空间是物质运动存在的形式，其客观实在性是不变的、无条件的，因而是绝对的。承认时间和空间的客观实在性，就必然要承认时间和空间的绝对性。

　　时间和空间的相对性包含着两重含义：首先，时间和空间的具体特性受物质运动的具体特性所制约，随着物质运动的形式、特性的变化而变化，因而是可变的、有条件的；其次，人们关于时间和空间的观念也是可变的、发展的，它随着人们对时间和空间认识的发展而不断深化，人们时空观念的可变性反映着时空具体特性的可变性。

　　现代科学的发展，特别是非欧几何学和爱因斯坦的相对论，不仅进一步证明了时间和空间的客观实在性，而且深刻地揭示了时间和空间同物质运动的联系，时间和空间是绝对性和相对性的统一。

　　非欧几何学不承认有绝对不变的空间特性，提出了不同于欧几里得几何学的公理和定理，揭示了空间特性的可变性。例如，欧几里得几何学认为，三角形三内角之和等于180°；非欧几何学则认为，三角形三内角之和可能大于或小于180°。实际上，欧几里得几何学和非欧几何学在它们适用范围内都是正确的，都是运动着的物质的空间特性的反映。欧几里得几何学近似地反映了普通的、地面空间的特性，非欧几何学则反映了天体运动的大尺度宇宙空间和微观粒子活动的小尺度微观空间的特性。

　　1905年，科学家爱因斯坦创立了狭义相对论，用光速不变原理重新审定了时间的概念。按照狭义相对论的思路分析，某一事件在时间上的先后顺序是确定的、不可逆的，炮弹总是先发射后落地，发射和落地不可能同时发生，更不可能先落地后发射；但两个事件的"同时"性却不是绝对的而是相对的，"同时"或"不同时"只有和运动着的物质体系联系起来才能确定。不同地点发生的两件事，如果在地面上看来是同时发生的，在高速运动的观察者看来则不是同时发生的。这就是说，"同时"的概念随着物质运动状态的变化而变化。狭义相对论还揭示，物质客体尽管有其空间的广延性和时间的持续性，但在不同的物质体系中，空间广延的长短和时间间隔的快慢也不是绝对的，而是相对的。按照狭义相对论所说，物体的长度在不同的运动的物质体系中是不一样的，运动速度越快，物体的长度就变得越短，即空间的广延性或伸张性是随着物质运动的变化而变化的。同样，同一个时钟的时间间隔性在不同的物质运动体系中也是不一样的，运动速度越快，指针的速率就变得越慢，即时间的间隔性是随着物质运动的变化而变化的。1971年美国科学家作了这样的实验：把两个极其精确的同步原子钟，一只放在地面上，另一只放在飞机上，绕地球运动一圈后，发现飞机上的原子钟比地面上的原子钟慢了100亿分之5.9秒。据此推算，如果宇航员以接近光速的速度在空中飞行一年，就相当于地球上约50年。

　　时间和空间的绝对性与相对性的统一又表现为时间和空间的无限性与有限性的统一。

时间的无限性是指物质世界在时间上是无始无终的，它的一维性和持续性是无限的。时间无论向前追溯多远，没有开端；无论向后探索多久，没有尽头，永远不存在"无时间"的状态。空间的无限性是指物质世界在空间上是无边无际的，它的三维广延性是无限的。空间无论从哪一点出发，沿着前后、左右、上下延伸出去，永远不会达到尽头。时间的有限性是指物质世界存在的每一个具体事物，其发展过程是有始有终的，凡是产生出来的东西，毫无例外会走向灭亡。空间的有限性是指物质世界的每一个具体事物占有的空间位置总是有限的。

时间和空间的无限性与有限性的辩证统一表现为：第一，无限包含着有限，无限由有限构成。无限的时间和空间，必然把具体的、现实的、有限的时间和空间包含于自身之中，离开一个个有限的时间和空间，所谓时空的无限性也就不复存在了。第二，有限包含并体现着无限。任何具体的确定的事物在时间和空间上都有自己的界限，然而由于事物运动、转化的本性，有限的界限又不断地被打破、被否定而趋于无限。这种无限的趋势，并不是存在于有限之外，而是包含于有限之中，而且任何一个有限的物质客体，就其特性、层次来说也是无限的，是包含着无限的有限客体。正如庄子所言："一尺之棰，日取其半，万世不竭。"有限和无限既是相互排斥的，又是相互贯通的。

第二节 人对物质世界的实践把握

人类之所以只有通过自己的实践活动才能认识世界和改造世界，就在于客观世界是独立于人的意识之外，不以人的意志为转移的；就在于客观世界的运动变化是有规律的，而规律是可以被人类认识和利用的。马克思主义的实践观，不仅揭示了自然界和社会的物质的统一性，而且阐明了实践在人类社会生活中的根本地位，这是马克思主义哲学历史观的基础。

一、实践是人类能动地改造客观世界的物质活动

马克思主义哲学出现以前的中外哲学史上已使用过"实践"这个概念，并对这一概念做过很多的论述，其中也有合理的因素。但所有这些哲学都没有形成科学的实践观，都不了解实践在整个社会生活中的决定意义。

马克思主义哲学吸取了哲学史上关于实践概念的合理因素，正确地阐明了实践的本质及其在认识世界和改造世界中的作用，创立了科学的实践观。马克思主义认为，实践是人类能动地改造世界的客观物质性活动。马克思在被恩格斯称为"包含着新世界观的天才萌

芽的第一个文件"的《关于费尔巴哈的提纲》中，阐明了实践是感性的、对象性的物质活动，认为"全部社会生活在本质上是实践的"①，强调哲学的重要使命在于指导实践改造世界，"哲学家们只是用不同的方式解释世界，问题在于改变世界"。

实践具有客观物质性、自觉能动性和社会历史性等基本特征。首先，实践是物质性的活动，具有直接现实性。构成实践活动的诸要素，即实践的主体(人)、实践的对象(客体)和实践的手段(工具)，都是可感知的客观实在；实践的结果引起了客观世界的某种变化，给人们提供现实的成果，也是外在于人们的意识而客观存在的；实践的水平、广度、深度和发展过程，都受着客观条件的制约和客观规律的支配。所以，实践是同主观认识活动相区别的感性物质活动。其次，实践是人类有意识的活动，体现了自觉的能动性。人具有理性思维，所从事的是不同于动物的本能活动的有目的、有意识地改造世界的活动，只有这种自觉的、能动的活动才具有真正的实践意义。最后，实践是社会的历史的活动，具有社会历史性的特点。实践从一开始就是社会性的，任何人的活动都不能离开社会的联系。作为实践主体的人总是社会的人，即处在一定社会关系中的人。实践的社会性决定了它的历史性，因为实践的内容、性质、范围、水平都是受一定的社会历史条件所制约的，都是随着一定的社会历史条件的变化而变化的，因而都是具体的、历史的。

人类实践活动的具体形式是丰富多样的。随着人与世界关系的发展，特别是随着社会分工的进步，人类实践的具体形式越来越多样化。概括地说，实践的基本形式包括物质生产劳动实践、处理社会关系的实践和科学实验等。物质生产劳动是人类最基本的实践活动，它是以自然为对象，运用人们自身的力量，借助于物质工具和手段，改造自然界以获取人们生存和发展所需要的物质生活资料，改善人们的生活环境及条件的活动。生产劳动进行着人与自然之间的物质、能量和信息的交换，解决人与自然的矛盾，同时生产和再生产着社会的基本经济关系，由此决定着社会的基本性质和面貌。处理社会关系的实践是人们社会生活中的一个重要方面。在生产劳动基础上，人们形成了多种社会关系，调整和处理这些社会关系中的矛盾的活动，是人们在改造自然的同时所必须进行的实践活动。例如，人们所从事的政治活动、社会改革活动等，都属于这一类的实践。在阶级社会中，阶级关系是主要的社会关系，由不同的阶级利益引起的阶级矛盾通常是社会的主要矛盾，处理社会关系的实践也就主要表现为阶级斗争。科学实验是改造自然和社会的准备性和探索性的实践活动，是在生产实践的基础上产生的。科学实验不仅包括自然科学的实验活动，还包括人文社会科学的实验活动。科学实验一经产生，就具有与生产实践和变革社会的实践所不能代替的特点，即自觉地以科学理论为指导，以实验仪器和装备为手段(或通过社会调查)，以探索和认识客观事物的本质和规律为目的。在实践的三种基本形式中，物质生产劳动实

---

① 《马克思恩格斯选集》第 1 卷，第 56 页。

践处于基础的地位，对其他实践形式起着主导的作用。无论何种形式的实践都内在地包含着人与自然、人与社会、人与自我意识的关系，包含着物质变换、活动交换和观念的转换。

实践是人的存在方式。人类的产生、生存和活动，是以实践为基本方式和标志的。首先，实践是人所独有的活动。作为实践主体的人并非是纯粹生物学意义上的人，而是社会的人。劳动实践不仅创造了人，形成了人类特有的本质，而且只有在实践基础上，人类的本质力量才能得到充分的体现和确证。其次，实践集中表现了人的本质的社会性。人不仅在实践活动中把自己从自然界中提升出来，使自然界成为自己的对象，而且在改造自然的过程中，人发展着多方面的社会需要，也就有了丰富多彩的社会活动。人的一切社会关系都是在实践活动中产生的，实践创造出了人之为人的一切特征，决定着人的本质的社会性。最后，实践对物质世界的改造是对象性的活动。人类必须依赖于自然界才能生存和发展，但自然界的天然状态并不完全适合于人，人类通过改造自然的实践来满足自身生存的发展和需要。实践改造的自然对象是人类赖以生存的前提，人类改造自然对象的活动，构成了物质生活本身。人是在社会活动中改造自然的，社会状况直接制约着人对自然的改造，因此人在改造自然的同时也在改造着人类社会。

二、社会生活的本质

从实践出发理解社会生活的本质，要把握以下两个大的方面：

一是，实践是使物质世界分化为自然界与人类社会的历史前提，又是使自然界与人类社会统一起来的现实基础。

在实践活动过程中，统一的物质世界形成了自然界和人类社会的区分。自然界和人类社会是物质世界存在的两种不同形态。这里说的自然界是独立于人的活动或未被纳入人的活动范围内的客观世界，其运动变化是自发的。人类社会是人们在特定的物质资料生产基础上相互交往、共同活动形成的各种关系的有机系统。它是在自然界发展到一定阶段上随着人类的产生而出现的。从根本上说，人类社会是人的实践活动的对象化，是人的对象世界。所以，马克思指出："自然界的人的本质只有对社会的人来说才是存在的"。[①]

自然界和人类社会都具有客观实在性，它们相互联系、相互作用。自然界是人类社会形成的前提，是构成人类社会客观现实性的自然基础。人在实践活动中创造了人类社会，人类社会的存在和发展，又反过来影响和制约自然界，不断改变自然界。

自从人类产生以后，通过劳动，人类具有了自己实践的存在方式。人类社会既是自然界的一部分，又有着自身特殊发展的规律。人不是单纯的自然存在物，更主要的是社会存

---

① 《马克思恩格斯选集》第3卷，人民出版社2002年版，第301页。

在物。人与自然的关系是在实践中形成的、始终是处于一定社会关系中的、纳入了社会过程的物质交换关系,是具有社会性的物质交换关系。

马克思指出:"在实践上,人的普遍性正表现为这样的普遍性,它把整个自然界——首先作为人的直接的生活资料,其次作为人的生命活动的对象(材料)和工具——变成人的无机的身体。自然界,就它自身不是人的身体而言,是人的无机的身体。人靠自然界生活。这就是说,自然界是人为了不致死亡而必须与之处于持续不断地交互作用过程的、人的身体。所谓人的肉体生活和精神生活同自然界相联系,不外是说自然界同自身相联系,因为人是自然界的一部分。"① 实践使人从统一的自然界中分化出来后,在总体上和根本上更深刻、更全面地依赖于自然和社会的物质运动规律。如果离开了社会实践,抽去社会性这一环节,人与自然的关系就变成了动物与自然的关系。只有通过劳动实践才可能协调人与自然的关系,实现它们的和谐统一。如果人类不保持自身与自然的和谐统一,那就会危及自身的生存发展。

当今世界出现的生态、环境、人口、资源等全球性的危机问题,并不单纯是自然系统内平衡关系的严重破坏,实际也是人与自然关系的严重失衡。恩格斯早就提出了自然界"对人进行报复"以及"人类同自然的和解"问题。马克思也认为,应当合理地调节人与自然之间的物质变换,在最无愧于和最适合人类本性的条件下进行这种物质变换。随着人类改造自然的拓展和深化,人们越来越认识到正确处理人与自然的关系、实现人与自然和谐统一的重要性。人类改造自然与改造社会的实践活动,必须遵循客观规律,符合科学发展的要求,走可持续发展道路;必须重视生态文明建设,在经济社会发展过程中,把推进生产发展、实现生活富裕、保持生态良好有机统一起来,努力实现社会经济系统和自然生态系统的良性循环。

从实践出发去理解社会生活的本质,是马克思主义世界观的重要组成部分,实践的观点"必然会导致唯物主义"②。这是因为,唯物主义本身正是人类全部实践所提供的普遍的必然的结论,不以实践为基础来确立的唯物主义不可能是真正彻底的、科学的唯物主义。

二是,实践是人类社会的基础,一切社会现象只有在社会实践中才能找到最后的根源,才能得到最终的科学说明。

马克思主义确认社会生活在本质上是实践的,也就是从实践出发去理解社会,也就是把社会生活"当做实践去理解"。社会生活是对人们各种社会活动的总称,社会生活的实践性主要体现为以下三个方面:

首先,实践是社会关系形成的基础。实践,首先是物质生产实践,是人以自身的活动

① 《马克思恩格斯选集》第 1 卷,第 45 页。
② 《列宁选集》第 2 卷,第 103 页。

调整和控制人与自然之间物质变换的过程。在这个过程中，人们不仅同自然界发生联系，而且人与人之间也必然要结成一定的关系。人与自然的关系和人与人的关系相互制约，共生于物质生产实践中。实践结束时得到的结果，在这个过程开始时就已经在实践者头脑中作为目的、以观念的形式存在着，而这个目的又决定人们活动的方式和方法。可见，人与其意识的关系也生成于实践活动中。实践内在地包含着三重关系，即人与自然的关系、人与人的关系以及人与其意识的关系，而这些关系又构成了基本的社会关系，即物质的社会关系和思想的社会关系。实践以浓缩的形式包含着全部社会关系，成为社会关系的发源地。

其次，实践形成了社会生活的基本领域。人们通过实践活动改造自然、改造社会和改造人自身，形成了社会生活的基本领域，即社会的物质生活、政治生活和精神生活领域。在整个社会生活过程中，物质生产实践具有基础和决定作用。物质生活的生产方式制约着整个社会生活、政治生活和精神生活的过程。

再次，实践构成了社会发展的动力。人们自己创造自己的历史，社会发展不过是人的实践活动在时间和空间中展开的过程。人既是历史的"剧中人"，又是历史的"剧作者"。物质生产实践构成了社会发展的根本动力。改造社会的实践推动着社会历史的变迁和进步。在阶级社会里，阶级斗争构成了社会发展的直接动力。

总之，全部社会生活在本质上是实践的。构成社会的人是从事实践活动的人，推动社会运动的力量是千百万人的社会实践活动。社会生活的全部内容就是不断进行的社会实践，实践既是人的自觉能动性的表现，也是人的自觉能动性的根源，是人的生命表现和本质特性。正如马克思指出的："凡是把理论引向神秘主义的神秘东西，都能在人的实践中以及对这个实践的理解中得到合理的解决。"①

第三节　意识的起源、本质和能动作用

一、意识的起源和本质

意识不是从来就有的。意识是自然界长期发展的产物，又是社会的产物。意识的产生是一个漫长复杂的发展过程，它有三个决定性环节：第一，从无生命物质的反应特性到低等生物的刺激感应性；第二，从低等生物的刺激感应性到动物的感觉和心理；第三，从动物的感觉和心理到人类意识的产生。

反应特性是一切物质都具有的，是"物质的本性"最普遍的表现之一。列宁指出："假

---

① 《马克思恩格斯选集》第 1 卷，第 56 页。

定一切物质都具有在本质上跟感觉相近的特性、反应的特性，这是合乎逻辑的。"[①] 无生命物质的反应，只是一些机械的、物理的或化学的反应，通过这些反应过程，无生命物质彼此之间在相互作用中留下印记或痕迹，从而产生机械的、物理的或化学的状态改变。例如，潮涨潮落是海水对月球、太阳和地球之间引力变化的反应；岩石风化是石头对空气、阳光、水分等机械的、物理的以及化学的反应。

自然界无生命物质经过长期发展，逐渐产生了有生命物质，从而也就产生了低等生物的刺激感应性。例如，向日葵随太阳转动，含羞草遇风合拢等。由物质的一般反应特性到低等生物的刺激感应性，是意识起源史上的质的飞跃，这种生命的反映形式同无生命的反映形式有着质的区别。第一，非生命的反应特性是通过改变自身的形态或转化为它物而表现出来的；而生命的反应特性则是为了维持自己的生存和发展，以新陈代谢、自我更新形式表现出来的。第二，非生命的反应特性是机械的、死板的、没有选择的；而生命的反映形式则以选择性和某种主动性为特点，以趋利避害维持其自身的存在和发展。

在生物的不断进化中，低等生物逐渐发展为高等动物，从而也就形成了比刺激感应性更高级的反映形式——感觉。随着动物有机体由简单到复杂，由低等到高等的进化，动物感觉也在不断发展，并最终形成了包括大脑在内的中枢神经系统和周围神经系统，在此基础上产生了动物心理。动物心理不仅包括感觉、知觉、表象、识记和某种情感，甚至包括初步的形象思维、分析和判断的能力。

从一切物质所具有的反应特性发展到高等动物的心理活动，只是人类意识发展的前史，是人类意识产生的准备阶段。人类意识的产生是一个更为复杂的过程，还需要经过一个决定性的质的飞跃。

纯粹的动物心理并不会自发地产生意识，意识是同人类社会一起产生的，是在从猿到人，从猿脑到人脑，从古猿的动物心理到人类意识的进化过程中产生的。其中，劳动起着决定性的作用，是意识产生的决定性的环节。劳动从一开始就是社会性的活动，因而，意识也是社会的产物。

首先，劳动使猿脑变成人脑，并随着社会劳动的发展而日趋完善，它的容量越来越大，组织结构越来越复杂和严密。人脑的形成，为意识的产生和发展提供了物质基础。

其次，劳动产生了语言。语言是思维的工具，是思维的物质外壳。在劳动中，人们由于要彼此协作，进行有效的生产，了解对方愿望、要求和感情等，当社会成员之间感到有什么东西非说不行了，于是便产生了语言。语言的出现，使人们可以借助它来概括各种感觉材料，对事物的本质或内在联系加以提炼，可以用语言作为交流思想的工具，从而推动了意识的发展。

---

① 《列宁选集》第 2 卷，第 89 页。

再次，意识的内容在劳动中得以丰富，在社会实践中得到发展。人类的意识主要来源于物质生产活动。在生产活动中，人们逐渐地了解自然现象的性质、规律等。同时，在生产中人们相互之间结成一定的生产关系，从而也在一定程度上了解了社会以及人与人之间的关系，形成各种社会知识。离开了物质资料的生产活动，意识就无从产生。

由此可见，人类意识不仅是自然界长期发展的产物，还是社会的产物。意识是一种社会现象，它随着人类社会的产生而产生，随着人类社会的发展而发展，离开了人类社会，就没有、也不可能有人的意识。马克思、恩格斯指出："意识一开始就是社会的产物，而且只要人们还存在着，它就仍然是这种产物。"①

意识的本质是什么？从产生它的物质基础来看，是人脑的机能；从它的内容上看，是对客观世界的反映。概括起来说，意识的本质是人脑的机能，是人脑对客观物质的反映。

人脑是意识的物质器官，意识则是人脑的机能或属性。人脑是一个高度发达而严密组织起来的物质。当外界因素作用于人的感官而引起刺激时，这种刺激就沿着神经纤维传达到大脑皮层专司各个不同职能部门的区域，在这个基础上形成复杂的意识过程。我们不难发现，离开了人脑神经活动的生理过程，就不可能有意识的存在。

意识作为人脑的机能，是人脑在第一信号系统和第二信号系统基础上进行的精神活动。我们通常把那种接受外部的具体刺激而引起的条件反射，叫做第一信号系统。例如，在实验室条件下，每次给狗喂食都伴以铃声，多次反复后，铃声就成为进食的"信号"。第一信号系统是人和动物共有的，但人除具有第一信号系统外，还具有第二信号系统，即信号的信号——语言和文字系统，它是人类特有的。在第一信号系统基础上产生的反映，是具体形象的感性反映；在第二信号系统基础上产生的反映，是抽象概括的理性反映。人类在第一信号系统和第二信号系统基础上所进行的精神活动，无论其深度和广度都是动物所无法比拟的。

仅仅把意识理解为大脑的机能，并不能完全说明意识的本质，光有人脑还不能产生意识，因为人脑只是思维的器官，并不是思维的源泉。人脑好比一个加工厂，原材料只能来源于客观世界。人们只有在同外部世界打交道中，在同客观世界的相互联系中，才会产生意识。人们对客观现实的反映采取感性和理性两种形式，感性形式反映的内容是客观事物的外部现象，理性形式反映的内容是客观事物的内在本质。意识就其形式来说是主观的，但是它的内容却是客观的。马克思指出："观念的东西不外是移入人的头脑并在人的头脑中改造过的物质的东西而已。"②

由于意识的形式是主观的，它的反映就必然带有特定个人或主体的主观色彩，受个体

① 《马克思恩格斯选集》第 1 卷，第 35 页。
② 《马克思恩格斯选集》第 2 卷，第 112 页。

实践经验、社会地位、动机、兴趣、情绪和文化背景不同的影响。意识的反映，只能是近似的反映，有时甚至是歪曲的反映。然而，不管是近似的还是歪曲的反映，都是对客观世界的反映；任何一种意识，即使最荒唐的意识，都有它的客观原型。鲁迅说过："描神画鬼，毫无对证，本可以专靠神思，所谓'天马行空'地挥写了。然而他们写出来的都是三只眼，长颈子，也就是在正常人体身上增加了眼睛一只，拉长了颈子二三尺而已。"一切意识现象都是客观世界的主观反映，是客观内容和主观形式的统一。

在意识本质的问题上要反对两种倾向。一种是庸俗唯物主义，认为意识、思维是一切物质固有的，把意识等同于物质，看成是人脑的"分泌物"，否认意识形式的主观性；另一种是唯心主义观点，夸大意识形式的主观性而否认意识内容的客观性，认为意识是独立的不依赖于物质而主观自生的东西。

二、意识的能动作用

意识的能动性是指人所特有的、能动的反映世界和改造世界的能力和作用。辩证唯物主义坚持物质第一性、意识第二性，承认物质对意识的决定作用；与此同时，又承认意识对物质的反作用。意识的能动作用具体表现在以下四个方面。

第一，意识活动的目的性和计划性。人们在反映客观对象时，总是从实践的需要出发，带有一定的主观倾向性和要求，抱着一定的动机和目的。活动前所谓的蓝图、目标、活动方式和步骤等，就是意识活动的目的性和计划性的体现，也是意识能动性的重要表现。马克思指出："蜘蛛的活动与织工的活动相似，蜜蜂建筑蜂房的本领使人间的许多建筑师感到惭愧。但是，最蹩脚的建筑师从一开始就比最灵巧的蜜蜂高明的地方，是在他用蜂蜡建筑蜂房以前，已经在自己的头脑中把它建成了。"[1]

第二，意识活动的主动创造性。列宁指出："人的意识不仅反映客观世界，而且创造客观世界。"[2] 意识对客观世界的反映并不是客观世界有什么反映什么，而是主动地根据实践的需要反映世界。意识不仅能够反映事物的外部现象，而且能够由感性认识上升到理性认识，反映事物的本质和规律；它不仅能够"复制"当前的对象，而且能够追溯过去、推测未来，创造一个理想或幻想的世界。

第三，意识的能动性突出表现在对客观世界的改造上。人的意识不仅在于在实践中认识世界，更重要的是能把观念的东西通过实践变为现实，在自然界打下人类"意志的印记"。

---

[1] 《马克思恩格斯选集》第 23 卷，第 202 页。
[2] 《列宁选集》第 55 卷，第 182 页。

　　第四，意识对人体生理活动的作用。关于意识或心理活动对人体生理和病理活动的调节和控制，人类早就有所认识。我国传统的医学理论和实践，在这方面有着独特的贡献。现代科学也证明，意识、心理因素对人的生理健康有重要影响。

　　意识的能动作用一般有两种不同的性质和结果。一种是促进事物的发展，一种是阻碍事物的发展。正确反映客观事物及其规律的意识，能指导人们采取正确的行动，对事物的发展起积极推动作用；歪曲地反映事物及其规律的错误意识，会引导人们采取错误的行动，对事物的发展起消极的阻碍作用。

　　怎样才能正确发挥意识的能动作用？首先，意识能动作用发挥的前提是必须尊重客观实际，遵循物质运动的客观规律。只有从客观实际出发，遵从客观规律，才能在实践中成功地改造客观世界。其次，意识能动作用的实现依赖于一定的物质条件和手段。例如，人们对宇宙天体的观测，需要借助于天文望远镜、光谱分析仪和航天探测器等设备。再次，意识能动作用实现的根本途径是实践。马克思指出："思想根本不能实现什么东西。为了实现思想，就要有使用实践力量的人。"[①]

　　如前所述，意识是物质高度发展的产物，是物质的反映，物质对意识具有决定作用。但同时，意识对物质又不是消极被动的，它对物质具有反作用。马克思主义哲学认为，物质对意识的决定作用和意识对物质的能动作用是辩证统一的。一方面，物质决定意识。物质决定意识的起源、本质，也决定意识作用的产生和大小。就是说，意识能动作用的发挥程度，一刻也离不开物质运动及其规律的制约作用。另一方面，意识反作用于物质。意识具有认识世界和改造世界的功能，正确的或错误的意识对实践分别起着促进或阻碍作用。

　　坚持物质的决定作用与意识能动作用的辩证统一，既要反对夸大决定性而否认能动性的形而上学唯物主义，又要反对片面夸大能动性的唯心主义意识决定论、精神万能论，反对将二者割裂开来。这体现了马克思主义哲学在解决物质和意识关系问题上的彻底的唯物主义一元论观点，是唯物论和辩证法的统一。形而上学唯物主义肯定物质的决定作用，但是否认意识的能动性，特别是否认意识对物质的反作用。在现实中，有人认为既然物质文明是政治文明、精神文明的基础，那就等物质文明高度发展了，才谈得上政治文明、精神文明，或者认为它们会自然而然地提高，根本无需去建设，这就把精神、意识看成是完全消极的东西。唯心主义走向了另一个极端，他们片面地夸大意识的作用，把意识夸大成脱离物质的绝对力量，宣扬意识决定论和唯意志论。例如，在社会主义建设初期，在"左"的思想指导下，我们曾一度奉行"人有多大胆，地有多大产"、"不怕做不到，就怕想不到"、"跑步进入共产主义"等口号，就是犯了唯心主义的唯意志论的错误。

---

① 《马克思恩格斯选集》第2卷，第152页。

三、世界的物质统一性和一切从实际出发

　　世界上各种事物和现象纷繁复杂，千差万别，它们有没有共同的本质或本原，用哲学语言说，就是世界有没有统一性？世界统一于什么？对这些问题所作的不同回答，是各哲学派别建立自己体系的基本前提。凡是认为世界只有一个统一的本原的哲学观点，即承认世界统一性的，叫做一元论。唯物主义和唯心主义都承认世界的统一性，所以它们都是一元论哲学。但是唯心主义认为世界统一于意识、精神，唯物主义认为世界统一于物质，这就有了唯心主义一元论和唯物主义一元论的区别。世界上形形色色的事物和现象，都是物质的表现形态，意识也是物质长期发展的产物。唯物主义关于世界统一于物质的观点，是对现实世界统一性的科学概括。

　　除了一元论哲学以外，还有所谓的二元论哲学。二元论否认世界的统一性，以为世界有两个互相平行，各自独立的本原：一个是物质，一个是精神。笛卡尔就是这种哲学的代表。其实，这种观点是站不住脚的。主张在物质世界之外有一个独立的精神世界的存在，这实质上是唯心主义观点。而把物质和精神并列，实质上否认了物质现象是精神现象的根源，即精神对物质的依赖性，有时还往往把精神说成是唯一具有能动性的，把物质说成消极被动的。因此，二元论最终要倒向唯心主义。

　　形而上学唯物主义认为世界统一于某一种或几种具体的物质形态，它不能理解世界的物质统一性是无限多样的统一。只有辩证唯物主义科学地回答了世界的统一性问题。它认为，世界是在时空中按其客观规律运动的物质世界，世界上纷繁的事物和现象的真正统一性在于它的物质性。物质世界是多样性的统一，统一性是多样性的基础，多样性是统一性的表现，这就是世界的物质统一性原理。

　　恩格斯说："世界的真正统一性在于它的物质性，而这种物质性不是魔术师的三两句话所能证明的，而是由哲学和自然科学长期的和持续的发展来证明的。"[①] 现代科学发展的成果证明，大到宏观宇宙天体，小到微观粒子，包括微生物和人类本身、精神、意志现象等，都最终归于物质。人类社会也是物质世界的一个组成部分，它实质上是以物质生产力的发展为其存在的基础和前提的，社会现象和社会意识的根源存在于物质的、经济的事实之中。世界的物质统一性是一个普遍的哲学命题，还需要从哲学上加以论证，只有通过正确的理论思维，把有限和无限、部分和整体、特殊和普遍、暂时和永久辩证地结合统一起来，才能对世界的物质统一性作出论证。而无论是科学的证明还是哲学的证明，都是一个长期的过程，实际上是没有止境的。

---

① 《马克思恩格斯选集》第 3 卷，第 83 页。

　　为了加深对世界物质统一性原理的理解，在实践中还需要正确认识和处理客观规律性与主观能动性的关系。

　　规律是事物和现象之间内在的、本质的、必然的联系。世界是运动着的物质世界，物质运动并非是杂乱无章的。无论哪种运动形式，如机械的、物理的、化学的、生命的、社会的运动等，都有自己的规律。

　　规律有三个主要特点。第一，规律具有客观性。就是说，一切规律，无论是自然界的还是社会的规律，都是事物本身所具有的，它的存在和作用不以人的主观意志为转移，也不因人的好恶而改变。社会规律虽然离不开人的活动，但人的活动所形成的社会规律，同样也是不以人的意志为转移的。第二，规律具有普遍性。它不但指那些带普遍性的规律(这种规律在一切领域都起作用)，而且也指那些在特定领域、特定范围起作用的规律，这些规律在它所适用的范围内都具有普遍性。第三，规律具有稳定性和重复性。由于规律是事物内在的必然联系，所以，尽管现象千差万别，规律是变中之不变。稳定性又表现为重复性，只要具备一定的条件，合乎规律的现象就会重复出现。

　　所谓主观能动性，是指主体的意识通过实践对客观世界的能动反映以及对客观世界的认识，进而用这种认识指导实践，以达到改造世界的目的这样一种有计划、有目的的自觉的能动性。发挥主观能动性与尊重客观规律是辩证统一的。

　　首先，尊重客观规律是正确发挥主观能动性的前提。规律是事物内在的、本质的、必然的联系，它是事物本身所固有的、客观的，是不以人的意志为转移的。因此，无论是认识世界还是改造世界，都必须遵从客观规律，按照客观规律办事。否则意识的能动活动就是盲目的，就不能正确的认识世界和改造世界。

　　其次，充分发挥人的主观能动性是认识和利用客观规律的必要条件。规律是深藏于事物现象背后、内在的东西，是感性认识所不能达到和把握的。在实践中，按客观规律办事也不是一帆风顺的，总要克服各种各样的困难和阻力。这说明不论是认识和把握客观规律，还是运用客观规律去改造世界，都必须发挥意识的能动作用。只有这样才能透过现象抓住事物的本质，达到对规律的认识和把握，并通过实践为客观规律的作用开辟道路。

　　马克思主义哲学告诉我们，独立于意识之外的统一的物质世界是先在的，一切事物和现象产生的最终根源都存在于物质世界之中。因此，我们认识事物、研究问题就必须从实际出发，即从客观存在着的事物出发。既不能从原则、本本出发，也不能从主观想象出发，要"不唯书，不唯上，只唯实"。所谓从实际出发，就是要按照事物的本来面貌去认识事物，找出事物和现象之间固有的联系，而不是以先入为主的思想去对待事物，也不是用幻想或臆造的联系去取代事物本身的联系。这是从实际出发在对待事物上的唯物论。坚持从实际出发还必须坚持辩证法。由于一切事物都处于一定时间和空间中，都在不停地发展变化，因此，从实际出发要有强烈的时空观念，一切以时间、地点、条件及其变化为转移，要因时、因地制宜，反对思想僵化、因循守旧，要用发展的眼光对待事物，坚持从实际出发，要把唯物主义和辩证法有机地结合起来。

要做到从实际出发，就要深入调查研究，要深入到群众中去，掌握大量真实的第一手材料。从实际出发，密切联系群众，注重调查研究，这是我们党的优良传统和作风，也是我们做好各项工作的基本方法。

同 步 练 习

Ⅰ．客观性试题

一、单项选择题(在每个小题列出的四个选项中，有一项是最符合题目要求的，请将正确选项填在答题纸的括号内)

1．物质的唯一特性是(　　)。

A．客观实在性

B．可知性

C．运动变化性

D．广延性

2．设想没有运动的物质，这是一种(　　)。

A．主观唯心主义观点

B．庸俗唯物主义观点

C．形而上学唯物主义观点

D．朴素唯物主义观点

3．唯心主义运动观的根本错误在于(　　)。

A．否认物质世界是运动发展的

B．割裂运动和静止的辩证统一

C．否认静止是运动的特殊状态

D．否认运动对物质的依赖性

4．运动和静止的关系是(　　)。

A．绝对和相对的关系

B．内容和形式的关系

C．本质和现象的关系

D．原因和结果的关系

5．"机不可失，时不再来"指的是(　　)。

A．时间的一维性

B．时间的顺序性

C．时间的有限性

D．时间的客观性

6．在从动物心理发展到人类意识过程中起决定作用的是(　　)。

A．人脑的形成

B．语言的产生

C．生产劳动

D．文明的发展

7．认为一切物质都具有类似感觉的反映特性，这是(　　)。

A．辩证唯物主义的观点

B．庸俗唯物主义的观点

C．形而上学唯物主义的观点

D．相对主义诡辩论的观点

8．"观念的东西不外是移入人的头脑并在人的头脑中改造过的物质的东西而已。"这个命题表明(　　)。

A．人脑是意识的器官和源泉

B．意识是客观存在的主观映象

C．意识是人脑产生的特殊物质

D．观念和物质没有本质的区别

9．人们关于鬼神的观念归根到底来源于(　　)。

A．人们的错误判断

B．人们的幻觉错觉

C．人们的主观想象

D．客观的物质世界

10．在物质和意识的关系问题上，唯心主义的错误在于(　　)。

A．片面夸大了意识的能动作用

B．片面夸大了意识对物质的依赖性

C．抹杀了意识与物质的根本区别

D. 割裂了意识与物质的内在联系

11. 实现意识能动作用的基本途径是( )。

A. 学习书本知识

B. 进行社会实践

C. 进行社会调查

D. 研究实际情况

12. 针对"人不能两次踏进同一河流"和"人连一次也不能踏进同一条河流"这两句话，下列选项中正确的是( )。

A. 都是辩证法的观点，强调事物发展

B. 前者是辩证法，后者是诡辩论

C. 前者是形而上学，后者是辩证法

D. 都是诡辩论的观点，否认相对静止

二、**多项选择题**(在每个小题列出的五个选项中，有二至五项是符合题目要求的，请将正确选项填在答题纸的括号内)

13. 下列表述中符合辩证唯物主义物质观的有( )。

A. 物质是各种具体物质形态的共性

B. 物质是不依赖于意识的客观实在

C. 物质是能为意识所反映的客观实在

D. 物质是看得见摸得着的东西

E. 物质是有具体质量和体积的实体

14. 列宁的物质定义的意义在于( )。

A. 坚持了唯物主义一元论，反对了唯心主义一元论

B. 坚持了一元论，反对了二元论

C. 与不可知论划清了界限

D. 克服了旧唯物主义物质观的缺陷

E. 对自然科学研究具有指导作用

15. 按照辩证唯物主义物质观，下列属于物质现象的有( )。

A. 山脉、河流

B. 社会生产关系

C. 引力场

D. 未实施的城市建设规划

E. 党的路线方针政策

16. 二元论的错误在于(　　)。

A. 否认客观物质世界的独立存在

B. 坚持精神决定物质的观点

C. 否认世界的统一性

D. 认为世界有物质和精神两个平行并列的本原

E. 抹杀精神对物质的依赖性

17. 下列活动中，属于人的意识活动的有(　　)。

A. 工程师设计图纸

B. 学生学习书本知识

C. 人遇到强光眨眼

D. 作曲家创作乐曲

E. 人听到巨响把头转向声源

18. 意识能动性的主要表现有(　　)。

A. 意识活动具有目的性和计划性

B. 意识活动能反映事物的本质和规律

C. 意识活动具有创造性

D. 意识活动能影响人体的生理活动

E. 意识活动能指导实践改造世界

19. 下列说法中，正确说明意识能动性的有(　　)。

A. 胸有成竹，料事如神

B. 纸上谈兵，画饼充饥

C. 天下无难事，只怕有心人

D. 不怕做不到，就怕想不到

E. 运筹于帷幄之中，决胜于千里之外

20. 下列说法中，正确说明时间一维性的有(　　)。

A. "盛年不重来，一日难再晨"

B. "光阴好比河中水，只能流去不复回"

C. "一寸光阴一寸金，寸金难买寸光阴"

D. "失落黄金有分量，错过光阴无处寻"

E. "莫说年纪小，人生容易老"

21. 人类意识产生的漫长过程中经历的发展阶段有(　　)。

A. 从一切物质的反应特性到刺激感应性

B．从刺激感应性到动物心理

C．从动物心理到人类意识

D．从感性认识到理性认识

E．从理性认识到实践

22．下列选项中，能正确说明意识本质的有(　　)。

A．意识是人类思维的产物

B．意识是人脑的机能

C．意识是对立自存的实体

D．意识是客观世界的主观映象

E．意识是人纯粹的主观创造

Ⅱ．主观性试题

23．简述辩证唯物主义物质范畴的内容及其理论意义。

24．简述意识能动性的表现及其实现途径。

25．为什么说意识是主观形式和客观内容的统一？

26．试述客观规律性和主观能动性的辩证关系以及这一原理的重要现实意义。

27．试用世界的物质统一性原理，说明坚持一切从实际出发的重要意义。

 **物质世界的联系和发展**

当我们深思熟虑地考察自然界或人类历史或我们自己的精神活动的时候，首先呈现在我们眼前的，是一幅由种种联系和相互作用无穷无尽地交织起来的画面，其中没有任何东西是不动的和不变的，而是一切都在运动、变化、生成和消逝。

——恩格斯

学习目的与要求

马克思主义哲学是唯物论和辩证法的高度统一，本章是唯物辩证法的总论部分。唯物辩证法深刻揭示了自然、社会和人类思维发展最一般的规律，是关于联系和发展的科学。学习这一章，要求掌握唯物辩证法的两个总特征——联系的观点和发展的观点；划清唯物辩证法和形而上学两种根本对立的发展观的界限；深刻理解对立统一规律是唯物辩证法科学体系的实质与核心；了解客观辩证法和主观辩证法的关系，坚持辩证法、认识论和方法论三者的统一。

基本概念

联系、系统、发展、条件、新生事物、辩证法、形而上学、客观辩证法、主观辩证法

重点问题

1. 联系的含义及其客观性、普遍性、多样性
2. 条件的含义及其客观性、复杂性、可变性
3. 系统的含义与特征及整体和部分的辩证关系
4. 发展的含义与实质

5. 对立统一规律在唯物辩证法中的地位

6. 客观辩证法和主观辩证法的关系

　　马克思主义哲学是唯物论和辩证法的高度统一。全面、完整地把握辩证唯物主义世界观，不仅要理解世界是发展着的物质世界，而且必须深入研究物质世界为什么会发展、如何发展、发展的规律是什么。唯物辩证法深刻揭示了自然、社会和人类思维发展最一般的规律，特别是揭示了客观事物发展的内在动力和基本趋势。要把握唯物辩证法的科学体系，首先就必须懂得物质世界的普遍联系和永恒发展，联系的观点和发展的观点是唯物辩证法的总特征。

第一节　物质世界的普遍联系

一、世界处于普遍联系之中

　　普遍联系是物质世界的基本特征。普遍联系的观点是唯物辩证法的逻辑起点和第一个基本观点。所谓联系是指一切事物、现象之间及其内部诸要素之间的相互影响、相互制约和相互作用。物质世界是一个立体式的、动态的、普遍联系的统一整体，正如恩格斯所说："当我们深思熟虑地考察自然界或人类历史或我们自己的精神活动的时候，首先呈现在我们眼前的，是一幅由种种联系和相互作用无穷无尽地交织起来的画面，其中没有任何东西是不动的和不变的，而是一切都在运动、变化、生成和消逝。"[①] 唯物辩证法就是要揭示物质世界这种普遍联系的状态。

　　各门具体科学的发展及其取得的一系列成就，充分证明了普遍联系观点的正确性和科学性。19 世纪初，自然科学获得了巨大发展，天文学、地质学、细胞学说、能量守恒和转化定律、生物进化论等方面的重大成就，为人们阐明自然界的普遍联系提供了自然科学依据。天文学的发展及其取得的成就证明了整个宇宙天体都处于相互联系之中。地质学揭示了地壳各层面之间的紧密联系。细胞学说和生物进化论表明一切生物都由细胞构成，一切生物有机体都是紧密联系的。能量守恒和转化定律在更广阔的范围内证明了物质同运动之间，物质运动同其能量、质量之间，以及各种运动形式之间的紧密联系。当时的社会科学发展及其取得的一系列成就，表明各种社会现象之间也是相互影响、相互制约和相互作用的，如英国古典政治经济学的成就表明，社会生产各部门、各环节之间是相互影响和相互

---

① 《马克思恩格斯选集》第 3 卷，第 359 页。

作用的。法国、英国、德国等国家的社会学成就揭示了社会是一个有机整体，家庭、教会、国家、伦理、宗教等社会现象是相互依赖、相互制约、紧密联系的。法国的历史学家们从史学的角度揭示了社会各阶级、阶层之间的紧密联系和相互作用。马克思、恩格斯创立的辩证唯物主义和历史唯物主义，从理论上、逻辑上充分揭示了自然界与人类社会的紧密联系，揭示了人类社会的物质资料生产和人的精神活动之间的紧密联系，揭示了每一种社会制度内部经济、政治、文化以及各种社会现象之间的复杂联系。

中国传统哲学中存在着体现普遍联系的朴素的整体观念。《洪范》中就提出构成万物的金、木、水、火、土等五行的紧密联系。后来的"五行说"则进一步阐述了五行相互依存、相互作用、相互对立和相互转化的相生相克的思想，表达了物质世界相互联系的整体观。《易经》提出天和地、日和月、上和下、阳和阴、刚和柔等既相互对立，又紧密联系，从而构成一个统一的整体。《易传·序卦》中说，有天地然后有万物，有万物然后有男女，有男女然后有夫妇，有夫妇然后有父子，有父子然后有君臣，有君臣然后有上下，有上下然后礼义有所措。表明天地、万物、男女、夫妇、父子、君臣、上下等等都是紧密联系、矛盾统一、变化发展的整体。《老子》认为整个世界统一于"道"，"道生万物"，万物是一个"负阴而抱阳"、"冲气以为和"的统一整体。汉代王充、北宋张载等人都认为气为万物之源，"气聚成物"，"物散为气"，从而构成一个变化着的普遍联系的统一整体。明末清初的王夫之全面、系统地阐述了这一思想，他认为，絪缊之气，动则生阳，静则生阴，既一分为二，又合二而一。一气之中的阴阳二端，"摩之荡之而变化无穷"[①]，聚则显形，为庶物之生；散则隐，人谓之无，絪缊之本性，非消灭也。"天地人物屈伸往来之故尽于此。"[②] 这不仅生动地描绘了万物是由气形成的普遍联系的整体状态，并且阐述了由气的内在矛盾推动这种联系和变化的深刻道理。

中国传统哲学特别注重天人关系的探讨，提出了"天人合一"、"天人之分"、"制天命而用之"等思想，从朴素唯物主义的角度，阐明了人与自然紧密联系的整体观。中国传统哲学中的整体观为我们今天坚持和弘扬唯物辩证法的联系观点提供了有益的借鉴和参考。用联系的观点看问题，就要辩证地看待人和人类社会同自然界之间相互依存、相互制约、相互作用的复杂联系。我们不仅要看到人和人类社会改造自然、利用自然的一面，更要看到自然界反作用于人和人类社会的一面，人和人类社会必须珍惜爱护自然界，保护生态环境，树立普遍联系的生态观念，增强环境保护意识。要用联系的观点看待人与人之间的关系，尤其是各阶层之间、区域之间、民族之间、国家之间的关系。要用联系的观点把人与人之间的关系同人与自然之间的关系结合起来考虑，以宽广的眼界看待当今时代的环境污

---

① 《老子衍》。
② 《老子衍》。

染问题、粮食问题等全球性问题。

二、辩证联系的主要特征

联系是客观的、普遍的、多样的，也是有条件的。

事物的联系具有客观性。联系是客观事物本身固有的状态，是不依人的意志为转移的，不是由人们主观臆想出来而后强加于事物的。从根本上讲，普遍联系根源于客观世界本身的物质统一性。联系总是物质世界本身的联系，是具体事物之间及其内部诸要素之间的联系，没有离开整个物质世界的联系，也没有离开具体事物的联系。世界上的任何事物都不是孤立存在的。联系和物质密不可分，物质是客观的，物质的联系无疑也是客观的。坚持联系的客观性，就要坚持从事物本身固有的联系出发去观察事物、分析问题和解决问题；反对从主观臆想的联系出发，武断地分析问题和处理问题。

联系的客观性同时表明了联系的普遍性。联系的普遍性或普遍联系是指世界上的一切事物、现象之间及其内部诸要素之间都处于相互联系之中。从横向看，任何具体事物、现象无不处于普遍联系之中，世界上找不到一个同周围事物毫不相干的事物。任何事物都与周围的事物结成这样那样的联系，以此作为自身存在和发展的条件。离开同周围事物的联系，任何事物都不可能存在和发展，也不可理解。同样，任何事物内部诸要素之间也是相互联系的，才使事物成为统一整体，并构成事物存在和发展的根据。离开了事物内部诸要素之间的相互联系，事物就不可能是一个有机整体，既不可能存在，更不可能发展。事物之间的联系使物质世界成为一个统一整体。整个世界就像一张普遍联系的立体式的动态网络，每一事物就是网络上的纽结。从纵向看，先后事物之间也处于相互联系之中。在先的事物孕育着后一事物的因素与成分，后一事物由在先的事物变化发展而来，没有先后事物的纵向联系，也不可能有物质世界的存在和发展。

事物的普遍联系是以事物之间的差异为前提的。事物各不相同而又相互联系着，形成差异中的联系、差异中的统一或同一。没有差异、差别，就无法确定事物的性质，也就无所谓联系；离开了联系，事物之间就不可能进行比较，也就谈不上区别。所以，既要承认联系，又要承认区别；要在联系中把握区别，在区别中把握联系。只承认联系而否认区别，或者只承认区别而否认联系，都是片面的、形而上学的观点。联系的普遍性要求我们在认识和实践中用全面的整体的观点去观察事物、分析问题和处理问题，反对用孤立的、片面的观点看问题。

事物的联系具有多样性。联系的多样性是指事物、现象之间及其内部诸要素之间的联系形式复杂多样，各有其特点。从有无中介看，有直接联系和间接联系；从内部与外部的不同层面看，有内部联系和外部联系；从联系同本质的关系看，有本质联系和非本质联系；

从地位和作用看，有主要联系和次要联系；从发生的原因及其出现的确定性看，有必然联系和偶然联系等。这些联系从不同的侧面或不同的层次表现出事物整体的不同特征，它们对事物的存在和发展起着不同的作用。外在的、次要的、非本质的和偶然的联系，对事物的发展只起加速或延缓的作用；内在的、主要的、本质的和必然的联系，决定事物的性质和发展方向，体现事物发展的规律。我们在认识和实践中，要全面把握事物复杂多样的联系，分清哪些是内在的、主要的、本质的、必然的联系，哪些是外在的、次要的、非本质的、偶然的联系，要用全力把握那些内在的、主要的、本质的、必然的联系，把握事物的客观规律，同时，也要注意研究那些外在的、次要的、非本质的、偶然的联系。

事物的联系具有条件性。条件是指同特定事物相联系的、对它的存在和发展发生作用的诸要素的总和。任何事物的联系，总是依赖于一定的条件，总是在一定条件下形成，也总是随着条件的变化而变化，这就是联系的条件性。一切以时间、地点和条件为转移，这是唯物辩证法的一个重要原则。离开条件，一切都无法存在，也无法理解。我们在观察事物、分析问题和解决问题的时候，要充分估计到条件的作用，积极创造有利的条件，改变不利的条件，使我们的实践取得成功。

条件总是具体的、多种多样的。有必要条件和非必要条件，决定性条件和非决定性条件，内部条件和外部条件，有利条件和不利条件，主观条件和客观条件等。不同的条件，对于事物存在和发展所起的作用是各不相同的。内部条件、必要条件、决定性条件、有利条件和客观条件对事物的存在和发展起着重要作用；外部条件、非必要条件、非决定性条件、不利条件和主观条件也影响着事物的存在和发展。全面具体地分析各种不同条件及其作用，是我们搞好各项工作的必要前提。

同世界上的一切事物一样，条件也不是一成不变的，也会随着事物的发展而发生变化。原有的条件逐步消失，又出现新的条件。原来的各种对应条件也可能相互转化，如内部条件转化为外部条件，必要条件转化为非必要条件，决定性条件转化为非决定性条件等。各种条件之间的相互作用也会发生变化。从条件的可变性看，当不利条件多于有利条件时，不必灰心丧气、畏缩不前；当必要条件还不具备时，不能消极等待，束手无为。人们可以通过发挥主观能动性去改变客观条件，变不利条件为有利条件，创造完成预定任务所需的必要条件。当然，改变和创造条件并不是任意的，也要具备一定的条件，不顾条件，必将一事无成。唯物辩证法的普遍联系论就是条件论，因此，尊重条件，就是尊重唯物论，尊重辩论法。

三、普遍联系与系统

普遍联系的观点既把个别事物看做整体的一部分，又把整体看做由各个组成部分相互联系的有机统一的整体。这个统一的整体就是系统，表现出系统性。

系统性是物质世界普遍联系的重要表现。系统是指由一定数量的相互联系与相互作用的要素、部分，按一定的方式结合而成的具有特定功能的有机整体。系统是一种普遍现象，任何事物、现象、过程，因其内在要素相互联系而形成系统，每一事物、现象、过程同周围事物、现象、过程相互联系，构成更大的系统。一个事物从原属的基本系统中分离出来，因相互联系又会进入另一个系统。这就使得事物呈现出复杂的系统性。在宇宙天体中，从太阳系这样的恒星系，到银河系、河外星系、总星系等，无不显示出层次分明的系统性。在微观世界中，从原子、原子核、电子到基本粒子，也都是层次不同的大小系统，具有鲜明的系统性。在生物界，每一个细胞都是由细胞核、细胞质、细胞膜等组成的系统；每一个生物体也都是由细胞组成的系统；每一个生物种属和生物群落也都自成系统，呈现系统性。人和人类社会的系统性也很明显。每一个人都有其生理上的系统性，如骨骼系统、血液循环系统、消化系统等。每一个人都同他人结成层次不同的系统，如家庭、乡村、学校、企业、阶级、政党、民族、国家等。人类社会就是由生产力和生产关系、经济基础和上层建筑等要素组成的系统。自然界和人类社会相互作用，构成整个世界的系统性。纵观整个世界，就是由无数个层级、大小不同的相对独立而又彼此联系的系统组成的系统网络，每一事物就是系统网络中的一个网点、网站。既没有不成系统的事物、现象和过程，也没有绝对孤立、完全封闭的系统。联系是客观的、普遍的，系统也只能是客观的、普遍的。

系统有自身的基本特征，表现在以下四点。

第一，整体性。整体性是系统的本质特征。任何系统都是由各个组成部分紧密联结而成的有机整体。这些组成部分不能离开作为整体的系统而孤立存在。系统的整体性是在各组成部分的相互联系中形成的，也仅仅存在于这种相互联系之中。如果各组成部分及其联系发生变化，则系统的整体性质也将随之变化。当一个组成部分或要素，尤其是关键性要素发生变化时，就会影响到系统中的其他要素，就可能引起系统整体状况的改变。系统中的要素不再是孤立存在时的状态，而是以系统的方式存在着，它的性质与功能具有系统整体的新性质、新功能。系统整体的功能大于各要素孤立存在时功能的简单相加。

第二，层次性。层次是指系统中包含的有差别的等级。系统由要素组成，要素是系统以下的第一层次，就是子系统。在更小的范围内，要素又自成系统，包含着更小的系统。系统的层次具有无限性，每一层次就是由若干个小系统组成的层面系统，这些层面系统相互制约、相互作用，形成多维立体的层次网络。不同层次的系统既有其运动的共同规律，也有各自运动的特殊规律。把握和利用系统的层次性，就要遵循其中的共同规律和特殊规律。

第三，结构性。系统的结构是由构成该系统的各要素按一定的秩序、方式或比例组合而成的，是各要素之间比较稳定的结合方式。任何系统都有自身的结构，结构是系统存在和发展的必要条件，蕴含并规定着系统的性质和功能。结构稳定，系统就相对稳定，结构变化，系统的性质和功能就发生相应变化。结构合理，会促使系统的发展；结构不合理则阻碍系统的发展。因此，要促使系统发展，就要不断地调整、完善和优化系统的结构。

第四，开放性。系统的开放性是指系统与周围环境相互联系和相互作用，进行物质、能量和信息交换的状态。任何系统都必然地要同其他系统相互联系，成为开放性系统，这是系统存在和发展不可缺少的外部条件。

系统论的创立、发展和运用，具有极为重要的哲学意义。第一，它用数学模型方法对系统内部以及系统之间的相互联系和相互作用，作深入细致的精确分析，为唯物辩证法的规律和范畴的定性描述和定量分析提供有益的借鉴，具有重要的认识论意义。第二，系统方法为唯物辩证法在实际工作中的运用，提供了科学方法和有效手段，具有重要的方法论意义。第三，系统论为唯物辩证法提供现代科学依据，使唯物辩证法得到更加牢固的科学基础，更有力地批驳孤立、片面、静止的机械论方法，为批判形而上学提供了强有力的科学武器。

第二节　物质世界的永恒发展

一、世界处于永恒发展之中

事物的联系和事物的发展不可分割。事物之间及其内部诸要素之间相互影响、相互制约和相互作用的关系中，必然出现影响和反影响，制约和反制约，作用和反作用等不同的运动状态，有运动就有变化，有变化就有发展，因此，事物的普遍联系构成运动、变化和发展。正如恩格斯所说："这些物体处于某种联系之中，这就包含了这样的意思，它们是相互作用着的，而这种相互作用就是运动。"[①] 事物内部诸要素之间的相互联系构成事物运动、变化和发展的内部动因，事物之间的相互联系构成事物运动、变化和发展的外部原因。事物的相互联系构成运动、变化和发展，有两层含义，其一是说任何运动都存在于事物的相互联系、相互作用之中，事物的相互联系是构成运动的真正原因，离开事物的相互联系、相互作用，就无从考察事物的运动、变化和发展，当然也更谈不上把握其实质；其二是说任何相互联系、相互作用本身，它的现实表现就是一个运动过程。把普遍联系和运动、变化、发展结合起来，体现了唯物辩证法的全面性特点。需要说明的是，唯物辩证法中的运

---

① 《马克思恩格斯选集》第4卷，第347页。

动、变化和发展三个范畴含义相近，但又有区别。"运动"侧重于表述物质的固有属性和存在方式，它包括宇宙中发生的一切变化和过程，从事物的位移到性质的变化，外延最为宽泛；"变化"侧重于强调事物内部和外部联系的演变，事物状态的改变即一事物成为他事物；"发展"则是在运动、变化的基础上，进一步揭示物质世界运动变化过程中前进上升的整体趋势和总的方向，它强调的是由简单到复杂的显著运动，由旧质到新质的飞跃，是新事物的产生和旧事物的灭亡。

中国传统哲学中充满着丰富的朴素的发展观。古老的《易经》中按照"龙"所处地位的不同，生动地描述了由低到高的发展变化过程。老子面对剧烈的社会变动，提出"反者，道之动"的观点。认为一切事物都要向它的反面变化："祸兮福所倚，福兮祸所伏……正复为奇，善复为妖"①，他看到了人的贵贱、祸福、奇妖在相互依存和相互渗透中相互转化的变化发展趋势。《易传》则直接把"易"解释为"变"，认为"日新之谓盛德，生生之谓易"，"易，穷则变，变则通，通则久"②，揭示事物不断产生、不断更新，"易"到尽头就要变化，变化了就通畅，通畅才能长久保持的道理。北宋张载在气是万物本原思想的基础上，认为气是经常运动、永恒变化的，运动变化正是气的本性，他还进一步揭示变化的两种形式：一种是显著的变化，另一种是逐渐的变化，这两种变化形式是相互转化的。明末清初的王夫之全面地总结和弘扬古代朴素发展观，他指出："太极动而生阳，动之动也；静而生阴，动之静也。""天地之德不易，而天地之化日新。"③即认为运动是永恒的，而静止只是运动过程中的一种状态，广大的自然充满不息不滞的运动，天地万物时刻都处在变化更新之中。他还试图从对立面的相互作用来揭示事物变化发展的原因，认为单纯的阴或单纯的阳就没有变化，变化的根源在于对立面之间的相互推移和作用，指出："易者，互相推移以摩荡之谓"④。中国哲学史上还有其他许多关于运动、变化和发展的观念，为我们今天坚持辩证唯物主义发展观提供丰富的可资借鉴的思想资料。

发展的观点是唯物辩证法的又一个基本观点，必须坚持唯物辩证法的发展的观点，用发展的观点看问题。首先，我们要高度重视坚持发展观点的重要性。只有坚持发展的观点，才能防止思想僵化，才能开拓进取，不断创新。只有运用发展的观点分析问题，才能指导我们搞好各项工作，加快我国社会主义现代化建设。发展是硬道理，发展是中国共产党执政兴国的第一要务，体现党的先进性和社会主义制度的优越性要靠发展，解决社会主义社会的主要矛盾、推动中国社会前进要靠发展，解决当今中国的所有问题，关键在于发展。其次，我们要学会把事物当做一个发展过程来考察，不但要研究事物的现状，还要了解它

①《老子》五十八章。
②《系辞》。
③《思问录·内篇》。
④《周易内传》卷一。

的过去，预测它的未来，要使自己的思想和行动符合事物的客观发展过程，做到与时俱进。

二、辩证发展的实质——新事物的产生和旧事物的灭亡

辩证的发展是一个过程，世界是种种过程的集合体。所谓过程，是指事物发展在时间上的持续性和空间上的伸展性。每一事物的存在本身就是一个特定的运动过程，都经历一定时间并占有一定空间，而且每一事物都有它生成和灭亡的过程，可以说，任何事物的存在与发展都是一个过程，整个世界的发展就是各种过程的集合体。

整个世界的发展过程是有限性和无限性的统一：就每一具体事物而言，它们的发展过程是有始有终的，而整个世界的发展过程却是无始无终的。整个世界的发展过程又是稳定性与变动性的统一：在某一具体过程尚未结束时，事物保持质的稳定性，呈现出相对静止状态，该过程向另一过程过渡时，则呈现出显著变动状态，事物发生质的根本变化。稳定是相对的，变动是绝对的。整个世界的发展过程也是阶段性与连续性的统一：过程的不同阶段，事物发展的内容相互区别，但又相互联结，使事物的发展一个阶段接着一个阶段，一个过程接着一个过程，如此循环往复，构成整个世界连续不断的无限发展。辩证的发展，就是在有限中展示其无限性，在稳定性中显示其变动性，在阶段性中呈现其连续性的过程。

辩证的发展是一个前进上升的过程。事物变化的方向可以是多向度的，如单一水平方向、下降倒退方向、前进上升方向等等。辩证的发展不是单一水平方向的变化，不是简单的重复或循环，更不是单纯的下降倒退的变化，而是由低级到高级，由无序到有序，由简单到复杂的前进上升的变化。在事物前进上升的历程中，可能有时出现单一水平的变化，也可能出现暂时的倒退或下降，但主流和本质是前进的、上升的。总体上的前进与上升往往以暂时的或局部的下降、甚至后退作为自己的基础。没有单一水平的、下降方向的运动，也就不可能有前进的、上升的运动。整个世界辩证发展的基本趋势和总的方向是前进的、上升的。

辩证的发展是量变基础上的质变，是旧质向新质的飞跃，是新旧事物的不断更替。辩证发展的实质是新事物的不断产生，旧事物的不断灭亡，就是新陈代谢。在认识和实践中，辩证的发展就是要不断地解放思想，冲破旧观念的束缚，提出新思路、新办法、新方案，实现观念创新；就是要在实践中创造新事物，促使新陈代谢，实现实践创新。创新就是实现新陈代谢，就是发展。

新生事物是指合乎历史发展方向的具有远大前途的事物；旧事物则是指违背历史发展规律的逐渐丧失其存在必然性的事物。划分新旧事物，不能以事物出现的时间先后为依据，不能以形式上是否新奇为依据，也不能以事物一时的力量强弱和是否完善为依据，更不能靠人们主观上的任意判断。区别新旧事物的根本标志在于：它们是否同历史发展的必然趋

势相符合，符合历史发展趋势的就是新事物，违背历史发展趋势的就是旧事物。

唯物辩证法认为，新事物必然战胜旧事物。首先，新事物是旧事物本身包含的否定性因素，是在旧事物内部孕育成熟的促使旧事物灭亡的因素，是旧事物自身无法消除的异己力量。具有否定性、批判性的新事物一定能战胜具有肯定性、保守性的旧事物，这是事物自我否定和自我发展的辩证本性，是事物发展的必然趋势。其次，新事物的本质特点决定了新事物必然战胜旧事物，新事物在旧事物的基础上产生，它否定了旧事物中消极的、过时的东西，同时吸收旧事物中尚有积极意义的、合理的因素，还增添了许多旧事物不可能容纳的新因素，在内容上比旧事物更丰富，在形式上比旧事物更高级，在本质上比旧事物更优越、更有力量，因此，新事物必然战胜旧事物。再次，新事物代表事物的发展方向，有着自己生存和发展的根据，能够适应当前和未来的条件与环境，符合事物发展的规律，符合广大人民群众的利益、愿望和要求，能够得到广大人民群众的拥护和支持，具有强大的生命力和远大的发展前途，所以新事物一定能够战胜旧事物。

新事物战胜旧事物是一个艰难曲折的过程。新事物在开始出现时总是比较弱小的，难免有这样那样的缺点，有不完善之处，必须经历一个由小到大，由弱到强，由不完善到比较完善的过程，这个过程不可能一蹴而就，中间难免出现曲折。而旧事物在一段时期内却比较强大，它不会自动退出历史舞台，总是千方百计地阻挠新事物的成长，甚至扼杀新事物，这就使新事物的成长以及最终战胜旧事物必然经过一个艰难曲折的过程。特别在社会历史领域，新事物被人们普遍认识和接受，需要一个过程，在人们尚未认识和接受新事物前，必然会给新事物的成长造成人为的障碍，导致新事物成长过程中的曲折性。在社会主义现代化建设过程中，我们要用长远的发展的眼光，从主流上和本质上看待新事物，要以解放思想、实事求是、与时俱进的科学精神，开拓进取，不断创新，积极培育和扶植新事物，促进新事物的成长与发展。

第三节　唯物辩证法的科学体系

一、两种发展观的根本对立

哲学既要回答世界的本原是什么，又要回答世界的状况怎么样。关于世界状况怎么样的观点，通常在哲学上称为发展观。在人类认识史上存在着辩证法和形而上学两种根本对立的发展观。辩证法一词来源于古希腊文的"对话"、"论战"，它的字面含义是进行谈话和辩论的艺术，原意是指在辩论中用来揭露对方的矛盾并克服矛盾的方法。后来，人们运用这种方法研究世界发展的一般规律，揭示世界的矛盾运动，成为认识世界的辩证方法。马克思主义哲学的辩证法是唯物辩证法，它是用联系的观点和发展的观点看待世界的发展观。"形而上学"也是一个古老的哲学名词。其字面意思是"在物理学之后"，通常被理解为研究超经验东西的学问，后来黑格尔把它用来专指"并非辩证的思维方法"。形而上学是用孤立的观点和静止的观点看待世界的发展观。

唯物辩证法和形而上学两种发展观的对立主要表现在以下三方面：

第一，辩证法用联系的观点看世界，形而上学则用孤立的观点看世界。唯物辩证法把整个世界看做是一个相互联系、相互作用、相互制约的统一整体，世界上的一切事物都是相互依赖、相互制约的；没有脱离其他事物或现象而孤立存在的事物或现象。在认识和实践中按照一定需要把个别事物从普遍联系中抽取出来，分别进行单独的研究，是完全必要的，但是，唯物辩证法强调在研究个别事物时，一定要将该事物放在总体的联系中进行考察，一切以该事物所处的时间、地点、条件为转移，必须注意该事物同整体的关系的研究，从整体中去考察个别事物，而且还要注意研究个别事物本身先后演变转化的纵向联系。这就要求用联系的观点全面看问题。与此相反，形而上学却认为世界上的一切事物或现象都是彼此隔离，互不相干的，任何事物的性质和状况都不受周围环境和条件的制约。形而上学习惯于把事物或现象看做一个个单独而孤立存在的个体，脱离开特定的历史条件和周围环境去考察事物现象，结果只能是"只见树木，不见森林"，过分夸大此与彼的界限，陷入"非此即彼"，看不到"亦此亦彼"和此与彼的相互过渡，实际上是用孤立的观点片面地看问题。

第二，辩证法用发展变化的观点看世界，形而上学则用静止不变的观点看世界。唯物辩证法认为，世界上没有一成不变的东西，任何事物都经历发生、发展和灭亡的过程，事物的发展不只是数量的增减或场所的变更，不只是简单的、机械的循环，而是不断地由简单到复杂、由低级到高级的前进上升的运动过程，是量变基础上的质变，是旧质向新质的飞跃，是新陈代谢。因此，唯物辩证法主张用发展的观点看待一切。与此相反，形而上学认为自然界的事物、社会现象和人的思维，都是静止不动的，如果说有变化，也只是场所的变更、数量的增减等量的变化，而没有质的飞跃，事物永远是事物本身，不会转化为他物。因此，形而上学习惯于用静止不变的观点看问题。

第三，辩证法主张矛盾是事物发展的动力，形而上学则否认矛盾的存在。唯物辩证法认为一切事物内部都存在着矛盾，事物之间也存在着矛盾。矛盾双方既对立又统一，不断推动事物的变化发展，矛盾是事物发展的动力。因此，唯物辩证法主张用矛盾的观点看问题。形而上学根本否认矛盾的存在，认为事物位置的移动或数量的增减，只是外力作用的结果。形而上学试图用外力的作用解释一切，片面夸大外力的作用，决定了它不可能看到事物的联系和发展，不可能看到事物质的飞跃，不可能看到新事物的产生和旧事物的灭亡。是否承认矛盾是事物发展的动力，这是辩证法同形而上学的根本对立。

二、唯物辩证法的科学体系及其实质和核心

唯物辩证法通过一系列基本范畴和基本规律从诸多方面揭示事物的联系和发展。从理论形态看，唯物辩证法就是一系列基本规律和基本范畴的科学体系。

范畴是最基本的概念，是人们对客观事物共同本质的概括和反映。每门具体科学都有自己特有的一整套范畴。如数学中有正数和负数、奇数和偶数、整数和分数、微分和积分等，化学中有元素、分子、原子、化合、分解等，经济学中有商品、市场、价格、价值、利润等。各门具体科学的范畴只适用于本学科的研究领域，适用面较窄。哲学范畴是对整个世界普遍本质的概括和反映，概括程度最高，普遍使用于各个领域，如物质、意识、时间、空间等，就是对世界普遍本质的概括和反映，适用于自然界、社会和思维等一切领域。唯物辩证法的范畴是对整个世界普遍的辩证关系的概括和反映，是辩证思维的逻辑形式。如对立和统一、量变和质变、肯定和否定、原因和结果、必然性和偶然性、形式和内容等。

范畴和规律既相互区别又紧密联系。范畴和规律的区别主要在于：范畴是最基本的概念，反映的是事物的本质，是思维的细胞；规律通过判断的形式表现出来，反映的是事物的本质关系和必然关系，是思维细胞的展开。二者的联系主要在于：范畴蕴含着规律的因素与成分，是规律的组成部分；规律要通过范畴来表达，规律体现范畴与范畴之间的本质的必然的联系，是范畴内在矛盾的展开，是范畴内涵的深化和发展；规律离不开范畴，包含范畴，范畴有待展开为规律。二者相互依赖、相互制约、相互渗透，分别从不同的角度反映世界联系与发展的基本状况。

唯物辩证法的科学体系主要由两个基本观点、三个基本规律和若干对基本范畴构成。前面已经介绍过的普遍联系的观点和永恒发展的观点就是唯物辩证法的两个基本观点。唯物辩证法的三个基本规律包括：对立统一规律、质量互变规律和否定之否定规律。唯物辩证法的基本范畴主要有原因和结果、必然性和偶然性、可能性和现实性、内容和形式、现象和本质、系统和要素、结构和功能等。

唯物辩证法的三个基本规律分别揭示世界发展的源泉和动力、过程和状态，方向和道路。对立统一规律着重揭示事物内部矛盾双方的统一和斗争是事物普遍联系的根本内容，是事物运动、变化、发展的源泉和内在动力，这一规律是唯物辩证法最根本的规律。质量互变规律揭示出一切事物变化发展过程中的两种最基本的形式——量变和质变及其辩证关系，这一规律表明事物的发展是由量变到质变，又从质变到新的量变的无限过程，呈现出

连续性与间断性的统一。否定之否定规律揭示事物的发展是由肯定到否定，再到否定之否定的无限过程，这一规律表明事物发展的总方向、总趋势是前进的、上升的，具体的道路又是曲折的，发展是前进性与曲折性的统一。在世界普遍联系和永恒发展的规律中，这三条规律是普遍起作用的基本规律。

唯物辩证法的基本范畴分别从不同的侧面揭示整个世界普遍联系和永恒发展的辩证状况。原因和结果从先后相继、彼此制约的角度揭示联系与发展的辩证状况。必然性和偶然性从两种不同趋势及其关系的角度，揭示联系和发展的辩证状况。可能性和现实性揭示可能的事物与现实事物的本质联系和转化过程。内容和形式揭示事物内在要素及其结合方式之间的辩证关系。现象和本质揭示事物的内在本质和外在表现的辩证联系。系统和要素从整体与部分的相互关系的角度考察事物的联系与发展。结构与功能揭示事物内部的构成方式和事物同环境相互作用的动态过程，要求从结构和功能的相互关系考察事物。此外，唯物辩证法还有其他一些范畴，如有限与无限，普遍与特殊，一般与个别，共性与个性，绝对与相对等。

在唯物辩证法的一系列基本规律和基本范畴中，对立统一规律处于核心地位。列宁曾经指出："统一物之分为两个部分以及对它的矛盾着的部分的认识……是辩证法的实质。"[1]他还指出："可以把辩证法简要地规定为关于对立面的统一的学说。这样就会抓住辩证法的核心，可是这需要说明和发挥。"[2]

为什么说对立统一规律是唯物辩证法的实质和核心呢？

首先，对立统一规律揭示了事物普遍联系的根本内容和变化发展的动力与源泉。联系是多种多样的，其中，事物之间以及事物内部既对立又统一的联系即矛盾联系是最根本的联系，它决定和影响事物的其他联系，规定和体现事物的根本性质和发展的基本方向，是联系的根本内容和本质所在。事物内部既对立又统一的矛盾联系构成事物运动、变化和发展的内在动力，是事物发展的根据与源泉，事物之间的矛盾联系是事物发展的外部原因与条件，事物的内部矛盾和外部矛盾相结合，推动事物的变化发展。因此，只有把握了对立统一规律，才能从复杂的联系中抓住事物的本质，才能理解事物发展的动因，真正懂得唯物辩证法的发展观。

其次，对立统一规律是贯穿于唯物辩证法其他规律与范畴的中心线索。其他规律和范畴都是从不同侧面具体展开对立统一规律的，其他规律以及成对范畴的辩证关系中都渗透着既对立又统一的关系，如质量互变规律中的质与量、质变与量变之间的对立统一关系，否定之否定规律中肯定与否定、前进性与曲折性之间的对立统一关系，其他每一对基本范

---

[1]　《列宁选集》第 2 卷，第 556 页。
[2]　《列宁选集》第 2 卷，第 412 页。

畴之间的核心关系也都是既对立又统一的矛盾关系。因此，对立统一规律是理解唯物辩证法其他规律和范畴的钥匙。

　　再次，对立统一规律为人们认识事物、处理问题提供最根本的方法，即矛盾分析法。一切事物都包含矛盾，没有矛盾就没有世界，认识事物就是分析矛盾，处理问题就是解决矛盾。掌握了对立统一规律，也就掌握了认识和实践最根本的科学方法。

　　最后，是否承认对立统一规律，是唯物辩证法与形而上学斗争的焦点。形而上学否认事物的矛盾及其在事物发展过程中的作用；唯物辩证法坚持矛盾的观点，认为一切事物都包含着矛盾，矛盾是事物发展的源泉与动力。这一分歧规定和制约着其他分歧，成为两种发展观的根本分歧。由此也可看出，对立统一规律在唯物辩证法中的核心地位。

　　必须指出，对立统一规律尽管是唯物辩证法科学体系的核心，但不是唯物辩证法的全部。不能把内容极其丰富的唯物辩证法学说仅仅归结为对立统一规律，唯物辩证法的其他规律或范畴各自都有对立统一规律所无法代替的独特内容。突出对立统一规律的实质和核心的地位，绝不是用它去包揽或代替一切，恰恰是为了完整、准确地把握唯物辩证法的科学体系。

　　客观辩证法是客观世界本身的辩证联系和发展状态，是自然界、人类社会本身固有的辩证运动规律。包括自然辩证法和历史辩证法。主观辩证法是思维的辩证法，是对客观辩证法的反映，客观辩证法是主观辩证法的反映对象，主观辩证法是以辩证思维的理论形态反映客观辩证法的。唯物辩证法是客观辩证法与主观辩证法的统一：唯物辩证法的规律和范畴体系，就其内容而言，是客观辩证法；就其理论形态而言，又是主观辩证法。主观辩证法不是主观随意的，不存在完全脱离客观辩证法的纯主观的辩证法。主观辩证法对客观辩证法的把握又是在不断发展的辩证思维和认识过程中达到的，并且只有把客观辩证法变成人的辩证思维，客观辩证法才具有指导认识世界和改造世界的意义。客观辩证法和主观辩证法在本质上是一致的，二者的统一是一个具体的历史的过程。马克思主义哲学的经典作家非常重视客观辩证法与主观辩证法的统一，强调辩证法也是认识论、方法论。

同 步 练 习

Ⅰ. 客观性试题

　　一、单项选择题(在每个小题列出的四个选项中，只有一项是最符合题目要求的，请将正确选项填在答题纸的括号内)

　　1. 唯物辩证法的总特征是(　　　)。

A．物质决定意识的观点

B．实践第一的观点

C．联系的观点和发展的观点

D．对立统一的观点

2．中国战国时期的庄子曾说："是亦彼也，彼亦是也。"这句话是一种(   )。

A．唯物主义的观点

B．唯心主义的观点

C．形而上学的观点

D．相对主义的观点

3．久旱缺雨时，下雨对庄稼生长有益；雨涝成灾时，下雨对庄稼生长有害。这说明(   )。

A．事物的联系是普遍的、无条件的

B．事物的联系是现实的、具体的

C．事物的运动是客观的、绝对的

D．事物发展的根本原因是事物的内部矛盾

4．唯物辩证法和形而上学的根本分歧在于是否承认(   )。

A．事物是客观存在的

B．事物是普遍联系的

C．事物是运动发展的

D．矛盾是事物发展的动力

5．一些地方的人们掠夺性地挖草原上的甘草，获得一定的经济利益，然而却造成草原植被破坏，土地荒漠化，一遇到大风，沙尘暴铺天盖地而至，给人们带来巨大灾难。这些挖甘草的人们(   )。

A．只看到事物的客观性，没有看到人们的主观能动性

B．只看到事物的绝对运动，没有看到事物的相对静止

C．只看到眼前的直接联系，没有看到长远的间接联系

D．只看到物与物的联系，没有看到人与人的联系

6．唯物辩证法的实质与核心是(   )。

A．对立统一规律

B．质量互变规律

C．否定之否定规律

D．联系和发展的规律

7．唯物辩证法认为，发展的实质是(　　)。

A．事物数量的增加

B．事物根本性质的变化

C．事物的一切运动变化

D．新事物的产生和旧事物的灭亡

8．区分新事物和旧事物的标志在于看它们(　　)。

A．是不是在新的历史条件下出现的

B．是不是符合事物发展规律，有强大生命力

C．是不是具有新形式和新特点

D．是不是得到绝大多数人的承认

9．两种对立的发展观是指(　　)。

A．唯物主义和唯心主义的对立

B．唯物辩证法和形而上学的对立

C．可知论和不可知论的对立

D．唯物史观和唯心史观的对立

10．系统论的出现(　　)。

A．证明了唯物辩证法关于普遍联系的原理的局限

B．证实并丰富了唯物辩证法关于普遍联系的原理

C．代替了唯物辩证法关于普遍联系的原理

D．否定了唯物辩证法关于普遍联系的原理

11．联系和运动的关系是(　　)。

A．先有联系，后有运动

B．事物的相互联系、相互作用构成运动

C．先有运动，后有联系

D．离开运动不可能发生联系

12．在改革开放中，我们对待新生事物应该(　　)。

A．全面肯定

B．放任其自流

C．热情支持和扶持

D．求全责备

二、多项选择题(在每个小题列出的五个选项中，有二至五项是符合题目要求的，请将正确选项填在答题纸的括号内)

13．"譬如一只手，如果从身体上割下来，名虽可叫手，实已不是手了。""只有作为有机体的一部分，手才获得它的地位。"这两句话体现了(   )。

A．整体是由部分组成的

B．部分与整体是联系在一起的

C．整体大于部分的总和

D．部分离开整体就失去原来的意义

E．部分反作用于整体

14．下列命题反映事物之间客观联系的有(   )。

A．森林覆盖的大小影响气候

B．人口数量的多少影响社会发展

C．客观条件的好坏影响人们行动的效果

D．亚洲金融危机影响中国经济的增长速度

E．天空出现彗星预示社会要爆发战争

15．下列选项中属于联系的复杂多样性的有(   )。

A．直接联系和间接联系

B．真实联系和虚假联系

C．内在联系和外在联系

D．本质联系和非本质联系

E．必然联系和偶然联系

16．在社会历史发展中，新事物必然战胜旧事物，这是由于(   )。

A．新事物符合历史发展规律，有强大生命力

B．新事物优越于旧事物

C．新事物得到广大人民群众的支持

D．新事物是在新的历史条件下产生的

E．新事物具有旧事物所没有的新特点

17．对立统一规律是唯物辩证法的实质与核心，因为(   )。

A．对立统一规律揭示了事物普遍联系的根本内容

B．对立统一规律揭示了事物发展变化的内在动力

C．对立统一规律是贯穿于唯物辩证法其他规律和范畴的中心线索

D．矛盾分析法是最根本的认识方法

E．是否承认矛盾是事物发展的动力是唯物辩证法与形而上学的根本分歧

18．唯物辩证法所说的联系具有的特征是(　　)。

A．客观性

B．普遍性

C．多样性

D．条件性

E．同一性

19．唯物辩证法认为发展在本质上是(　　)。

A．事物数量的增减和场所的变更

B．新事物的产生和旧事物的灭亡

C．不仅包括量变而且包括质变

D．事物周而复始的循环运动

E．由事物内在矛盾引起的根本性质的变化

20．唯物辩证法和形而上学两种发展观的对立表现在(　　)。

A．联系观点和孤立观点的对立

B．发展观点和静止观点的对立

C．全面观点和片面观点的对立

D．对立观点和同一观点的对立

E．承认矛盾是事物发展动力和否认矛盾观点的对立

21．系统论认为，系统具有的基本特征是(　　)。

A．整体性

B．层次性

C．结构性

D．开放性

E．矛盾性

22．关于对立统一规律，下列说法正确的有(　　)。

A．对立统一规律是事物矛盾的规律

B．对立统一规律揭示了事物发展的动力和源泉

C．对立统一规律揭示了事物发展的状态和形式

D．对立统一规律揭示了事物发展的方向和道路

　　E．对立统一规律是唯物辩证法的实质与核心

Ⅱ．主观性试题

23．怎样理解联系的观点？坚持联系的客观普遍性的意义何在？

24．试述整体和部分的关系及对社会主义现代化建设的意义。

25．什么是新生事物？新生事物为什么是不可战胜的？

26．简述唯物辩证法和形而上学的对立和根本分歧。

27．为什么说对立统一规律是唯物辩证法的实质和核心？

联系和发展的基本规律与基本环节

可以把辩证法简要地规定为关于对立面的统一的学说，这样就会抓住辩证法的核心，可是这需要说明和发挥。

——列宁

学习目的与要求 ✍

本章继续讲述唯物辩证法的基本原理。学习这一章，要求深刻理解唯物辩证法的三个基本规律(即揭示事物发展的动力和源泉的对立统一规律，揭示事物发展的状态和过程的质量互变规律，揭示事物发展方向和道路的否定之否定规律)各自的内容和方法论意义；深刻理解联系和发展的基本环节(唯物辩证法的基本范畴)——原因和结果、必然性和偶然性、可能性和现实性、内容和形式、现象和本质之间的辩证关系及其意义。

基本概念 ✍

矛盾、矛盾的同一性、矛盾的斗争性、矛盾的普遍性、矛盾的特殊性、主要矛盾、矛盾的主要方面、质、量、度、量变、质变、肯定、否定、原因和结果、必然性和偶然性、可能性和现实性、内容和形式、现象和本质

重点问题 📋

1. 矛盾的同一性和斗争性的相互关系及其意义
2. 事物发展的动力与源泉
3. 矛盾的普遍性和特殊性的辩证关系及其意义
4. 度及掌握度的意义
5. 量变和质变的辩证关系及其意义

6. 辩证的否定观的基本内容
7. 否定之否定规律的内容及其意义

唯物辩证法的理论体系包括世界有关联系和发展的极其丰富的内容，具体表现为联系和发展的一系列基本规律和基本环节。唯物辩证法的基本规律和基本范畴是事物本身所固有的，是客观的，而且在包括自然、社会和思维的整个世界具有普遍意义。学习和掌握联系和发展的基本规律和基本环节，有助于我们掌握科学的思维方法，从根本上提高我们的认识和实践水平。

第一节　对立统一规律

一、矛盾的同一性和斗争性

矛盾是反映事物内部或事物之间的对立统一关系的哲学范畴。矛盾至少包含着两个对立面，对立面之间既相互排斥，又相互联系。对立和统一是矛盾的两种相反相成的基本关系或基本属性。矛盾的对立属性又称为斗争性，矛盾的统一属性又称为同一性。

矛盾的同一性是矛盾双方互相联系、互相吸引的性质和趋势。它具有多种多样的表现形式，可以用许多不同的术语来表达，如矛盾双方的统一、一致、团结、调和、贯通、渗透、融合、均势、相持、静止、平衡、凝聚、吸引等。概括起来，矛盾同一性的基本含义主要有以下两个方面：

第一，矛盾双方相互依存、互为存在的前提。矛盾的任何一方都不能孤立存在或发展，必须以对方作为自己存在和发展的前提。中国古代哲学著作《老子》中说："有无相生，难易相成，长短相形，音声相和，前后相随。"所有这些对立的双方，都在一定条件下相互依存。

第二，矛盾双方相互渗透，相互贯通，存在着由此达彼的桥梁，包含着相互转化的趋势。其一是矛盾的每一方中都包含和渗透着对方的因素。如生产中包含着消费，消费中包含着生产。其二是矛盾双方都有可能向自己的对立面转化。如好事与坏事，先进与落后等，可在一定条件下相互转化。

矛盾的斗争性是指矛盾双方相互排斥、相互对立的性质。矛盾的斗争性是一个具有广泛含义的哲学范畴，具有无限多样的表现形式，既包括矛盾双方的激烈冲突，也包括矛盾双方的区别和差异。物理现象中的吸引和排斥、生物体内的同化和异化、敌对阶级之间的斗争、人民内部不同意见之间的争论，都是矛盾斗争性的表现。不能把矛盾的斗争性仅仅理解为激烈的冲突和对抗。

矛盾的同一性和斗争性是既相互区别又相互联结的。

首先，同一性和斗争性是有区别的，它们是矛盾的两种相反的基本属性，在事物矛盾运动中所处的地位是不同的。矛盾的同一性是有条件的、相对的，斗争性是无条件的、绝对的。矛盾的同一性之所以是有条件的、相对的，是因为只有在一定的条件下，矛盾双方才能相互依存，共处于一个统一体中，保持着质的稳定性；也只有在一定条件下，矛盾双方才能相互转化。然而，条件都是可变的，矛盾的同一性及其所体现的事物的静止和稳定，也是暂时的、可变的，因而是相对的。矛盾的斗争性之所以是无条件的、绝对的，是因为无论在任何条件下矛盾双方都会有斗争。矛盾的斗争性既存在于事物的相对稳定的状态中，也存在于事物的显著变化状态中。矛盾的斗争性及其所体现的事物的运动变化都是无条件的、绝对的。

其次，矛盾的同一性和斗争性又是互相联结、不可分离的。一方面，同一性是包含斗争性的同一性，是包含差别和对立的具体的同一性，没有斗争性就没有同一性。另一方面，斗争性寓于同一性之中，不存在没有同一性的斗争性。同一性和斗争性结合在一起共同起作用，才能推动事物的发展。

既然矛盾的同一性和斗争性是相互联结的，失去任何一方都不成其矛盾。因此，在实际的工作中就要把矛盾的同一性和斗争性结合起来，学会在同一中把握对立，在对立中把握同一，反对只见对立不见同一，或只见同一不见对立的形而上学观点。过去，我们把计划和市场绝对对立起来，总认为计划经济是社会主义的基本特征，市场经济是资本主义的基本特征，只看到市场和计划对立的一面，没看到二者统一的一面。其实计划经济并不等于社会主义，资本主义也有计划，市场经济并不等于资本主义，社会主义也有市场，计划和市场都是手段。实践证明，否认市场经济是错误的，排斥政府对经济的宏观调控和计划指导也是错误的。

二、事物发展的动力与源泉

矛盾是事物发展的动力和源泉。矛盾着的对立面既统一又斗争，推动着事物的发展。第一，矛盾双方相互依存提供矛盾存在和发展的条件。对立面处于统一体中，相互依存，即矛盾一方的存在以另一方的存在为前提，矛盾一方的发展也以另一方为条件。同一性是破除旧的统一，孕育新事物即新矛盾产生的必要条件。第二，矛盾双方相互包含，使矛盾双方相互吸取有利于自身的因素而得到发展。第三，矛盾双方的相互贯通，规定了事物向着自己对立面转化的基本趋势。一个事物只能转化为与它有内在联系的新事物，而不能转化为其他事物，这是由对立面之间转化的趋势决定的。第四，矛盾双方相互排斥和相互否定表现在量变和质变两种状态中。在量变过程中，推动矛盾双方力量的变化，通过双方力量的消长，为矛盾的转化即质变作准备；在质变过程中，斗争性的作用更加明显，它冲破事物存在的限度，促成旧的矛盾统一体的分解和新的矛盾统一体的产生。

矛盾的同一性和斗争性在事物的发展中都有重要作用，但都不能孤立地起作用。只有二者结合在一起才能成为事物发展的动力。毛泽东指出："有条件的相对的同一性和无条件的绝对的斗争性相结合，构成了一切事物的矛盾运动。"就是说，矛盾着的对立面又统一又斗争，由此推动事物的发展变化。

事物的内部矛盾是推动事物发展的动力，同时事物的外部条件对事物的发展也发生重要的影响作用。因此，必须正确认识事物发展的内因和外因及其相互关系。

内因是事物的内部矛盾。外因是一事物与他事物之间的相互影响和相互作用，即外部矛盾。内因和外因的辩证关系是：第一，内因是事物发展变化的根据，它规定着事物发展的基本方向。第二，外因是事物发展变化的条件，它对事物的发展有着重大的影响。在一定条件下，外因对事物的发展甚至起决定性的作用。第三，外因只有通过内因才能发生作用，没有内在根据的东西，外因在任何条件下也不可能存在和发展。

唯物辩证法关于事物发展的内因和外因辩证关系的原理，是我国坚持独立自主、自力更生和实行对外开放的理论基础。我国的社会主义现代化建设，必须首先依靠本国人民独立自主、自力更生、艰苦奋斗，只有这样才能建设繁荣昌盛的社会主义强国。现代的世界是开放的世界，中国的发展离不开世界。对外开放是建设中国特色社会主义的一项基本国策。我国的对外开放是以独立自主、自力更生为基础的。我们必须从我国的实际出发，积极地借鉴和吸收世界各国一切文明成果为我所用，增强我国自力更生的能力，加快社会主义现代化建设的步伐。

三、矛盾的普遍性和特殊性

矛盾是客观的、普遍的。矛盾的普遍性是指矛盾存在于一切事物的发展过程中，存在于一切事物发展过程的始终。简单地说，矛盾无处不在，矛盾无时不有。

矛盾无处不在，是说无论在自然界、人类社会还是思维领域，矛盾都是普遍存在的。在机械运动中最简单的机械位移就是连续性和间断性的统一；在化学运动中有化合和分解的矛盾；在生物运动中有同化与异化、遗传与变异的矛盾；在社会运动中，有生产力和生产关系、经济基础和上层建筑的矛盾；在思维领域，存在着唯物主义与唯心主义、真理与谬误的矛盾等。

矛盾无时不有，是说无论过去、现在还是将来，矛盾都是普遍存在的。每一事物在其产生、发展到消亡的全过程，都始终存在着矛盾。旧的矛盾解决了，又开始新的矛盾运动。矛盾不断产生，又不断解决，是事物发展的辩证规律。

矛盾的普遍性原理，要求我们在任何时候，对任何事物都要敢于正视矛盾，大胆地揭露矛盾，科学地分析矛盾，并采取恰当的方法去解决矛盾，以推动事物的发展。害怕矛盾、回避矛盾以至掩盖矛盾，是形而上学的表现。

矛盾的特殊性是指具体事物的矛盾以及矛盾的每一个侧面各有其特点。事物的特殊矛盾规定了一事物区别于他事物的特殊本质，这是一切事物千差万别的内在原因和根据。不了解事物的特殊性，就不能真正认识事物。

矛盾的特殊性原理具有重要的意义。分析矛盾特殊性就是坚持具体问题具体分析，这是马克思主义最基本的东西，是马克思主义的活的灵魂。一方面，分析矛盾的特殊性是正确认识事物的基础。只有分析矛盾的特殊性，才能把不同事物区别开来，正确认识事物。另一方面，分析矛盾的特殊性是正确解决矛盾的关键。不同的矛盾只能用不同的方法才能解决，如果千篇一律地用一种方法解决各种矛盾，就必然失败。

矛盾的普遍性是矛盾的共性、绝对性。矛盾的特殊性是矛盾的个性、相对性。矛盾的普遍性和矛盾的特殊性的关系，就是矛盾的共性与个性、绝对与相对的关系。第一，二者是相互联结的。没有离开共性的个性，也没有离开个性的共性。个性一定与共性相联系而存在，共性只能存在于个性之中。第二，二者又是相互区别的。在特定的关系中，共性与个性、普遍性和特殊性是相互区别的。矛盾的共性、普遍性只是概括了具有个性、特殊性的事物中的共同的东西，而不可能是其中所有的东西。个性比共性丰富、生动，共性比个性普遍、深刻。第三，它们在一定条件下可以相互转化。由于事物范围的极其广大和发展的无限性，在一定场合、一定时间为共性的东西，在另一场合、另一时间则变为个性，反之亦然。

掌握矛盾的普遍性和特殊性、共性和个性辩证关系原理，对于指导我们正确认识世界和改造世界具有重大的指导意义。首先，矛盾的普遍性和特殊性、共性和个性辩证关系原理，是关于事物矛盾问题的精髓，是理解一切矛盾的基础和正确分析、解决矛盾的关键。其次，这一原理，是坚持马克思主义普遍真理与各国具体实践相结合这一基本原则的哲学理论基础，是批判经验主义和教条主义错误的思想武器。再次，它是建设中国特色社会主义的重要哲学依据。"中国特色"是中国不同于其他国家的个性、特殊性；"社会主义"则是中国与其他社会主义国家的共性、普遍性。一方面，中国的情况不论如何特殊，也一定要遵循马克思主义普遍真理，坚持社会主义方向，这是共性；社会主义一般只能在各国特色的个别中存在。中国特色社会主义就是社会主义的共性和中国的个性的有机统一。最后，矛盾的普遍性和特殊性即共性和个性辩证关系原理，是科学的认识方法和工作方法。人们对事物的认识，总是由个别到一般，再由一般到个别，如此循环往复，不断发展。在一切实际工作中，应当坚持"典型试验"、"解剖麻雀"、"一般号召与个别指导相结合"。

四、矛盾发展的不平衡性

在事物发展的过程中，往往有多种矛盾存在，这些矛盾的地位和作用是不平衡的，其中，有一种居于支配地位，对事物的发展起决定作用的矛盾，这就是主要矛盾，其他处于从属地位的矛盾，就是次要矛盾。

主要矛盾和次要矛盾是相互影响、相互作用，并在一定条件下相互转化的。第一，主要矛盾影响着次要矛盾的存在和发展，对事物的发展起决定性作用，主要矛盾解决得好，次要矛盾就可能比较顺利地得以解决；次要矛盾解决得如何，反过来又影响主要矛盾的解决。第二，主要矛盾和次要矛盾的地位不是一成不变的，在一定条件下它们可以相互转化。基于主要矛盾和次要矛盾的这种关系，我们在观察和处理复杂问题的时候，要首先抓住并着力解决主要矛盾，同时又不忽略次要矛盾的解决，做到统筹兼顾，并且还要注意主要矛盾和次要矛盾的转化，不失时机地转移工作重点。

矛盾发展的不平衡性还表现在，矛盾内部双方的力量也是不平衡的。矛盾双方在矛盾中的地位和作用是不一样的，其中有一方是主要的，另一方是次要的。矛盾的主要方面，就是指处于支配地位、起主导作用的方面。处于被支配地位，起影响作用的方面是次要方面。矛盾的主要方面和次要方面是相互影响、相互制约，并在一定条件下相互转化的。第一，矛盾的主要方面支配矛盾的次要方面，事物的性质主要是由取得支配地位的矛盾的主要方面决定的；矛盾的次要方面也影响和制约着矛盾的主要方面。第二，矛盾的主要方面和次要方面的地位不是固定不变的，在一定条件下可以相互转化，随着矛盾双方主次地位的转化，事物的性质也就发生了变化。基于矛盾的主要方面和次要方面的这种关系，我们在分析问题时，要分清主流和支流，善于抓住主流，正确认识事物的性质，同时也不能忽视支流，并且注意主流和支流的转化。在反对和防止一种主要倾向的同时，注意可能掩盖着的另一种倾向。

主要矛盾和次要矛盾、矛盾的主要方面和次要方面辩证关系原理要求我们在一切实际工作中，必须坚持唯物辩证法的两点论和重点论相结合的原则。

两点论即全面论，它要求在研究任何复杂事物的发展过程中，既要研究它的主要矛盾，又要研究它的次要矛盾；在研究某一对具体矛盾时，既要研究它的主要方面，又要研究它的次要方面。在分析这些矛盾关系时，如果有主无次，或者有次无主，就从根本上否认了矛盾，是形而上学的一点论。

重点论就是在分析矛盾特殊性时，要求首先抓住矛盾体系中的主要矛盾；在分析每一个具体矛盾时，首先抓住矛盾的主要方面。重点论要求分清纲和目、重点和非重点、主流和支流。在分析这些关系时，如果主次不分，平均使用力量，就是形而上学的均衡论。

辩证法的两点论和重点论是内在的有机的统一：两点论中分主次，因而内在地包含着重点论；重点论中以承认非重点为前提，因而内在地包含着两点论。坚持"两点论"和"重点论"的统一，就是看问题、办事情既要全面，又要善于抓住重点。我国坚持以经济建设为中心和一系列"两手抓"的方针，认识社会主义现代化建设和社会主义的改革要分清主流和支流，都是坚持"两点论"和"重点论"有机统一的具体体现。

第二节　质量互变规律

一切事物都是变化发展的，这种发展的过程是通过由量变到质变，又由质变到新的量变的无限交替过程实现的。要了解质量互变的辩证过程，首先要搞清楚什么是质、量、度。

一、质、量、度

世界上的事物千差万别、形形色色、纷繁复杂，每个事物都不同于其他事物。山川湖海，日月星辰，飞禽走兽，花草树木，我们之所以能够把它们区分开来，就在于它们各有不同的质。所谓质，就是指一个事物区别于其他事物的内在规定性。这种规定性决定了该事物是这一事物，而不是其他事物，并把该事物与其他事物区别开来。

质是事物自身的规定性，与事物的存在是直接同一的。这就是说，事物总是一定质的事物，不存在没有一定质的事物；质总是一定事物的质，也不存在同事物相脱离的抽象的质。如果事物的质发生了变化，那么该事物就不存在了。

质是事物的内在规定，事物的质是通过它的各种属性表现出来的。所谓属性，就是一个事物和其他事物发生联系时表现出来的特性。例如铁与一般物体碰撞时表现出它的坚硬性，这种坚硬的属性就是铁的质的表现。同一质可以表现为许多属性，例如铁除了坚硬的属性外，它与其他事物发生联系时，还表现出抗压性、可熔性、导热性等多种属性。因此，在确定事物的质时，应全面把握事物各方面的属性的总和。

但是每一事物的质又不是单一的，而是具有多方面、多层次的质的规定性。例如人有生理的本质、阶级的本质、社会的本质等。因此，我们在研究事物质的时候，应从事物的客观属性和社会实践的需要，去侧重把握某一方面的质，抓住与实践紧密相关的本质属性。例如对人的研究，医学和生理学就应主要从人的生理过程的本质去研究，而社会科学则应侧重研究人的社会本质等。

质是人们认识事物的起点和基础。认识事物，首先要认识一个事物区别于其他事物特殊的质，只有把握了事物的质的规定性，才能正确地区分事物，划清不同事物之间的界限。

事物不仅有质的规定性，而且还有量的规定性。量是事物存在和发展的规模、程度、速度以及事物构成要素在空间上的排列组合等可以用数量表示的规定性。如物体的大小、质量的疏密、运动的快慢、温度的高低、颜色的深浅、人口的密度以及分子中原子的多少和排列顺序等，这些都是事物的量的规定性。量也是事物的一种基本的规定性，这种规定性把同一类质上相同的事物区别开来。

质与事物的存在是直接同一的，而量与事物的存在不直接同一。事物在量上的差别和变化在一定范围内不会影响它的存在，同一质的事物可以有不同的量。

事物量的规定性也是多方面的。例如人有年龄、身高、体重、文化水平等多方面量的规定性；而国家也有人口、面积、经济总量、综合国力、人民生活水平等多方面量的规定性。因此，人们不可能也没有必要同时把握事物全部的量，而应根据实践的需要，考察与事物本质特征有关的某些方面的量。例如，医生给患者看病时，主要了解病人的年龄、体重、脉搏等与治病有关的量，至于患者的文化程度、手脚的大小等与治病无关的量就无需掌握。

区分事物的质是认识的开始，而认识事物的量则是对事物认识的深化和精确化。正确把握事物的量，对于深刻认识事物的质具有重要的意义。在科学研究中，确定事物及其状态的质，叫定性研究；对事物进行数量分析是定量研究。定性是定量的基础，定量是定性的精确化。只有把定性分析和定量分析结合起来，才能全面、准确地把握事物，才能为实践提供可靠的指导思想和方法。

任何事物都是质和量的统一，在现实中无质的量和无量的质是不存在的。体现质和量统一的就是事物的"度"。所谓度，就是事物保持自己的质的数量界限，就是一定质之所以能够存在的量的限度、幅度或范围。度两端的界限叫关节点或临界点。关节点是一定质的事物所能容纳的量的活动范围的最高界限和最低界限。在这个限度、幅度或范围内，事物的质和量处于统一状态，量的增减不会引起质的变化，某物还是某物；超过了这个限度、幅度或范围，事物质和量的统一就会破裂，转化为其他事物，形成新的质和量的统一。例如，在一个标准大气压下，水的度是0℃～100℃，超出这个度的范围，水就变成了冰或水蒸气。

度的原理告诉我们，应学会把握事物的度。中国有句古话叫"过犹不及"，讲的就是事情做得过分了，就好像做得不够一样，也达不到预期的目的。凡事都有个度，超过了一定限度，好事也会变成坏事。因此，我们在实际生活中，任何时候都要注意分寸，把握火候，掌握适度的原则。所谓适度，就是指我们的认识和行为必须同客观事物的"度"相适合，"过头"和"不及"都是没有掌握好度。

二、量变和质变

事物的运动变化发展是通过量变和质变及相互转化体现出来的，量变和质变是事物变化发展的两种形式或两种状态。

量变，即事物在量上的变化，是指事物在原有性质的基础上，在度的范围内不显著的变化，包括数量的增减、场所的变更、组成要素排列次序或空间位置的变化等。量变是一种逐渐的、不显著的变化，是在度的范围内的延伸和渐进。在量变过程中，事物呈现出相对静止状态。质变是指事物根本的性质改变，是一种质态向另一种质态的转变。质变是一种根本的、显著的变化，是新事物的产生和旧事物的灭亡，是对原有度的突破，是事物的连续和渐进的中断。事物的变化是否超出了度的范围是区分量变和质变的根本标志。

量变和质变是辩证统一的，二者相互联系，并在一定条件下相互转化。

第一，量变是质变的必要准备，质变是量变的必然结果。如果没有量变，质变就不会发生。任何质变都是由量变引起的，都需要以量变作为前提和基础。质变不是偶然的、凭空产生的，它是突破度的结果。因此，它必须有量变做积累，通过量变的积累，逐渐向关节点接近，进而突破关节点，达到质变。事物的量变不会无限地持续下去，量变达到一定程度必然引起质变，这一变化具有规律性、必然性。当量变到达临界点时，就必然会对原有的度进行突破，从而引起质变。

第二，质变体现和巩固着量变的结果，并为新的量变开拓道路。如果只有量变没有质变，量变到一定程度就会受到旧质的限制而陷于停滞。而质变却能够打破这种限制，使量变的成果体现出来、巩固起来。事物在质变之后并非停滞不前，新的质同新的量结合在一起，形成新的统一体，同时在新质的基础上又开始新的量变，新质为新的量变开辟了道路。

量变和质变的辩证关系告诉我们，事物的发展总是先从量变开始，量变达到关节点超出了度，就引起了质变；质变又引起了新的量变。事物的发展就是这样由量变到质变，又由质变到新的量变的无限循环往复，由低级到高级、由简单到复杂的演进过程，这就是质量互变规律。

质量互变规律是自然界、人类社会和思维领域的普遍规律，但在现实生活中，量变和质变的表现确是错综复杂的，主要表现在质变和量变形式的多样性和二者相互渗透的关系。

首先，量变和质变的形式是复杂多样的。

　　量变形式是无限多样的。从引起质变的角度来看，量变的形式基本可以分为两种。一种是数量的增减。例如，黑格尔在《小逻辑》中举过一个例子，说有个农夫看见他的驴驮着东西愉快地行走，就一两一两地加重驴的负担，最后，这头驴终于不堪重负倒下。虽然这个农夫每次给驴加重一两不算什么，然而这种看起来微不足道的量变，积累到一定程度就会引起质变。另一种是构成事物的成分在空间关系即排列次序和结构形式上的变化。例如，《史记》中记载的田忌赛马的故事就属于这种情况。战国时期的大臣田忌在军事家孙膑的指点下，用同样的马与齐威王的马赛跑，由于排列组合不同，使比赛转败为胜。

　　质变的形式即飞跃的形式也是多种多样的，基本可分为爆发式飞跃和非爆发式飞跃两种。爆发式飞跃是一种对抗性的质变形式，是在量变的积累达到临界点时，新旧力量各不相让而发生激烈的外部冲突来实现的根本质变。如自然界的火山爆发、地震和社会现象中的革命、暴力政变等。非爆发式飞跃是一种非对抗性的质变形式。旧事物向新事物转化是通过新质要素的逐渐积累和旧质要素的逐渐衰亡而实现的。因此这种飞跃需要比较长的时间，一般不发生激烈的冲突。如地球的形成、新物种的出现、由猿到人的转变、科技革命，以及社会生活中语言的进化、民族的形成都属于这种情况。

　　其次，量变和质变相互渗透。纯粹的量变和纯粹的质变是不存在的，二者常常交织在一起，形成错综复杂的情况。

　　一方面，事物在其根本性质发生变化以前，总的来说是处在量变过程中的，但在总的量变过程中却包含着部分质变。总的量变过程中的部分质变又有两种表现形式：一是阶段性的部分质变。这种情况是指事物的根本性质未变，但事物的某些特征发生了质的变化，从而使事物的发展显示出阶段性来。如一个人从出生到死亡之前，是处在总的量变过程中的。然而在这个过程中却经历了幼年、少年、青年、中年、老年等不同的发展阶段，每一阶段都有一些不同的特点，体现了总的量变过程中的阶段性的部分质变。二是局部性的部分质变。这是指全局的性质未改变，而其中的个别部分发生了性质的变化。

　　另一方面，不仅在总的量变过程中存在着部分质变，而且在质变过程中量的特征也发生了变化，即包含着新质的要素在量上的迅速扩张，旧质要素在量上的迅速消亡。事物的质变并不是一下子就完成的，要经过一个或长或短的过程。当事物发生质变时，新质在旧质范围内首先突破一点或几点，然后在数量上迅速扩张，旧质在数量上迅速减少，最后新质完全代替旧质。

　　掌握质量互变规律对我们个人的工作、学习、生活以及国家的建设都具有十分重要的意义。首先，既然量变是质变的必要准备，那么我们平时做事情就应该注意量的积累。荀子曰，"不积跬步，无以至千里，不积小流，无以成江海。"对我们个人来说，要想成为对国家、社会有用的人才，就应脚踏实地，从小事做起、从现在做起，一点一滴地积累和准备。否则，就不可能有任何建树和作为，最终只能是一事无成。"千里之行，始于足下"，任何辉煌的成绩，都是从点滴做起来的。社会主义现代化建设也是如此。我国正在全面建设小康社会，这也不是一蹴而就的，而是按照"大三步"和"新三步"的战略分阶段、分步骤地逐步推进。

其次，既然质变是量变的必然结果，质变可能向好的方向、也可能向坏的方向发生。对于后者，我们就应从遏制量的积累入手，防止质变的发生。古人云，"勿以善小而不为，勿以恶小而为之"，"千里之堤，溃于蚁穴"。现实生活中，一些人走上犯罪的道路，几乎都是从小错开始的。所以，我们不能忽视微小的错误，不能对其抱无所谓的态度，要学会防微杜渐，对缺点和错误还处在量的积累时就要加以遏制。

再次，当量的积累达到一定程度面临质的飞跃时，我们要敢于并善于抓住机遇，促使事物发生质变。俗话说"机不可失，时不再来"，个人成长的过程中应善于抓住机遇，对于一个国家的建设来说更应如此。21世纪的头20年，对我国来说，是一个必须紧紧抓住并且大有作为的重要战略机遇期。这是实现现代化建设第三步战略目标必经的承上启下的发展阶段，也是完善社会主义市场经济体制和扩大开放的关键阶段。

第三节　否定之否定规律

任何事物都是变化发展的，事物变化和发展的方向和道路是由否定之否定规律揭示的。这一规律告诉我们，由于事物的内在矛盾性，促使现存事物向自己的对立面转化，由肯定达到对自身的否定，进而再由否定达到新的肯定即否定之否定，从而显示出事物发展自己、完善自己的过程。

一、辩证的否定

任何事物内部都包含着肯定和否定两个方面。肯定方面是指事物内部维持其存在的方面，即肯定一事物是其自身而不是他物的方面。否定方面是指事物中促使其灭亡的方面，即破坏现存事物使其转化为他物的方面。例如，在生物有机体中，有维持其物种不变的肯定方面——遗传，也有促使其转变为新物种的否定方面——变异；在资本主义社会中，资产阶级是维持资本主义制度的，是肯定方面，无产阶级是促成资本主义灭亡的，是否定方面。任何事物不可能只有肯定方面或只有否定方面。如果没有肯定方面，事物就不是它自己，就没有任何确定性；如果没有否定方面，事物就永远是它自身，变成了僵死的东西。

事物的肯定方面和否定方面是对立统一的辩证关系。首先，肯定方面和否定方面是相互对立、相互排斥的。当事物的肯定方面处于优势时，事物就保持其原有的性质而继续存在；一旦否定方面居于主导地位，事物就发生质变，转化为自己的对立面，达到对自身的否定。其次，肯定方面和否定方面又是统一的。一方面，肯定和否定相互依存，离开了肯定就没有否定，离开了否定也就没有肯定。另一方面，肯定和否定相互渗透。肯定中包含着否定，对一事物的肯定就包含着对与之相反的另一事物的否定，在一定意义上，肯定就是否定；否定中包含着肯定，对某一事物的否定，就包含着对与之相反的另一事物的肯定，在一定意义上，否定就是肯定。

唯物辩证法的否定观是建立在对肯定和否定辩证统一理解的基础之上的。辩证的否定是事物的自我否定，即通过事物内在的肯定方面和否定方面的矛盾运动而进行自己否定自己，实现自我发展。

辩证的否定有两个重要的特点：首先，它是事物发展的环节。辩证的否定是旧质到新质的飞跃。只有经过否定，才会有旧事物的灭亡和新事物的产生，事物才能继续向前发展。因此，辩证的否定是事物发展的决定性环节。其次，它是事物联系的环节。辩证的否定把新旧事物联系起来。因为任何新事物都不是凭空产生的，是在旧事物的基础上发展起来的。经过否定，新事物抛弃了旧事物中过时的、消极的东西，同时保留了旧事物中积极的因素和合理的成分，并把它们融入新事物的结构中，成为新事物的因素。因此，否定是新旧事物联系的环节。

辩证的否定，一方面是旧事物向新事物的转变，表明新旧事物之间有一条确定的界限，是事物发展中的非连续性；另一方面新事物又保留和继承了旧事物中积极、合理的东西，表明新旧事物之间有一定联系，是事物发展中的连续性。辩证的否定作为发展和联系环节的统一，它的实质就是"扬弃"，既克服又保留，是包含着肯定的否定，是事物发展过程中的非连续性和连续性的统一。

形而上学的否定观同辩证的否定观是根本对立的，主要表现在：第一，辩证的否定观认为否定是事物的自我否定，它是事物内部矛盾发展的结果。而形而上学的否定观则把否定看做是单纯外力作用的结果，它认为否定是外部力量对一个事物过程的破坏，是外力强加给客观事物的。因此否定就成了偶然的，甚至是任意的、主观的东西。第二，辩证的否定观认为否定是事物联系和发展的环节。而形而上学的否定观则把否定看做是联系和发展的中断和停止。在它看来，否定是对事物的消灭、抛弃，并不是前进和继承。第三，辩证的否定观认为否定中包含着肯定，是"扬弃"，是既克服又保留。而形而上学的否定观则把肯定和否定对立起来，认为肯定就是绝对的肯定，否定就是绝对否定，是完全抛弃、全盘否定。

　　坚持辩证的否定观具有十分重要的意义。首先，从否定是事物的自我否定来看，任何事物都包含着否定自身的方面。它要求我们用发展的眼光看待一切事物，无论是看待现实世界，还是对待他人或自己，都应如此。其次，从否定是事物联系和发展的环节来看，没有否定自然界就不可能发展，社会就不会进步。最后，从否定是"扬弃"来看，对待任何事物既不要绝对肯定一切，也不要绝对否定一切。诸如对待传统文化、外来文化、历史人物以及自己和他人，都要采取科学的分析态度，肯定应该肯定的，否定应该否定的。我们在发展社会主义先进文化的过程中，对待传统文化要采取批判地继承的态度，应取其精华，去其糟粕，贯彻"古为今用"、"推陈出新"的方针来建设中国特色社会主义文化。在对待外国文化上也应如此，既要积极吸收世界文化的优秀成果，又要批判和抵制外国资产阶级腐朽颓废的东西。反对闭关自守、盲目排外和全盘西化、崇洋媚外两种错误倾向。对待当今资本主义的经济和科技也应采取科学的态度，"洋为中用"，批判地学习和借鉴。

二、否定之否定

　　事物的发展经过肯定—否定—否定之否定，表现为一个周期。在否定之否定阶段，它仿佛是向出发点回归，但它又不是简单地重复，而是一个与肯定阶段相似又高于它的崭新阶段。这一过程表现为事物发展是螺旋式上升或波浪式前进，是前进性和曲折性统一的过程。

　　事物发展的总方向趋势是前进、上升的。由于事物发展要经过两次否定，每次否定都抛弃了前一个阶段过时、消极的东西，又吸取了旧事物中合理的、积极的因素，为新事物的发展提供了有利的条件，加上新事物具有旧事物所没有的新内容，这样就使事物是由简单到复杂、由低级到高级向前发展的。

　　事物发展的具体道路是迂回曲折的。事物发展的曲折性不仅表现在事物发展的高级阶段重复低级阶段的某些特征，而且也表现在事物前进过程中的暂时倒退和逆转。因为新事物在否定旧事物时，必然会遇到旧事物的抵抗，而新事物本身也总会带有某些不完善之处，这就难免出现曲折。特别是在社会领域，由于社会矛盾的复杂性，在社会发展过程中出现暂时的、局部的倒退甚至复辟，是常有的事。从人类社会的历史考察，历史的发展往往经过了高峰和低谷、成功和失败等，是在曲折中前进的。在社会领域中，曲折大致有两种情况，一种是客观过程本身不可避免的转变，表现为前进发展中的"低潮"，另一种是主观错误所带来的反复，表现为前进发展中的"倒退"或"逆转"。这两种曲折往往交织在一起并相互作用，因此，对各种曲折要作具体分析。总之，事物的发展是前进和曲折的统一，前进是曲折中的前进，曲折是前进中的曲折，我们要坚信"前途是光明的，道路是曲折的"。

　　事物发展的前进性和曲折性相统一的原理，对于我们的学习、工作以及认识社会、认识人生都具有重要的意义，对于我们认识当今的社会主义事业也具有十分重要的意义。从历史总进程看，社会主义代替资本主义是社会发展的必然趋势。但这一过程又是曲折的，由于各种复杂的原因，有时还可能出现暂时的倒退。上世纪 80 年代末、90 年代初的苏联解体和东欧剧变，充分体现了这一点。所以，我们从事社会主义事业一定要有充分的思想准备，要有经受曲折和反复的勇气。一方面要相信历史发展的上升和前进是不可逆转的，保持必胜的信念；另一方面又要充分认识到社会主义事业的艰巨性和复杂性，保持清醒的头脑，认真分析出现倒退的原因，在总结经验教训中开辟历史发展的新途径。前途是光明的，道路是曲折的，这是社会发展的总方向和总趋势。不能因为当今社会主义事业中出现了曲折，就失去了信心，要做好迎接各种困难的准备，经过艰苦的努力，把社会主义事业不断推向前进。

第四节　联系和发展的基本环节

一、原因和结果

原因和结果的联系是事物或现象之间引起和被引起的联系。引起一定现象的现象是原因，由原因所引起的现象是结果。因果联系有一个显著特点，就是原因在先，结果在后。例如，物体受热在先，体积膨胀在后。但并不是所有时间先后相继的联系都是因果联系，"在此之后"不等于"由此之故"。例如，春、夏、秋、冬四季及白昼与黑夜的更替，虽然在时间上先后相继，但它们之间并没有因果联系。所以，因果联系是时间上先后相继的、一种现象必然引起另一种现象的联系。

原因和结果的关系是既对立又统一的。

第一，原因和结果是对立的。在具体的因果联系中，原因就是原因，结果就是结果，二者不能混淆或颠倒。这是原因和结果区别的确定性。

第二，原因和结果又是统一的。首先，原因和结果是相互依存的，原因之所以成其为原因，是相对于它所引起的结果而言的；同样，结果只有相对于引起它的原因来说才成为结果。因果双方失去一方，另一方就不能存在。其次，原因和结果在一定条件下可以相互转化。在具体的因果联系中，原因和结果的区别是确定的，但在世界的普遍联系和永恒发展中，原因和结果的区别又是不确定的。同一现象在一种联系中是原因，在另一种联系中则是结果，反过来也是一样。如摩擦生热，热引起燃烧，燃烧引起爆炸的一连串因果联系中，生热是摩擦的结果，又是燃烧的原因；燃烧是热引起的结果，又是爆炸的原因。

第三，原因和结果是相互作用的。在原因和结果的关系中，不仅原因的作用会引起结果，而且结果也可以反过来作用于自己的原因，引起原因的进一步变化，这就是彼此之间互为因果。例如在社会生活中，经济的发展引起教育事业的发展，而教育事业的发展大大提高了劳动者的素质，反过来推动经济不断增长与社会进步。

原因和结果之间的联系是客观的、普遍的。因果联系的客观性是指，因果联系是事物本身所固有的，是不以人的意志为转移的。人们头脑中的因果观念无非是客观的因果关系的反映。因果联系的普遍性是指，世界上一切事物或现象无不处在一定的因果联系当中。任何事物或现象都是由一定的原因引起的，它们也都会引起一定的结果。因果联系是普遍的，但具体表现是复杂多样的。其中几种主要的类型是一因多果、同因异果；一果多因、同果异因；多因多果、复合因果等。在把握复杂的因果联系时，一定要进行具体的、全面的分析。

掌握原因和结果辩证关系的原理具有重要意义。首先，只有找出某一事物或现象产生的原因，才能认识其本质和规律，提出解决问题的有效方法。例如，在医学上，只有找出某种疾病产生的原因，才算对这种疾病有了深刻的认识，才能找出预防和治疗这种疾病的方法。其次，正确把握因果联系才能很好地总结经验教训。我们在行动之后总结经验，就是从结果中找原因，认识获得成功的原因，从而继续加强这些原因，争取更大的成功；认识招致失败的原因，从而努力消除这些原因，避免失败。

二、必然性和偶然性

必然性和偶然性是事物联系和发展中两种不同的趋势。必然性是指事物联系和发展中一定要发生的、不可避免的趋势。必然性与本质和规律是同等程度的概念。偶然性则是事物联系和发展中不确定的趋向。偶然的东西可能出现，也可能不出现；可能这样出现，也可能那样出现。

必然性和偶然性之间是对立统一的关系。

首先，必然性和偶然性是事物发展的两种不同趋向，它们产生的原因以及在事物发展中的地位和作用是不同的。必然性在事物发展中居于支配地位，是一定要贯彻下去的趋势，它决定着事物发展变化的方向、前途和命运。偶然性则在事物发展过程中居于从属地位，它只能对事物的发展起影响作用，加速或延缓事物发展变化的进程，使事物发展过程的具体特点呈现出不同的面貌。

其次，必然性和偶然性又是统一的。具体表现在以下几个方面。第一，必然性总是通过大量的偶然现象表现出来，由此为自己开辟道路，没有脱离偶然性的纯粹必然性。如商品的价值决定价格这一必然性，就是通过在供求关系的影响下，商品价格围绕价值上下浮动表现出来的。第二，偶然性是必然性的表现形式和必要补充，偶然性的背后隐藏着必然性，也没有脱离必然性的纯粹偶然性。恩格斯说，历史事件似乎总的说来同样是由偶然性支配的。但是，在表面上是偶然性在起作用的地方，这种偶然性始终是受内部的隐藏着的规律支配的，而问题只是在于发现这些规律。第三，必然性和偶然性在一定条件下可以相互转化。由于事物范围的极其广大和发展的无限性，必然性和偶然性的区别是相对的，二者在一定条件下可以相互转化。

掌握必然性和偶然性的辩证关系原理具有重要的意义。首先，必然性决定着事物发展的方向和前途，我们应当立足于必然，努力发现必然性，按必然规律办事。其次，偶然性对事物的发展起着重要的影响作用，我们决不能忽视偶然性。在实践中，我们必须善于分析各种偶然性，"为大于其细，图难于其易"，要充分利用有利的偶然性，防止不利的偶然性。此外，在科学研究中，应该抓住偶然现象提供的机遇，揭示其背后隐藏的必然规律，抓住机遇往往是在科学研究上作出重大发现的关键环节。如电流磁效应的发现、青霉素作用的发现、X 射线的发现等，都是通过抓住和分析偶然现象而取得的重大科学发现。夸大必然性，否认和排斥偶然性，认为一切自然现象和社会现象都是由纯粹必然性引起的，是形而上学的机械决定论；而夸大偶然性，否认必然性，则是唯心主义的非决定论。

三、可能性和现实性

在事物运动发展过程中，必然性通过偶然性为自己开辟道路时，都要经历由可能向现实转化的过程。

现实性是指一切包含内在根据的、合乎必然性的存在，是事物和现象种种联系的综合。可能性是指包含在现实事物之中的、预示着事物发展前途的种种趋势。可能性是潜在的、尚未实现的东西。为了全面理解可能性这个范畴，必须区分以下几种情况：

第一，要分清可能性和不可能性。可能性是指在现实事物中有内在的根据，在一定条件下能够变成现实的趋势。不可能性是指在现实事物中没有任何根据，在任何条件下都不会变成现实的东西。

第二，要分清现实的可能性和抽象的可能性。现实的可能性是指具备了充分的根据和必要的条件，目前就可以实现的可能性。抽象的可能性是指虽有一定的根据，但根据还不充分，尚不具备必要条件，当前无法实现的可能性。抽象的可能性虽然当前无法实现，但随着现实的发展和条件的成熟，它可以转化为现实的可能性。

第三，要分清两种相反的现实可能性——好的可能性和坏的可能性。在事物发展的具体过程中，由于必然性和偶然性都会起作用，存在多种现实的可能性。这些可能性从对人有利还是不利的角度看，基本上可分为两种：好的可能性和坏的可能性。我们要努力促使好的可能性变成现实，防止坏的可能性变成现实。

第四，要分清可能性的大小。或然率是对可能性大小的一种科学说明和测定。或然率是所要测定的偶然事件的数目与全部可能发生的偶然事件总数之间的比率。把握可能性的大小，可以正确地确定自己行动的目的和任务，并创造条件，使有利可能性的或然率增长，使不利可能性的或然率减少。

可能性和现实性之间是对立统一的关系。

首先，可能性和现实性之间有着明显的区别和对立。可能性是尚未成为现实的东西，现实性则是已经实现了的可能。可能性不等于现实性，绝不能将二者混淆起来。

其次，可能性和现实性又是统一的。一方面，二者相互依赖，不可分离。现实性不能离开可能性，它是由可能性转化而来的，不可能的东西永远不会成为现实；可能性也不能离开现实性，它的内在根据存在于现实之中。另一方面，可能性和现实性在一定条件下可以相互转化。现实性是由可能性发展和转化而来的，同时它又包含着新的可能性，这种新的可能又将转化为新的现实。客观事物的发展就是在可能性和现实性的相互转化过程中实现的。

掌握可能性和现实性辩证关系的原理具有重要意义。

首先，可能性不等于现实性，一切工作都要从现实出发，而不要从可能出发。正确估计事物发展的各种可能性是必要的，但要把自己活动的依据建立在现实性这个可靠的基础上。如大学生在就业时，一定要从现实出发，从社会需要出发，从自己现实的实力状况考虑自己的就业方向，不能好高骛远。

其次，为了使好的可能性转化为现实，我们必须在尊重客观规律的基础上，自觉地发挥主观能动性。人通过发挥主观能动性，可以创造有利条件，改变不利条件，争取使好的可能性变为现实，避免坏的可能性实现。

四、内容和形式

世界上的任何事物都是内容和形式的统一体。内容是指构成事物的一切要素的总和，也就是事物的各种内在矛盾，以及由它们所规定的事物的特性、成分、运动过程和发展趋势的总和。形式是指把内容诸要素统一起来的结构或表现内容的方式。

内容与形式之间不仅是对立统一的，而且是相互作用的关系。

首先，内容与形式是对立统一的。内容和形式是现实事物的内在要素和结构方式这两个不同的方面，两者是对立的。对于特定事物来说，内容就是内容，形式就是形式，二者不能混淆颠倒。同时，内容和形式又是相互依存并且可以相互转化的。任何内容都具有某种形式，离开了形式，内容就不能存在；任何形式都是一定内容的形式，离开了内容就没有形式。在一定条件下，内容可以转化为形式，形式亦可转化为内容。

其次，内容和形式又是相互作用的。第一，内容决定形式。有什么样的内容就有什么样的形式与之相适应；内容发生了变化，形式迟早要发生相应的变化。第二，形式对内容有重大的反作用。被一定内容所决定的形式并不是消极被动的，它能反过来积极影响内容。当形式与内容相适合时，形式对内容的发展起积极的促进作用；当形式不适合于内容时，形式对内容的发展起消极的阻碍作用。第三，内容和形式的相互作用构成两者的矛盾运动。事物的内容和形式这两个方面，内容是活跃易变的，形式是相对稳定的。活跃易变的内容与稳定少变的形式之间自始至终存在着矛盾。在事物发展的初期，形式与内容是基本适合的，这时形式对内容的发展起促进作用，经过一段时间，内容有了较大的变化，形式落后于内容，逐渐成为内容进一步发展的障碍，形式与内容又基本不适合。这时就产生了变革旧形式以适合新内容进一步发展的客观要求。经过变革，旧形式被打破，代之以适合内容发展要求的新形式，形式与内容又基本适合了。形式与内容的矛盾运动就是这样从基本适合到基本不适合，再到新的基本适合的无限发展过程。

再次，内容和形式的复杂多样性。在现实生活中内容和形式关系的具体表现是复杂多样的，主要有同一内容可以有多种形式；同一形式可以表现多种内容；旧内容可以采取新形式；新内容也可改造、借用旧形式。

掌握内容和形式辩证关系的原理具有重要意义。首先，内容决定形式。我们在观察处理问题时，必须首先注重事物的内容。注重内容，就是注重事物内在的要素、特征和特点。如建设社会主义和谐社会，就必须注重政治、经济、文化等方面和谐发展。其次，形式对内容有反作用。我们也不能忽视形式，要善于选择、利用和创造适当的形式，促进内容的发展，把充实的内容和恰当的形式结合起来。比如作为当代大学生要穿戴整齐，衣冠整洁，说话温和得体，举止稳重大方，语气和缓，待人礼貌，这尽管是形式，但在人际交往中却是非常重要的。

五、现象和本质

世界上的事物不仅是内容和形式的统一体，而且是本质和现象的统一体。任何事物既有我们的感官可以直接感知的、表现于外的一面——现象，又有决定外在表现的、深藏于内的一面——本质。

现象是指事物的表面特征以及这些特征的外部联系。事物的现象是纷繁复杂的，大致上可以分为真象和假象两类。有些现象与本质是一致的通常叫做真象；有些现象与本质很不一致，一般称为假象。假象同真象一样也具有客观性，它与人们在感知过程中产生的错觉不同。错觉是主观的，而假象是客观的。

本质是指事物的根本性质，指组成事物的各个基本要素的内在联系。这种内在联系是由事物本身所固有的特殊矛盾决定的。本质与必然性、规律性是同等程度的概念，不过本质的含义更广泛一些，它是事物内部所包含的一系列必然性、规律性的综合。

现象和本质之间是对立统一的关系。

首先，现象和本质是有区别的、对立的。主要表现在：现象是事物的表面特征和外部联系，暴露于事物外部，可以为人们的感官直接感知；本质则是事物的根本性质和内在联系，深藏于事物内部，是不能直接被感知的，只有通过抽象思维才能把握。现象是个别的、具体的，多种多样的；而本质则是同类现象中一般的、共同的东西。现象是多变的、易逝的；本质则是相对平静、相对稳定的。

其次，现象和本质又是相互联系，相互依存的。一方面，任何本质都要通过一定的现象表现出来，没有不表现为现象的单纯的本质；另一方面，任何现象都从一定的方面表现本质，真象从正面直接地表现本质，假象则从反面颠倒地、歪曲地表现本质，没有不表现本质的纯粹的现象。此外，本质与现象之间并不是并列关系，本质决定现象，是现象存在的根据，现象的产生和变化归根到底是依赖于本质的。

掌握现象和本质辩证关系的原理具有重要意义。首先，本质和现象的对立，说明科学研究的必要性；本质和现象的统一，说明了科学研究的可能性。本质和现象是有区别的、对立的，认识了现象不等于就认识了本质，这就有必要通过科学研究揭示事物的本质。本质和现象又是统一的，本质通过现象表现出来，现象表现着本质，人们就可以通过认识现象达到对本质的认识。其次，我们在认识和实践活动中要善于透过现象抓住本质。既然本质和现象之间是对立统一的关系，我们既不能使认识只停留在表面现象的层次上，也不能脱离现象去凭空地构想事物的本质，而必须是在实践的基础上，通过对大量现象的分析研究，去揭示事物的本质。毛泽东指出："我们看事情必须要看它的实质，而把它的现象只看做入门的向导，一进了门就要抓住它的实质，这才是可靠的科学的分析方法。"

同 步 练 习

Ⅰ. 客观性试题

一、单项选择题(在每个小题列出的四个选项中，有一项是最符合题目要求的，请将正确选项填在答题纸的括号内)

1. 在自然界，没有上，就无所谓下；在社会中，没有先进，就无所谓落后。这说明(　　)。

A．矛盾双方是相互排斥的

B．矛盾双方是相互渗透的

C．矛盾双方是相互依存的

D．矛盾双方是相互转化的

2．事物矛盾问题的精髓是( )。

A．矛盾的共性和个性关系的问题

B．矛盾的同一性和斗争性关系的问题

C．主要矛盾和次要矛盾关系的问题

D．矛盾的主要方面和次要方面关系的问题

3．在我国战国时期，公孙龙提出了"白马非马"，这个命题的错误在于它割裂了( )。

A．主要矛盾和次要矛盾的联系

B．矛盾的主要方面和次要方面的联系

C．矛盾的同一性和斗争性的联系

D．矛盾的特殊性和普遍性的联系

4．"任何个别(不论怎样)都是一般。"这句话的正确含义是( )。

A．特殊性就是普遍性

B．特殊性存在于普遍性之中

C．普遍性是特殊性的总和

D．特殊性中包含着普遍性

5．对立统一规律揭示了( )。

A．事物发展的动力和源泉

B．事物发展的状态和过程

C．事物发展的方向和道路

D．事物发展的两种趋向

6．辩证法的否定观与形而上学的否定观的对立在于是否承认( )。

A．肯定和否定是相互区别的

B．肯定和否定是相互排斥的

C．否定是对旧事物的克服

D．否定是包含肯定的否定

7．在唯物辩证法看来，水果同苹果、梨、香蕉、桔子等的关系是( )。

A．共性和个性的关系

B．整体和部分的关系

C．本质和现象的关系

D．内容和形式的关系

8．事物的质和量的区别在于(　　)。

A．质是事物的内在规定性，量是事物的外在表现

B．事物的质是单一的，事物的量是多方面的

C．质与事物是直接同一的，量与事物是不直接同一的

D．事物的质是不变的，事物的量是不断变化的

9．"在对现存事物的肯定的理解中同时包含着对现存事物的否定的理解，即对现存事物必然灭亡的理解。"这是一种(　　)。

A．形而上学的观点

B．唯物辩证法的观点

C．相对主义诡辩论的观点

D．激变论的观点

10．在内容和形式的矛盾运动中，(　　)。

A．内容是相对稳定的，形式是活跃易变的

B．内容是活跃易变的，形式是相对稳定的

C．内容和形式都处在不停的显著变动状态

D．内容的变化总是落后于形式的变化

11．"假象是客观的，是本质的表现。"这是一种(　　)。

A．主观唯心主义的观点

B．辩证唯物主义的观点

C．相对主义诡辩论的观点

D．不可知论的观点

12．农民在播种前要估计种子的发芽率，这属于(　　)。

A．区分可能性和不可能性

B．区分现实的可能性和抽象的可能性

C．区分可能性的大小、程度

D．区分可能性和现实性

二、多项选择题(在每个小题列出的五个选项中，有二至五项是符合题目要求的，请将正确选项填在答题纸的括号内)

13．同一性是矛盾的基本属性之一，下列命题中属于矛盾同一性含义的有(　　)。

A．矛盾双方相互排斥

B．矛盾双方相互依存

C．矛盾双方相互贯通

D．矛盾双方相互渗透

E．矛盾双方相互转化

14．下列表述能够体现重视矛盾特殊性的有(　　)。

A．对症下药，量体裁衣

B．欲擒故纵，声东击西

C．因时制宜，因地制宜

D．物极必反，相反相成

E．因材施教，因人而异

15．矛盾发展的不平衡性表现为(　　)。

A．矛盾的同一性和斗争性的不同

B．矛盾的普遍性和特殊性的不同

C．内部矛盾和外部矛盾的不同

D．主要矛盾和次要矛盾的不同

E．矛盾的主要方面和次要方面的不同

16．下列选项中，体现量变引起质变的哲学道理的有(　　)。

A．九层之台，起于垒土

B．千里之行，始于足下

C．长堤溃蚁穴，君子慎其微

D．天下无难事，只怕有心人

E．水滴石穿，绳锯木断

17．矛盾的同一性在事物发展中的作用表现在(　　)。

A．使事物保持相对稳定，为事物的存在和发展提供必要前提

B．矛盾双方互相从对方吸取有利于自身的因素而得到发展

C．规定了事物向对立面转化的基本趋势

D．推动矛盾双方的力量对比和相互关系发生变化

E．突破事物存在的限度，实现事物的质变

18．辩证的否定观的基本内容有(　　)。

A．辩证的否定是自我否定

B．辩证的否定是事物联系的环节

C．辩证的否定是事物发展的环节

D．辩证的否定是"扬弃"

E．辩证的否定是连续性和非连续性的统一

19．辩证的否定观与形而上学否定观的对立表现在是否承认(　　)。

A．否定是自我否定

B．否定与肯定是有区别的

C．否定中包含着肯定

D．否定是对旧事物的克服

E．否定是"扬弃"

20．"本质决定现象，现象是本质的。"这句话的含义是(　　)。

A．现象就是本质

B．本质是现象的根据

C．本质通过现象表现出来

D．现象是本质的表现

E．本质第一性，现象第二性

21．事物的假象是指(　　)。

A．虚假的不表现本质的现象

B．从反面歪曲地表现本质的现象

C．人们的错觉所认识的虚幻现象

D．人们在梦幻中出现的现象

E．以否定方式表现本质的现象

22．下列说法中揭示了事物本质的有(　　)。

A．日出于东落于西

B．水往低处流

C．人的本质是一切社会关系的总和

D．国家是阶级统治的暴力工具

E．认识是主体对客体的能动反映

Ⅱ．主观性试题

23．简述矛盾的同一性和斗争性的相互关系及其方法论意义。

24．为什么说矛盾是事物发展的动力？

25．简述质、量、度的含义以及把握度的意义。

26．用内因和外因相互关系的原理，说明我国坚持独立自主、自力更生和对外开放的重要意义。

27．试用矛盾的普遍性和特殊性相互关系的原理，说明我国走建设中国特色社会主义道路的重要意义。

28．试述辩证的否定观与形而上学的否定观的对立，并说明应怎样正确对待我国的传统文化和外国文化。

 认识的本质和发展过程

实践的观点是辩证唯物主义认识论之首要的和基本的观点。

——毛泽东

学习目的与要求

本章讲述马克思主义哲学辩证唯物主义认识论的基本原理。认识是主体对客体的能动反映，是在实践基础上辩证发展的过程。学习这一章要着重把握以下基本问题：搞清马克思主义认识论是能动的革命的反映论；深刻理解实践的观点是马克思主义认识论首要的基本的观点；掌握认识发展的规律；坚持在实践中检验和发展真理，坚持在实践基础上的认识创新。

基本概念

实践、认识、认识的主体、认识的客体、反映论、先验论、能动的反映论、直观的反映论、感性认识、理性认识、认识运动的总规律

重点问题

1. 实践的观点在辩证唯物主义认识论中的地位
2. 实践和认识的辩证关系
3. 认识的本质
4. 认识的辩证运动过程及其发展规律
5. 坚持在实践基础上的认识创新

第一节　认识的基础和本质

一、辩证唯物主义认识论是能动的反映论

辩证唯物主义认识论是以实践为基础的能动的反映论，它正确地回答了认识与实践的相互关系问题，从根本上与唯心主义先验论、不可知论和旧唯物主义认识论划清了界限。

唯物主义与唯心主义不但在世界观上是根本对立的，而且在认识论上也是根本对立的。唯物主义的认识论是反映论，坚持从"物到感觉和思想"的认识路线；唯心主义的认识论是先验论，坚持从"思想和感觉到物"的认识路线。

所谓反映论就是确认认识的本质是人脑对客观世界的反映的认识论原则。唯物主义认识论的首要特征，就是从物质决定意识的基本前提出发，把人的感觉、观念和意识看做是对客观对象的反映。反映论是一切唯物主义认识论的共同原则。

先验论是同唯物主义的反映论相对立的唯心主义认识论。它认为，人的认识和认识能力是先于感觉经验、先于实践的东西，是先天就有的。认识的本质不是对客观世界的反映，而是对头脑中先天固有的精神性的东西进行认知或者回忆。

实践证明，认识是认识主体(人的大脑)对认识客体(客观世界的事物和现象)的反映，先有客观世界的事物和现象，然后才有反映客观世界事物和现象的认识，没有被反映者，就不会有反映。有了飞机，人们头脑才会反映飞机的概念，产生乘飞机去周游世界的想法。古代没有飞机，所以查遍古代文献都没有"飞机"二字，也没有乘飞机周游世界的记录。

所谓可知论，就是主张世界是可以认识的认识理论。唯物主义认识论坚持反映论，而反映论就是可知论。它认为，认识能够提供关于客观世界事物和现象的正确映象，人有正确认识客观世界事物和现象的能力，世界是可知的。我国战国时期荀子说："凡以知，人之性也；可以知，物之理也。"费尔巴哈也说过："自然界是一本不隐藏自己的大书，只要我们去读它，我们就可以认识它。"这就是说，人有能力认识世界，世界是可知的。一些彻底的唯心主义者也承认世界的可知性，当然他们说的世界可知性和唯物主义所讲的可知性是有原则区别的。

所谓不可知论，就是认为世界是不可认识或不可完全认识的认识理论。不可知论并不直接否认主体之外的客观世界，但它回避世界就其本质而言是物质还是精神的问题。如英

国哲学家休谟认为，人知道的只是自己的感觉，至于感觉之外是否存在客观世界，感觉是否能正确反映客观世界等问题，都是不可能知道的。德国哲学家康德承认有客观世界即"自在之物"存在，它引起人们的感觉，人只能认识"自在之物"引起的感觉，不能认识"自在之物"本身。不可知论虽然在具体观点上有这样或那样的差别，但其共同点是怀疑科学知识的客观性和可靠性，否认人有认识世界的能力。

马克思主义运用实践的观点对不可知论进行了彻底的批判。恩格斯指出："对这些以及其他哲学上的怪论的最令人信服的驳斥是实践，即实验和工业。"实践之所以是驳斥不可知论最有力的论据，是因为实践的成功能证明我们对客体的认识是正确的。1988年9月我国首次用以新技术研制的"长征四号"运载火箭，成功地发射了第一颗气象卫星，按预定计划送入与太阳同步轨道运行，这说明人们对发射人造卫星的认识是正确的。世界上只存在尚未被认识的事物，不存在永远不能认识的事物。

马克思主义认识论与旧唯物主义认识论都坚持唯物主义反映论和可知论，这是它们的共同点。但旧唯物主义认识论缺乏实践的观点和辩证法的观点，看不到主体对客体的能动作用，把认识看成照镜子似的、直观被动的反映。马克思主义认识论则强调实践在认识中的作用，认为主体与客体之间的关系最基本的是实践关系，主体只有在改造客体的实践中才能认识客体。总之，由于旧唯物主义认识论缺乏实践的观点和辩证法的观点，它是直观的、被动的反映论；由于马克思主义认识论把实践的观点和辩证法引入了认识论，它是能动的革命的反映论。马克思主义关于认识是以实践为基础的主体对客体的能动反映的观点，正确揭示了认识的本质，实现了认识论的伟大变革。

辩证唯物主义认识论的特点主要表现在以下三个方面：

第一，它把反映论原则贯彻到底，是全面的彻底的反映论。马克思主义认为，实践是主体能动地探索和改造现实世界的客观物质活动。在人与世界的关系中，首先是改造与被改造的关系，然后才产生出反映与被反映的关系。辩证唯物主义反映论不仅认为人们的自然知识是对自然界的反映，从而同唯心主义先验论和不可知论区别开来，还把反映论原则贯彻到社会历史领域，认为社会意识是对社会存在的反映，从而对社会意识现象作了唯物主义的解释，克服了旧唯物主义反映论的不彻底性。

第二，它把科学的实践观引入认识论，强调实践是认识的基础。坚持认为认识主体、认识客体以及主客体之间反映与被反映和改造与被改造的辩证关系是在社会实践中形成的，从而科学地揭示了认识的产生和本质及其发展规律。

第三，它把辩证法贯彻于反映论，指出认识是一个充满主观与客观、主体与客体、感性与理性、认识与实践等矛盾运动的辩证过程，从而科学地说明了认识发展的复杂过程，揭示了人类认识运动的基本规律。

二、实践和认识的相互作用

马克思主义哲学认为，认识与实践的矛盾是人类认识过程中的基本矛盾。人类的认识就是在这对矛盾推动下发生和发展的。在这对矛盾中，实践是认识的基础，对认识有决定作用。

首先，实践是认识的来源。人们的认识不是人的头脑里固有的，也不是从天上掉下来的，而是从实践中产生的。认识产生于实践的需要，客观世界哪些事物能成为人们的认识对象，是由实践的需要和水平决定的。如因为测量土地面积、计算时间，以及制造器械的需要，所以产生了古代数学。认识是在实践中产生的，毛泽东曾指出，你要有知识，你就得参加变革现实的实践。你要知道梨子的滋味，你就得变革梨子，亲口尝一尝。这些都说明实践是认识的来源。

一切真知都来源于实践。但这并没有否认从书本或他人那里获得间接经验的重要性。由于个人的生命和精力是有限的，每个人的实践范围也是有限的，不可能也没有必要事事都亲自实践。因此，间接经验是我们获取知识的重要途径。直接经验和间接经验是"源"与"流"的关系。所以，我们既要重视通过书本或其他途径获得的间接经验或知识，更要积极参加社会实践，从实践中获得直接经验或知识。

其次，实践是检验认识真理性的唯一标准。这个问题我们在后面谈到真理问题时将专门讲述。

再次，实践是认识发展的动力。人类认识发展的历史表明，认识每前进一步都离不开实践，是实践由低级到高级的发展，才推动认识由浅入深、由片面向全面发展。实践作为认识发展的动力，表现在以下三个方面：第一，变化发展着的实践不断给人们提出新的认识课题，推动人们去进行新的探索和研究；第二，实践能不断提供大量有关的经验材料以及新的认识工具，使人们能够不断解决认识课题，推动认识不断向前发展；第三，实践还改造了人的主观世界，锻炼和提高了人的认识能力。人们在改造世界的实践活动中，不仅积累了丰富的认识成果，同时又发展了人类的思维能力。俗话说："近水知鱼性，近山识鸟音"，说明人的认识能力随着实践的发展而得到锻炼和提高。

最后，实践是认识的目的。认识本身不是目的，认识世界是为了改造世界，这才是认识的最终目的。实践目的制约着整个认识过程，规定着认识的方向。在实践目的的规定约束之下，人们的正确认识最终才有利于实践的发展。认识为实践服务，去指导实践，才能发挥认识的功能。如果有了正确的认识，却脱离实践，不为实践服务，那么，这种认识也就失去了实际的意义。

总之，认识的产生、发展、检验和归宿，以及认识过程的每一个环节，都依赖于实践，所以，实践是认识的基础。实践的观点是辩证唯物主义认识论首要的和基本的观点。

辩证唯物主义认为，一方面实践决定认识，另一方面认识对实践又具有能动的反作用。认识对实践的反作用集中地表现为它对实践的指导作用。

首先，实践目标的确立需要理论的指导。确立什么样的实践目标，从根本上讲是由实践的需要决定的，而实践的需要要由理论加以科学的概括，要从理论上予以论证。作为当代中国的马克思主义，中国特色社会主义理论体系是我们党在新世纪各项工作的根本指针，是中华民族振兴和发展的强大精神支柱，是指引中华民族从胜利走向新胜利的根本保证。

其次，实践手段、方法的取舍，需要理论的指导。实践目标确定之后，还要有相应的手段和方法，才能达到胜利的彼岸。这就需要运用理论对以往实践提供的材料进行分析、判断和筛选，方能决定取舍。

最后，实践结果的评判，需要理论的指导。要准确地评价实践结果，就要去粗取精，去伪存真，做理论上的总结，这正是理论思维的任务。人类实践的历史表明，用科学的理论指导实践就会取得成功或胜利，而用错误的理论指导实践必然导致挫折或失败。在当前，我们特别要高举中国特色社会主义的伟大旗帜，用邓小平理论、"三个代表"重要思想和科学发展观指导我们的整个事业和各项工作。

在中国传统哲学中，认识和实践的关系被表述为知与行的关系。在二者的关系问题上，春秋时期的孔丘、战国时期的荀况、宋代的朱熹、明代的王守仁、清代的王夫之、民国时期的孙中山等思想家都进行了不懈的研究和探讨，积累了丰富的思想资料，为后人正确处理认识与实践的关系提供了宝贵的借鉴。中国传统哲学的"知"和"行"范畴，在不同的学派和代表人物中，有若干不同的甚至是截然相反的具体观点，其中有不少值得借鉴的合理成分。例如：行先知后，躬行出真知；学以致用，知的目的在于行；知以行为验证标准；行以知为指导；知行统一，不可偏废。当然，中国传统哲学中的"知"、"行"范畴，并不完全等同于马克思主义哲学中的认识和实践范畴。他们所说的"知"，大多是指封建伦理之知；他们所讲的"行"，也大多指个人道德行为。因此，对于中国传统哲学中的知行观，一方面要进行具体的历史的分析，在分析中鉴别和批判；另一方面，也要批判地继承其中合理的因素，丰富和完善马克思主义认识论。中国传统哲学的知行关系理论是把马克思主义哲学认识论中国化、民族化的一个中介性因素，它提供了很丰富的认识论概念和范畴，为我们发展和建立具有现代意义和中国特色的认识论体系提供了许多有益的东西。

三、认识的本质

认识的主体回答的是"谁来认识"的问题。马克思主义哲学认为，认识的主体是处于一定社会条件和社会关系之中、从事一定实践活动和认识活动的人。从可能性来说，任何人都可以成为认识的主体。但在现实的认识过程中，人只有从事某一领域的实践，才能获得那一领域的认识，因此必须用实践的观点来界定认识的主体。

作为认识主体的人有以下主要特征。一是自然性。人一方面具有生理属性和肉体存在，是自然界的一部分，另一方面作为自然之子，其存在和发展又离不开与自然界的物质、能量交换。二是社会性。人是在劳动中形成、存在和发展的，而劳动本身就是社会性的活动，因此人是在一定社会关系和社会条件中成为实践主体和认识主体的。三是意识性。人的实践活动和认识活动都是有目的、有意识的活动，这是人的活动与一般动物活动的本质区别之一。四是实践性。动物只能进行消极地适应环境的活动，而人从事的是积极改造环境的实践。四个特征中，社会性和实践性是最主要的特征。

认识主体的形式是多种多样的，其基本形式包括个体主体、群体主体和社会主体。个体主体，是指在一定历史条件下，从事相对独立的实践活动的个人；群体主体，是指以政治、经济或思想文化为纽带结合起来的，从事共同的实践活动的社会群体，如民族、阶级、政党等；社会主体，是指在一定社会历史条件下，以社会关系维系的个人和团体的总和，它是主体的最高形式。

所谓认识的客体是主体认识活动所指向的对象，回答的是"认识什么"的问题。马克思主义哲学认为，从可能性来说，物质世界的各种事物都可以成为认识的客体，但从现实性来说，只有主体的实践活动和认识活动所指向的客观事物，才能成为现实的认识客体。随着人们实践活动在广度和深度上的不断发展，认识客体的范围不断扩大，内容也不断地丰富和发展。

认识的客体具有多种属性。一是任何认识客体都是不依主体的意志为转移的客观存在，具有客观性；二是任何认识客体都是作为认识主体的认识对象的现实存在物，具有对象性；三是任何认识客体都是在一定的社会历史条件下进入认识主体的实践和认识范围，从而成为现实的认识客体的，具有社会历史性。

认识客体的形式是多种多样的，其基本形式有三种：作为认识对象的自然界的事物和现象，包括天然的自然和人化的自然，称为自然客体；作为认识对象的社会存在和社会关系，称为社会客体；作为认识对象的人类精神生产成果，包括作为认识对象的主体自己的意识和他人的意识，称为精神客体。

马克思主义哲学通过揭示实践的含义及其在认识中的作用和认识的主体与客体从而进一步揭示了认识的本质，即认识是主体在实践的基础上对客体的能动反映。下面，我们从认识活动的地位、实质和过程三个方面来理解认识的本质。

首先，以在人的全部生存活动中的地位来说，认识活动本质上是一种主体与客体间的反映与被反映关系，它以主客体的实践关系为基础，同时渗透着主客体的认识关系、价值关系和审美关系。(1) 实践关系。它是指主体为了满足自身的需要而对客体发生的一种改造与被改造的关系，主体是改造者，客体是被改造者。这是主客体之间一切其他关系的基础。(2) 认识关系。它是主体和客体之间认识与被认识、反映与被反映的关系。主体是反映者，客体是被反映者。它表现为主体趋向客体的运动。(3) 价值关系。它是主体需要与满足这种需要的对象之间的关系，即利用与被利用的关系，也就是说，主体按照自身需要实际地占有与享用客体，它表现为客体趋向主体的运动。(4) 审美关系。它是主客体关系的最高层次，它要求在真和善的基础上按照美的规律来创造理想世界。客体经过主体的改造，不仅成为满足人需要的有用的对象，还体现着人的理想、力量、才能和创造性。所以，主体实践活动也产生了对象的审美价值，即创造了美。

上述主体和客体之间四方面的关系是相互联系、相互作用、相互渗透的。实践关系是主客体关系中最基本的关系，其他三种关系都是在这一基础上发生和发展的。认识关系既是实践关系的产物，又具有相对独立性，是实践关系的必要条件。价值关系集中地体现了主体的目的性需要，是主体认识和实践的内在尺度。审美关系则是在实践关系基础上认识关系和价值关系的统一，它既要依托前三种关系，又体现前三种关系的最终要求与目标——创造一个美的世界。

其次，就认识活动自身的内在层次性来说，它是以主客体之间的信息相互作用为基础，以人所特有的精神活动为本质内容的反映过程。世界上任何事物之间的相互作用都是一个物质、能量和信息的交流和变换过程。认识活动首先是主客体之间的信息相互作用过程。主体是信息的收集、加工和获取者，客体是信息的发出者。如果说作为一般信息的交流、变换以至利用过程可以由机器或人工智能加以模拟，那么作为认识本质的精神活动过程则是人所特有的。

最后，马克思主义关于认识是以实践为基础的主体对客体的能动的反映观点，揭示了认识的本质，实现了认识论的伟大变革。马克思主义认识论认为，能动的反映是摹写与创造的统一。反映具有摹写性，是指人的认识作为对某一事物的反映，必然是以这一事物为原型的。反映的摹写性决定了反映的客观性，就是说，人的反映的表现形式不论多么抽象和复杂，归根到底来源于被反映的对象。反映具有创造性，是指人的认识不是对客观对象简单、直接地摹写，而是一种能动的创造性活动。人的认识活动的结果并不仅仅是与直观客体相对应的感性形象，而主要是以概念、命题、公式等抽象形式出现的理论体系。这些理论是在对感性材料加工过程中进行创造性思维活动的结果。只有经过创造性的思维活动，人们才能揭示事物的本质和规律。反映的创造性体现着主体的能动性。在人的实际认识过程中，摹写与创造是辩证统一的。摹写是创造性摹写，而不是直观的镜面式摹写；创造是以摹写为基础的创造，而不是主观随意的编造。如果只讲反映的创造性，看不到其摹写性，就会陷入否认认识客观性的唯心主义先验论；如果把反映完全等同于摹写，看不到其创造性，就会陷入否认认识能动性的旧唯物主义直观被动的反映论。

综上所述，我们可以得出一个结论，认识的本质是主体在实践基础上对客体的能动反映。

第二节　认识的辩证运动

实践对认识的决定作用，充分、具体地体现在认识的辩证运动中。列宁说："从生动的直观到抽象的思维，并从抽象的思维到实践，这就是认识真理、认识客观实在的辩证的途径。"毛泽东进一步阐明了认识过程是在实践的基础上由感性认识能动地发展到理性认识，又由理性认识能动地回到实践，实践、认识、再实践、再认识，循环往复以至无穷的辩证运动过程。

一、从实践到认识

人类的认识运动过程，是在实践的基础上从感性认识开始的，并由感性认识上升到理性认识。认识的辩证运动，首先表现为从感性认识到理性认识的能动的飞跃。

感性认识是认识的初级阶段，是人们在实践中通过感觉器官直接感受到的关于事物的现象、外部联系和各个片面的认识。感性认识是认识运动的第一步，它是在客体的各种刺激信息和主体感知能力之间相互作用中发生的。感性认识有相互联系、依次递进的三种基本形式：感觉、知觉和表象。感觉是通过各种感觉器官对事物的个别属性的反映，如视觉反映事物的颜色、形状；听觉反映事物的声响等。知觉是主体大脑中多种感觉组合而形成的整体，它能够反映出对象的具有可感性质的整体性结构和特性。表象是对于过去的感觉和知觉的回忆，即当感觉和知觉所反映的对象离开后，在人们的脑海中留下的印象。从感觉、知觉到表象已经逐步表现出由个别到一般、由直接到间接的发展趋势。感性认识的特点是直接性、具体性和表面性，这既是它的优越性也是它的局限性；它是对事物的直接反映，所以成为认识过程的起点，对于理性认识是不可缺少的，同时，它只是对事物外部现象的反映，这是它的局限性，决定它必须上升到理性认识。

理性认识是认识的高级阶段，它是人们借助抽象思维对感性认识材料进行加工、整理、概括而形成的，关于事物的本质、全体和内部联系的认识。理性认识的基本形式有概念、判断和推理。概念是对同类事物共同的一般特征的反映。概念是思维的细胞，也是最基本的思维形式。判断在逻辑形式上表现为概念之间的联系或关系。判断是展开了的概念，概念是凝缩了的判断。推理是从事物的联系中由已知推出未知的逻辑形式，表现为判断之间的关系。从概念、判断到推理，这几种理性认识形式相互联系，结合在一起共同发挥作用。理性认识的特点是间接性、抽象性和深入性，这既是它的局限性又是它的优越性：局限性在于它是对事物的间接反映，必须依赖感性认识，以感性认识为中介，靠抽象概括而完成，这就比较远离客观事物；优越性在于它深入事物的内部，把握事物的本质，是对客观事物更接近、更深刻的反映。

感性认识和理性认识是认识过程中两个不同质的阶段，但它们又是辩证统一的。

第一，理性认识依赖于感性认识。没有正确的感性认识，就不会有正确的理性认识。从认识的内容和秩序上看，人们总是首先获得一定数量的感性材料，然后运用科学的抽象思维，才能透过现象抓住事物的本质，从大量个别的事物中发现普遍的一般规律。离开了感性认识，理性认识就变成无源之水、无本之木。坚持理性认识依赖于感性认识，就是坚持认识论的唯物论。

第二，感性认识有待于深化发展为理性认识。认识必须由感性上升到理性，这是由认识的目的和任务决定的。认识的真正任务在于经过感觉而达到思维。从感性认识上升到理性认识是认识过程中的质变，是认识由低级阶段到高级阶段的飞跃。经过这次飞跃，表面看来是远离了客观事物，然而只要是真正科学的抽象，它就更接近、更深入于客观事物。坚持感性认识有待于深化发展为理性认识，就是坚持认识论的辩证法。

第三，感性认识和理性认识相互渗透。感性认识和理性认识是统一的认识过程中的两个阶段，它们不是截然分开的，在实际认识过程中，二者相互包含、相互渗透。一方面，感性认识中渗透着理性认识的因素。人的感性认识要用概念、判断等理性认识形式来表达。另一方面，理性认识中也渗透着感性认识的成分。理性认识是概括感性材料而形成的，它总要以具有一定声、形等感性形式和语言来表达。

感性认识和理性认识辩证统一的基础是实践，无论感性认识还是理性认识，都是在实践中产生的；由感性认识到理性认识的飞跃也是在实践的基础上实现的。割裂感性认识和理性认识的辩证统一关系就会陷入唯理论或经验论的错误。唯理论否认感性认识的重要性，认为只有理性认识才是可靠的，理性认识可以不依赖于感性认识而产生。经验论则否认理性认识的重要性，片面夸大感性认识的作用。在实际工作中，教条主义和经验主义者所犯的错误，就是违背了感性认识和理性认识辩证统一的原理。教条主义者片面夸大书本知识的作用，遇事照搬"本本"，把马克思主义一般原理当做僵死的教条生搬硬套，拒绝对于具体经验的研究，犯了类似唯理论的错误。经验主义者片面夸大感性经验的作用，轻视科学理论的指导，把一时一地的局部经验当做普遍真理，处理一切问题都不超出自己狭隘的眼界，犯了类似经验论的错误。

由感性认识到理性认识，这是认识过程中的一次质的飞跃。怎样才能实现由感性认识到理性认识的飞跃呢？首先，必须占有十分丰富的合乎实际的感性材料，这是实现这次飞跃的基本前提。因为在实践中所获得的关于对象的大量感性材料中，蕴藏着对象的共性、本质和规律，有了这些感性材料，才能为人脑的思维加工提供必要的原材料和半成品。否则，即使人脑这个"加工厂"的机器再好，也无法制造出好的成品。其次，必须掌握和运用一系列思维形式和方法，将丰富的感觉材料加以去粗取精、去伪存真、由此及彼、由表及里的改造、制作工夫，造成概念和理论的系统。要以概念、判断、推理等思维形式，运用归纳与演绎、分析与综合、抽象与具体、逻辑与历史相一致等辩证思维的方法，还要发挥联想、幻想、想象、直觉和灵感等非逻辑思维方法的作用，才能实现由感性认识到理性认识的飞跃。

二、从认识到实践

实现从感性认识到理性认识的飞跃，认识运动并没有完结，一个完整的认识过程，还要由理性认识再回到实践中去，实现认识过程中的意义更为重大的又一次飞跃。

由理性认识向实践的飞跃是十分必要和重要的。

首先，这次飞跃是一个检验理论和发展理论的过程，因而是整个认识过程中的一个必要环节。检验理论是否正确的唯一办法是将它应用于实践，看它是否能够达到预想的目的。此外，理论还需要发展，通过实践的检验，可以发现理性认识中的不足，纠正某些偏差，使理性认识不断得到修正、补充和完善。

其次，由理性认识向实践的飞跃，也是实践本身的要求。人的全部活动无非是认识世界和改造世界，前者是在实践中形成思想，即从实践到认识的飞跃，后者是在实践中实现思想，即从认识到实践的飞跃。这是相互联系的两次飞跃，第一次飞跃是第二次飞跃的准备，第二次飞跃是第一次飞跃的归宿。形成理性认识还不是认识的真正目的，对于马克思主义认识论来说，重要的不是在于懂得了客观规律性，能够解释世界，而是在于拿着这种规律性的认识指导改造世界。欲达此目的，就必须使理性认识回到实践中去，使精神力量变为物质力量。没有正确理论指导的实践是盲目的实践，必定会遭受挫折。所以，从理性认识到实践的飞跃比前一次飞跃更为重要，意义更为重大。

实现从理性认识回到实践的飞跃，是一个复杂的、能动的过程，需要一定的条件并通过正确的途径。

首先，要从实际出发，坚持一般理论和具体实践相结合的原则。理论所反映的是客观事物的本质和规律，是关于事物的一般性的东西。而实践面临的客观实际却是具体而复杂的，因此理论付诸实践就必须首先把理论具体化，使它更接近复杂具体的实际情况。

其次，必须把对客观事物的本质和规律的认识同主体自身的利益、需要和要求结合起来，确定主体对客体进行改造的目标和方式。

再次，理论向实践转化，又必须考虑到一定历史阶段上的实践手段和实践条件的制约性，把理论的正确性与实现的可行性有机地结合起来。

最后，理论要回到实践中去，还必须为群众所掌握。理论只有为群众所理解和接受，才能化为改造社会、改造自然的物质力量。马克思说："理论一经掌握群众，也会变成物质力量。"

三、认识发展的总规律

人们对客观世界的认识是一个不断向前推移的曲折复杂的过程，这个过程不只是从实践到认识和从认识到实践两次飞跃，而是表现为认识过程的不断反复和无限发展。

认识运动之所以要经历多次反复，主要有两个原因：第一，从认识客体看，任何具体事物的发展以及它的本质的暴露都有一个过程，这就决定了人们对于事物的认识也需要一个过程。第二，从认识主体看，人们的认识总要受到自己所处的社会历史条件，包括人的实践范围、认识能力、技术水平以及主观努力程度等多方面因素的限制。因此，人们要想对客观事物取得比较正确的认识，就必须经过实践和认识的多次反复才能实现。

认识运动不仅具有反复性，而且具有无限性。人们对于某一具体事物的认识，经过多次反复，达到了主观和客观的统一，并且在实践中实现了预期的目的，对于这一事物来说，认识是完成了。然而对于事物发展过程的推移而言，人们的认识运动远没有完成。物质世界及其发展是无限的，这决定了人们的认识必然是无限发展、永无止境的。

认识运动的反复性和无限性，使得人类认识的辩证发展表现为波浪式前进、螺旋式上升的运动。毛泽东指出：由实践到认识，再由认识到实践，"实践、认识、再实践、再认识，这种形式，循环往复以至无穷"，每一次循环都使人们的认识和实践比较地进入高一级的程度。

马克思主义哲学认识论揭示的人类认识发展的总规律，具有重要的方法论意义。

首先，这一原理指明，在人们的认识活动中，主观和客观、认识和实践的统一是具体的历史的统一。人们的认识同客观实际的符合，是一定具体历史条件下的符合，是社会实践发展到一定阶段上的符合。人们的认识超越或者落后于客观实践的发展阶段，都背离了主观和客观、认识和实践的具体的历史的统一。当客观过程向前推移，实践前进到新的历史阶段时，认识如果仍旧停留在原来的阶段上，就会落后于客观实际；当客观实际发展过程尚未结束，实践条件尚不具备，人们硬要做超越必经阶段和不具备条件的事情，这同样背离了主客观具体的历史的统一的要求。毛泽东指出:"我们的结论是主观和客观、理论和实践、知和行的具体的历史的统一,反对一切离开历史的'左'的或'右'的错误思想。"

其次,这一原理指明了辩证唯物主义的认识论和党的群众路线的一致性。毛泽东说:"在我党的一切实际工作中,凡属正确的领导,必须是从群众中来,到群众中去。这就是说,将群众的意见(分散的无系统的意见)集中起来(经过研究,化为集中的系统意见),又到群众中去作宣传解释,化为群众的意见,使群众坚持下去,见之于行动,并在群众行动中考验这些意见是否正确。然后再从群众中集中起来,再到群众中坚持下去。如此无限循环,一次比一次地更正确、更生动、更丰富。这就是马克思主义的认识论。""从群众中来"相当于从实践到认识的过程,"到群众中去"相当于从理性认识回到实践的过程。同时,人民群众在实践中又会创造出新的经验,丰富和发展原来的意见。人民群众改造世界的实践活动是无止境的,所以,"从群众中来,到群众中去"也要多次反复地进行下去。

四、非理性因素在认识过程中的作用

所谓人的非理性因素,有狭义和广义两种理解。狭义地说,在人的知、情、意这三大类意识要素中,"知"包括主体的理性直观、理性思维等能力,属于人的理性因素;而"情"和"意"即情感和意志,包括主体的动机、欲望、信念、信仰、习惯、本能等,这些不以理性思维为特征的精神要素属于非理性因素。广义地说,除上述含义外,人们还常把幻想、想象、猜测、顿悟、直觉、灵感等,也包括在人的非理性因素中。

第一类:情感、意志、欲望和需要等非理性因素。它们本身虽不属于人的认识能力,但对人的认识活动的发动与停止、对主体认识能力的发挥或抑制起着重要的控制和调节作用。

情感因素对人的认识进程具有重要的影响。积极的情感、情绪给认识活动注入了活力和生气,对认识的发展是一种推动的力量。马克思指出:"激情、热情是人强烈追求自己的对象的本质力量。"人的求知欲、兴趣、好奇心,都同人的情感、情绪有密切的关系。当人的情感与其所从事的认识活动发生共鸣时,认识就会受到激化,从而激发人的认识潜能,加速认识的进程;反之,当人对从事某种认识活动缺乏热情和情感,或情绪懈怠、消沉时,人的认识能力就受到抑制,认识进程就受到影响。激情可以打破思维的平静,使人爆发出智慧的火花,但过度的激情也有可能使人失去理智,造成思维的混乱或违反逻辑。因此,要发挥情感、情绪对认识进程的积极作用,就需要对情感、情绪进行适当的调节和控制。

意志同情感一样,对人的认识进程也是一种激发和调控因素,是认识运动的支撑力量和推动力量。认识活动的进行不能缺少人的意志努力,特别是面对复杂的认识对象或在科学研究的过程中,更需要人以百折不挠、坚忍不拔的意志去克服重重困难,实现某种目标、理想。马克思说过:"在科学上没有平坦的大道,只有不畏劳苦沿着陡峭山路攀登的人,才有希望达到光辉的顶点。"意志不但是人为实现某种目的而克服障碍或困难的积极能动的主观条件，而且对调控人的情感、情绪也起着重要作用。在人的认识活动中，意志以目的性和自觉性的特点把理智和情感、冷静和激情统一起来，用理智调控情感，又用情感激活理智，从而使主体能在极端困难的条件下，排除外在的和内在的干扰，甚至承受一定的痛苦和牺牲，去实现自己的目标和理想。

第二类：幻想、想象、直觉、灵感等非理性因素。它们是人的认识能力的一部分。在人的认识过程中，它们和思维的逻辑形式相互作用、相互补充，对认识的发展和飞跃起着十分重要的作用。

在人的认识过程中，逻辑思维固然具有严格的程序性、规范性的优点，但它也有自身的缺陷。在科学研究中，人们往往不是在掌握了全部事实材料后再进行逻辑创造，而是运用大胆的想象、幻想或灵感，实现对某些复杂事物本质、结构或规律的认识。幻想、想象和突如其来的灵感不仅可以把复杂的对象纯粹化、简单化，而且有助于进行创造性构思。科学史上许多发现都是在实验和逻辑分析的基础上，借助创造性的大胆想象提出来的。科学史上的许多事实表明，灵感和直觉多属于那些以顽强毅力投入科学实验，并运用自己的全部知识、经验和思维进行艰苦探索的科学家。

非理性因素不是凭空产生的，更不是什么神秘的力量，它要受理性思维和逻辑思维的制约。认识运动的辩证本性，就表现在它是逻辑的循序渐进过程和非逻辑的跳跃上升过程的有机统一。否认理性因素的主导地位，夸大非理性因素的作用是错误的；完全否认非理性因素的作用，只承认理性因素的作用，也是不符合事实的。

第三节 辩证思维的方法

一、辩证思维的基本方法

为了达到主观和客观、理论和实践的具体的历史的统一，需要运用科学的认识方法，特别是要想较好地实现从感性认识向理性认识的飞跃，必须自觉运用辩证思维方法即科学的逻辑思维方法。辩证思维方法是人们正确认识世界的中介，其具体种类很多，主要有归纳和演绎、分析和综合、抽象和具体以及逻辑和历史相一致的方法等。

第一，归纳和演绎。归纳是从个别事实得出一般结论的思维方法；演绎是从一般原则达到个别结论的思维方法。很明确，归纳和演绎的思维方向是相反的：归纳是"个别—特殊—一般"的思维运动，演绎则是"一般—特殊—个别"的思维运动。这两种相反方向的方法在实际思维过程中却是相互依存和相互补充的。归纳是演绎的基础，演绎是归纳的前提。归纳不能离开演绎孤立使用，因为归纳所依据的经验材料的搜集正是在一定的理论原则指导下进行的。演绎同样不能离开归纳孤立使用，因为演绎所依据的一般性前提，如公理、定理、定律等，主要是靠归纳方法得出的。

第二，分析和综合。分析是在思维中将客体分解为不同的组成部分、方面、特性等，对它们分别加以研究的方法。综合同分析相反，是在思维中把被分开的不同组成部分、方面、特性等重新组合为统一整体而加以研究的方法。

分析和综合是两种相对立的方法，然而在思维过程中却是紧密联系、不可分离的。要想认识一个事物，尤其是复杂的事物，首先要做分析，要把它分解为若干个部分或方面分别加以研究，特别重要的是矛盾分析，即分别考察事物内部的矛盾及其各个方面，这是最根本的方法。从这个意义上讲，分析是综合的基础和前提，综合必须依赖于对客观对象的周密分析。同时，单靠分析并不能完整地把握客观对象的整体，只有把对象的各个组成部分或各个方面加以综合，才能真正认识该对象。最根本的综合是矛盾综合，即从整体上把握矛盾统一体，弄清楚矛盾双方是怎样统一的，是怎样能够统一的。从这个意义上讲，综合是分析的目的和完成，离开了综合，分析就失去了意义。总之，只有把分析和综合结合起来，才构成完整的科学思维方法。

第三，抽象和具体，这里介绍的抽象和具体指的是思维中的抽象和具体，即理性的抽象和理性的具体。

作为辩证思维方法，抽象是指在思维中将对象某方面的本质属性抽取出来，暂时舍弃其他属性的方法。理性抽象只是思维中的一种简单规定，是对象某方面的本质属性在思维中的反映。具体则是指在抽象的基础上将对象的各种规定性综合为统一体的方法，借助于理性具体的方法，把反映事物各方面本质的抽象规定重新综合为整体，达到关于对象完整、清晰的认识。

运用理性抽象和理性具体方法，需要注意以下几点：其一，在实际思维过程中，抽象方法和具体方法是结合在一起使用的，表现为"从抽象上升到具体"的逻辑方法；其二，抽象必须是科学的抽象，最为重要的是，把握好抽象的度，即做什么样的抽象以及抽象到什么程度，只有这样的抽象才能成为进一步上升到具体的起点和基础；其三，要把握好从抽象到具体的逻辑中介，即从抽象到具体过程中的一系列概念、判断的联系和转换过程。

第四，逻辑和历史相一致的方法。同抽象和具体的方法紧密联系的还有逻辑和历史相一致的方法。辩证思维中的历史这一概念有两种含义：一是指客观对象自身的历史，二是指对客观对象认识的历史。辩证思维中的逻辑这一概念则是指逻辑范畴之间次序、层次、关系等。所谓逻辑与历史相一致，是指理论体系的逻辑顺序是同客观历史的发展顺序以及认识的发展顺序相一致的。在辩证思维中，历史是逻辑的基础，逻辑不过是历史在理论思维中再现，是由客观历史或认识历史派生出来的。

二、辩证思维方法与现代科学思维方法

现代科学思维方法是适应现代社会实践特别是现代科学技术而创立的方法群，主要包括控制方法、信息方法、系统方法、结构—功能方法、模型化方法和理想化方法，等等。现代科学思维方法同辩证思维方法一起，构成现代思维方法系统。

辩证思维方法属于哲学方法，而现代科学思维方法则是科学方法，二者属于不同层次，不能混同。然而，哲学范畴和科学范畴、哲学思维与科学思维之间本来就没有严格分明的界限，它们实际上是相互交叉的。正因为这样，哲学方法和科学方法是相互促进的。

就辩证思维方法和现代科学思维方法的关系而言，特别值得注意的是二者之间密切的关系。一方面，辩证思维方法是现代科学思维方法的方法论前提，辩证思维方法的一系列基本原则贯穿于现代科学思维之中，如系统方法与普遍联系的观点、控制方法与内因外因的观点、信息方法与相互作用相互影响的观点等。当然，不能简单地认为，现代科学思维方法只是辩证思维方法实际运用的结果。现代科学思维方法的形成主要通过两条不完全相同的途径：一是科学家们在唯物辩证法指导下自觉运用辩证思维方法的结果；二是靠科学发现本身具有的理论思维力量而自发形成，即是由科学本身的逻辑自然实现的。无论自觉形成还是自发形成，都说明辩证思维方法与现代科学思维方法之间的密切关系。另一方面，现代科学思维方法发展并深化了辩证思维方法，它从各个方面以其特有的方式证实并丰富了马克思主义哲学辩证思维的观点。现代科学思维方法以其巨大的方法群进一步推动辩证思维方法的具体化、深入化和精确化。

总之，辩证思维方法和现代科学思维方法之间紧密联系的关系要求我们将这两大思维方法系统有机地统一起来，把它们运用到不同的层次中，发挥它们不同的功能。既要自觉发挥辩证思维方法对现代科学思维方法的方法论指导作用，又要注意从现代科学思维方法中吸取营养以丰富辩证思维方法。只有这样才能更好地适应现代社会实践的要求。

三、辩证思维方法与思想方法、工作方法

辩证思维方法属于哲学思维方法，是一切方法中最根本的方法，也就是我们通常所说的方法论。人们在具体认识和实践中实际运用一定的哲学方法，并具体化为丰富多样的思想方法和工作方法。

在认识世界和改造世界的活动中，运用什么样的方法是决定认识和实践能否达到预期

目标的重要问题。关于方法的重要性，毛泽东曾有过"桥或船"的著名比喻，他说："我们不但要提出任务，而且要解决完成任务的方法问题。我们的任务是过河，但是没有桥或没有船就不能过。不解决桥或船的问题，过河就是一句空话。不解决方法问题，任务也只是瞎说一顿。"轻视方法的重要性，以为只要指导思想正确，只要确定的目标正确，方法问题无关紧要，这种看法是极其错误并有害的。正如世界观和方法论的统一关系一样，观点和方法其实不过是同一问题的两个不同侧面，是无法截然分开的，对马克思主义哲学中的每一个基本原理或观点，都要同时看做是一种基本方法并在认识和实践中加以运用。例如，"一切从实际出发"、"实事求是"既是辩证唯物主义的基本观点，同时也是辩证唯物主义重要的思想方法和工作方法，此外，如一般和个别相结合的方法、矛盾分析方法、具体问题具体分析方法、阶级分析方法、历史主义方法、领导和群众相结合的工作方法等，这些思想方法中的每一种都有相应的辩证唯物主义观点作为其坚实的理论基础。

对于青年学生来说，特别重要的是掌握科学的学习方法。学习方法得当，有助于提高学习效率，能取得较好的学习效果，从某种意义上讲，学会获取知识的方法比学到知识本身更为重要。学习活动是人类特殊的认识活动，也是特殊的实践活动，因此，学习方法实际上也就是思想方法和工作方法的特殊形态。科学的学习方法正是辩证思想方法在学习活动中的实际运用，这里仅举几种带有普遍意义的学习方法，如理论联系实际的方法、抓住重点带动一般的方法、从大量实例中概括出一般结论的方法、从复杂的现象中发现本质和规律的方法、注重知识的内在联系的方法等，经过实践证明都是有效的学习方法，都有唯物主义的和辩证法的理论依据，都是辩证思维方法在学习活动中的具体化。

同 步 练 习

I. 客观性试题

一、单项选择题(在每个小题列出的四个选项中，有一项是最符合题目要求的，请将正确选项填在答题纸的括号内)

1. 在认识的问题上，两条不同的认识路线是指( )。

A. 物质—精神—物质和精神—物质—精神

B. 从物到感觉、思想和从思想、感觉到物

C. 个别——一般——个别和一般—个别——一般

D. 实践—认识—实践和认识—实践—认识

2. 实践是认识的来源表明(　　)。

A. 只要参加实践活动就能获得正确认识

B. 一切认识都要直接参加实践活动才能获得

C. 一切认识归根到底都是从实践中获得的

D. 直接经验来自实践

3. 一个完整的认识过程需要经过两次飞跃才能完成。下列选项中属于第二次飞跃的是(　　)。

A. 调查研究，了解情况

B. 深入思考，形成理论

C. 精心安排，制订计划

D. 执行计划，付诸实践

4. 16 世纪末，伽利略通过在比萨斜塔所做的自由落体试验，推翻了亚里士多德关于物体的降落速度与物体的重量成正比的说法。这件事说明(　　)。

A. 感性认识只有上升到理性认识才能把握事物的本质

B. 实践是检验认识正确与否的唯一标准

C. 实践是认识发展的动力

D. 真理是对事物及其规律的正确反映

5. 一个认识的完整过程是(　　)。

A. 感性认识—理性认识—感性认识

B. 实践—认识—实践

C. 概念—判断—推理

D. 感觉—知觉—表象

6. 直接经验和间接经验的关系是(　　)。

A. 感性认识和理性认识的关系

B. 认识中"源"和"流"的关系

C. 认识的内容和形式的关系

D. 实践和理论的关系

7. 辩证唯物主义认识论首要的和基本的观点是(　　)。

A. 唯物主义的观点

B. 实践的观点

C. 矛盾的观点

D. 联系和发展的观点

8．感觉、知觉、表象是(　　)。

A．理性认识的三种形式

B．意识的三种形式

C．感性认识的三种形式

D．反映论的三种形式

9．两种根本对立的认识论是指(　　)。

A．可知论与不可知论

B．唯物辩证法与形而上学

C．唯物主义反映论与唯心主义先验论

D．能动的革命的反映论与直观的被动的反映论

10．"人的认识是主体对客体的反映。"这种观点属于(　　)。

A．辩证唯物主义认识论

B．客观唯心主义认识论

C．主观唯心主义认识论

D．一切唯物主义的认识论

11．感性认识和理性认识的区别在于(　　)。

A．感性认识包含错误，理性认识则完全正确

B．感性认识反映事物的现象，理性认识反映事物的本质

C．感性认识来源于社会实践，理性认识来源于抽象思维

D．感性认识产生于日常生活，理性认识产生于科学实验

12．马克思主义揭示了人类社会发展的客观规律，为无产阶级革命斗争指明了方向。这说明(　　)。

A．实践是认识发展的动力

B．实践是检验真理的唯一标准

C．科学理论对于实践有指导作用

D．科学理论对于实践有决定作用

二、**多项选择题**(在每个小题列出的五个选项中，有二至五项是符合题目要求的，请将正确选项填在答题纸的括号内)

13．下列选项中属于感性认识和理性认识区别的有(　　)。

A．感性认识反映事物的外部联系，理性认识反映事物的内部联系

B．感性认识反映事物的各个片面，理性认识反映事物的整体

C．感性认识反映事物的表面现象，理性认识反映事物的内在本质

D. 感性认识包含错误成分，理性认识则正确可靠

E. 感性认识具有直接性和形象性，理性认识具有间接性和抽象性

14. 辩证唯物主义认识论与旧唯物主义认识论的区别，表现在是否承认(　　)。

A. 认识是主体对客体的反映

B. 世界是可以认识的

C. 实践对认识的决定作用

D. 认识是摹写与创造的统一

E. 认识是一个辩证发展过程

15. 割裂感性认识和理性认识的辩证统一会导致(　　)。

A. 经验论

B. 唯理论

C. 庸俗唯物论

D. 经验主义

E. 教条主义

16. 认识的主体和客体之间的关系包括(　　)。

A. 改造与被改造的实践关系

B. 反映与被反映的认识关系

C. 满足与被满足的价值的关系

D. 相互作用的关系

E. 第二性与第一性的关系

17. 从理性认识到实践的飞跃是一次更为重要的飞跃，这是因为(　　)。

A. 实践是认识的来源

B. 实践是认识的目的

C. 实践是检验认识真理性的标准

D. 实践是认识发展的动力

E. 实践需要理论的指导

18. 下列选项中，正确表述感性认识和理性认识联系的有(　　)。

A. 理性认识依赖于感性认识

B. 感性认识有待于发展到理性认识

C. 理性认识是感性认识的总和

D. 理性认识比感性认识真实可靠

E. 感性认识和理性认识相互渗透

19. 下列表述中，符合马克思主义实践观的有( )。

A. 实践是人的纯精神理性活动

B. 实践是人的感性物质活动

C. 实践是人的社会历史性活动

D. 实践是人的自觉的能动性活动

E. 实践是人的消极适应环境的活动

20. 下列活动中属于基本的实践活动的有( )。

A. 工人在工厂织布

B. 农民在土地上种庄稼

C. 医生在医院里诊病

D. 运动员在赛场上比赛

E. 农民培育农作物新品种

21. 实践的观点是辩证唯物主义认识论的首要和基本的观点，主要是因为( )。

A. 实践是认识的来源

B. 实践是认识发展的动力

C. 实践是认识的实质

D. 实践是检验认识真理性的标准

E. 实践是认识的目的

22. 要坚持马克思主义认识论，必须划清的基本界限有( )。

A. 唯物主义反映论与唯心主义先验论的界限

B. 可知论与不可知论的界限

C. 能动的革命的反映论与直观的被动的反映论的界限

D. 辩证的决定论与机械的决定论的界限

E. 辩证唯物主义与庸俗进化论的界限

II. 主观性试题

23. 马克思主义认识论是怎样正确揭示出人的认识的本质的?

24. 简述实践和认识的相互关系。

25. 辩证唯物主义认识论和旧唯物主义认识论的共同点和区别是什么?

26. 简述感性认识和理性认识的辩证关系。

27. 试述人类认识发展的总规律及其意义。

28. 坚持辩证唯物主义认识论(即能动的革命的反映论)需要从理论上划清哪些界限?

真理和价值

认为我们的感觉是外部世界的映象；承认客观真理；坚持唯物主义认识论的观点，——这都是一回事。

——列宁

学习目的与要求 ✎

本章属于辩证唯物主义认识论部分，主要阐述辩证唯物主义的真理观。马克思主义哲学认为，真理是标志主观同客观相符合的哲学范畴，是人们对客观事物及其规律的正确反映。

学习这一章，要深刻理解真理的客观性，这是唯物主义和唯心主义在真理问题上的对立；深刻理解真理的绝对性和相对性，这是辩证法和形而上学在真理问题上的对立；掌握实践是检验认识真理性的唯一标准及实践标准的确定性和不确定性；理解真理和价值的关系，坚持真理原则和价值原则在实践基础上的辩证统一。

基本概念 ✎

真理、谬误、客观真理、绝对真理、相对真理、逻辑证明、实践标准的确定性与不确定性、价值、思想路线

重点问题 📄

1. 真理的含义及其客观性，客观真理与主观真理的对立
2. 真理与谬误的关系

3．绝对真理与相对真理的含义及其辩证关系

4．检验认识真理性的唯一标准

5．价值及真理和价值的统一

6．党的思想路线的内容及其与马克思主义认识论的一致性

　　认识的辩证发展过程，是通过实践而发现真理，又通过实践证实真理和发展真理的过程。人类认识世界、探索真理的目的是为了改造世界，满足人类生存和发展的需要，即实现客观事物对人的价值。因此，真理问题和价值问题是马克思主义哲学认识论的两个重要问题。认识的任务和目的，就在于不断排除谬误，获得真理，并在真理的指导下创造真、善、美及其统一的世界。这是人类全部理论活动和实践活动的最终目的，也是哲学探索的崇高使命。

第一节　真理的客观性

一、客观真理

　　什么是真理？真理是不是客观的？这是各派哲学长期争论不休的问题。马克思主义哲学从物质第一性、意识第二性的唯物主义基本前提出发，认为真理是标志主观同客观相符合的哲学范畴，是人们对客观事物及其规律的正确反映。在辩证唯物主义看来，人们认识的内容只能来自客观世界，因此任何真理都具有客观性，都是客观真理。列宁说："认为我们的感觉是外部世界的映象；承认客观真理；坚持唯物主义认识论的观点，──这都是一回事。"① 客观性是真理的根本属性。

　　真理的客观性可以从以下两方面来理解：

　　第一，真理的内容是客观的，就是说真理中包含着不依赖于任何主体的客观内容。真理属于认识论的范畴，作为人们对客观事物及其规律的正确反映，必定是一定主观形式和客观内容的统一。真理如果不具有一定的主观形式，那它就不成其为"反映"；真理如果不以客观事物及其规律为自己的内容，那它就不可能是正确的反映。客观事物及其规律是不以人的意志为转移的，因此真理的内容也是不以人的意志为转移的，是客观的。客观性是真理的本性，人的认识只有达到主观与客观的一致，符合于客观事物及其规律，才是真理。一切科学的理论、学说、定律和公式之所以是真理，就是因为它们包含着不以人的意

───────────────

① 《列宁选集》第2卷，第89-90页。

志为转移的客观内容。所以，不能把"真理是客观的"这个命题误解为真理就是客观事物本身。

第二，检验认识真理性的标准——社会实践是客观的。判断某一认识是不是真理，不是依靠主观上觉得如何而定，而是靠社会实践来检验。毛泽东说："真理只有一个，而究竟谁发现了真理，不依靠主观的夸张，而依靠客观的实践。只有千百万人民的革命实践，才是检验真理的尺度。"[①] 而实践是人们改造客观世界的物质性活动，其构成要素、活动过程及结果都是客观的，由实践标准所判定的真理无疑也是客观的。

坚持真理的客观性，就是坚持真理问题上的唯物论。同唯物主义相反，唯心主义从意识第一性、物质第二性的基本前提出发，否认真理的客观性，主张主观真理论。例如，俄国马赫主义者波格丹诺夫认为"真理是思想形式，是人类经验的组织形式"。这就把主观形式当做了真理的根本属性。实用主义者则主张"有用即真理"。美国实用主义的代表人物詹姆士说："你可以说'它是有用的，因为它是真的'，也可以说'它是真的，因为它是有用的'"。这种观点是错误的。真理是有用的，但有用的却并非都是真理。真理之为真理，并不是因为它有用，而是因为它正确反映了客观事物的本质和规律。如果以真理的有用性取代真理的客观性，每个人都以对自己是否有用为依据来判定认识是否为真理，那就会导致"公说公有理，婆说婆有理"，势必混淆真理和谬误的界限。谎言和骗术对于野心家、骗子固然都是有用的，但绝不是真理。

坚持真理的客观性，就是要承认真理的一元论。所谓真理的一元论，是坚持在同一时间、地点和条件下，对同一客观事物的真理性认识只有一个。人们对同一事物或同一过程的本质和规律的认识，可以从不同的认识角度得出不同的结论，在相互对立的结论中也可能包含有片面的真理性。但是真理是全面的，真正符合客观实际的真理性认识只能有一个，而不是多个真理，所以多元真理论是错误的。

真理的客观性决定了真理是没有阶级性的，就是说真理不以阶级、阶级立场为转移。真理既不因人而异，也不因阶级而异。不管任何个人、任何阶级，只要是正确地反映客观事物本质和规律的认识就是真理。例如，社会主义必然代替资本主义的论断是真理，就是因为它正确反映了人类社会发展的客观规律，而不是因为它符合无产阶级的意志和要求；当然，也不会因为资产阶级不赞成、不喜欢它，它就不是真理。这就是说真理本身是没有阶级性的。当然在阶级社会里，人们总是在一定的阶级地位中生活，人们认识事物的观点和方法总是要受阶级立场的制约，因而人们对真理的认识和运用，在不同程度上必然会受到阶级性的制约和影响。

---

① 《毛泽东选集》第 2 卷，人民出版社，1991 年版，第 663 页。全书凡引此书，不再列出出版社名及版本。

从真理的客观性出发，辩证唯物主义坚持在真理面前人人平等的原则。任何人都有追求真理的权利，也都有可能获得真理。究竟谁会发现真理，这并不取决于人们的阶级出身，也不取决于权位的高低，而取决于有没有老老实实的科学态度。只要尊重客观实际，实事求是，努力使自己的主观认识符合客观事物的规律，就有可能获得真理。任何人都必须尊重和服从真理，真理对任何人都"一视同仁"，无论是谁，不管他职位多高，权力多大，如果违背了真理，最终必定要受到惩罚；如果按真理办事，就会获得成功。因此，每个人都应该自觉地尊重和服从真理，尊重和服从真理实质上就是尊重和服从客观事物固有的规律性。

辩证唯物主义认为，客观真理是具体的。首先，真理是有条件的。认识的客体是具体的、有条件的，总是处于一定的时间、地点和条件之中，因此，任何真理必然同客观对象存在于其中的条件相联系，在此条件下所做的判断是正确的，在彼条件下就可能是错误的。例如，"水在 100℃沸腾"，这一判断在一个标准大气压下当然是正确的，但如果条件改变，超出一定的范围，这一判断就不具有真理性了。其次，真理是历史的。认识的客体处于永恒运动发展的过程中，由此决定了认识是主体对客体的永无止境的接近，作为认识成果的真理必然是一个历史发展过程。主体的认识只有与客体达到具体的历史的统一才能是真理。认识无论是落后还是超前于客观对象的实际情况及发展要求，都是违背了真理的要求。再次，真理是全面的。真理的全面性是由真理所反映的客观对象本身的整体性决定的。一切事物都是由多个方面、多种联系、多种属性构成的，是一个包含多种矛盾的统一整体。因此，作为正确反映客观对象的不同方面统一起来的完整认识的真理，也必然是全面的。一种认识如果只是反映了事物的个别方面，即使这种反映是正确的，对于事物的整体来说，也还不能称之为真理。如欧洲哲学史上，在如何理解认识的本质问题上的"经验论"和"唯理论"，他们虽然各有片面的真理性，但就对认识的本质的全面把握来说则是错误的。明确真理是具体的，对于我们认识真理，应用真理，发挥真理的作用具有重要的意义。它要求我们对待真理必须采取具体的、历史的、全面的科学态度，充分考虑客观对象的实际情况以及所处的具体时间、地点和条件，坚持普遍真理和具体实际相结合的原则，创造性地应用真理。

二、真理与谬误

真理的发展过程同时也是不断发现并排除谬误的过程。真理总是同谬误相比较而存在，相斗争而发展的，这是真理发展的规律。

在人类认识发展的长河中有真理，也一定会有谬误。所谓谬误就是主观认识与客观事物及其规律相违背，是对客观事物本来面目的歪曲反映。真理与谬误是对立的，就是说真理与谬误之间有着原则的区别，在特定的条件和范围内真理就是真理，谬误就是谬误，二者有着确定的界限。自然科学是真理，封建迷信则是谬误；辩证唯物主义是真理，唯心主义和形而上学则是谬误。真理和谬误性质相反，相互排斥，不能混淆，更不能颠倒。

谬误是真理发展过程中不可摆脱的对立面。在人们的认识过程中，出现错误是难免的，任何个人、阶级和社会集团都不例外。所谓"金无足赤，人无完人"，无论多么伟大的政治家、思想家、军事家或科学家都不能完全避免发生认识上和行动上的错误。任何时代的人都不可能只有正确的科学见解而无错误发生。后代人总是要纠正前代人留下的错误。通过实践探索世界奥秘，追求真理，这是人类的本性，而在探索和追求真理的过程中难免会发生一些错误。

人们在探索真理的过程中之所以会产生错误，主要是由以下原因造成的：

第一，认识过程的复杂性和曲折性。认识所面对的客观世界，存在着错综复杂的联系，并且处在不断的运动、变化和发展中。这就决定了主体对客观对象的认识是一个充满矛盾的复杂过程，是许多近似于圆圈的曲线。人们的认识由现象到本质，由不甚深刻的本质到更加深刻的本质，由片面到全面，由偶然到必然，在如此复杂的认识过程中，任何一个环节或片段上如果产生片面性、直线性、主观性，都会产生谬误。

第二，客观条件的限制。人们的认识能力总要受到一定社会历史条件、科学技术水平和实践水平的限制，从而也就限制着主体把握真理的能力。诚然，客观条件是可以改变的，但无论何时我们也不可能完全摆脱这种限制，这就使谬误难以完全避免。

第三，主观条件的限制，认识的主体是人，人们把握真理自然也要受自身的世界观、方法论、知识、经验和精神状态等的制约和影响，主观条件的欠缺，也可能使人们的认识带有一定的主观性和片面性，从而产生谬误。所以，从认识的总体看，错误是难免的。

当然，我们承认错误难免，绝不是姑息和纵容错误，任其泛滥，而是强调必须对错误采取正确的态度。对己，要时时警惕自己有可能犯错误，切不可以为自己一贯正确；对人，则应当允许别人犯错误，允许别人改正错误。尤其在科学创新研究过程中，出现错误或失误是难以避免的，甚至是必不可少的环节，不能把错误当做"辫子"抓住不放。要努力提高防止和克服错误的自觉性，及时发现错误、纠正错误。正如毛泽东所说："任何政党，任何个人，错误总是难免的，我们要求犯得少一点。犯了错误则要求改正，改正得越迅速，越彻底，越好。"①

① 《毛泽东选集》第4卷，第1480页。

真理和谬误既是对立的，又是统一的。二者的统一主要表现在以下几点：

首先，真理和谬误是相互依存的。真理和谬误这两个对立方面，同所有的矛盾双方一样，都不可能孤立存在，各以对方为自己存在的前提。没有谬误作比较，也就无所谓真理；同样，没有真理的存在，也就无所谓谬误，真理和谬误总是相比较而存在的。

其次，真理和谬误在一定条件下可以互相转化。恩格斯指出："真理和谬误，正如一切在两极对立中运动的逻辑范畴一样，只是在非常有限的领域内才具有绝对有效的意义……如果我们企图在这一领域之外把这种对立当做绝对有效的东西来应用，那我们就会完全遭到失败：对立的两极都向自己的对立面转化，真理变成谬误，谬误变成真理"。[①] 真理向谬误的转化主要表现为如下情形：

其一，真理都是具体的、历史的、有条件的，超出真理所适用的条件和范围，就会变成谬误。例如：波义耳定律在常温常压条件下对气体体积和所受压力之间关系的准确描述，因而是真理；但在超常温超常压条件下，它就不适合了。正如列宁所说："只要再多走一小步，看来是朝同一方向多走了一小步，真理就会变成错误。"[②]

其二，真理是全面的，它所包含的各个原理是相互联系、相互制约的。如果把其中某一方面、某一原理主观任意地抽取出来，割断同其他原理的内在联系，加以片面夸大，也会使真理变成谬误。如认识的能动性原理，如果脱离了物质第一性原理和反映论原理的前提，把它孤立起来，无限夸大，就会走向唯心主义，由真理变成谬误。

其三，真理是一个过程，真理性认识体现了主观与客观、认识与实践具体的历史的统一。如果人们的认识超越或落后于客观条件和特定的社会历史发展阶段，就会使真理变成谬误。

既然在一定条件下真理可以转化为谬误，那么，对于谬误向真理的转化也就不难理解了：第一，既然超出一定范围和条件，真理会变成谬误，那么只要原来的条件和范围得以恢复，谬误就会重新转化为真理。第二，错误往往是正确的先导，失败常常是成功之母。人们如果能够从失败中找出原因，从错误中总结经验教训，就能达到对事物的正确认识，获得真理。第三，在批判谬误中发现真理，在辩论或切磋中发现、丰富和完善真理，这也是谬误向真理转化的一种重要形式。有些总的来说是错误的理论，其中也会有某些可取的因素或者有值得加以研究的问题。即使敌对阶级和反动人物的荒谬理论，也要认真加以研究，要重视"反面教员"的作用，错误的理论往往可以从反面启发我们更加深刻地认识问题，加深和完善我们的真理性认识。

---

① 《马克思恩格斯选集》第 3 卷，第 431 页。
② 《列宁选集》第 4 卷，第 211 页。

自觉地掌握真理与谬误辩证关系的原理，对于我们的实践具有重要的指导意义。既然真理同谬误相比较而存在，相斗争而发展，那么，作为一个彻底的唯物主义者就要勇于同谬误做斗争，特别是在重大原则问题上一定要辨明是非，分清真假，坚持和捍卫真理，坚决同谬误做斗争。例如，我们正在进行的社会主义改革开放和现代化建设，是前无古人的伟大事业，必然会遇到十分复杂的情况，真理和谬误的斗争也将长期存在。这就要求我们提高识别谬误，维护真理的自觉性。人类认识发展的历史就是一部真理不断战胜谬误的历史，既然真理同谬误的斗争是十分复杂的，二者相互依存、相互渗透，并在一定条件下相互转化，那么，又必须善于同谬误做斗争。谬误产生的原因和条件往往十分复杂，一定要做具体分析。要通过积极的工作，创作条件，使谬误向真理转化，同谬误做斗争不能采取简单、粗暴的方法，无论谁都不能靠权势和地位强制别人服从。必须以实践为标准，进行说理斗争，即摆事实、讲道理，以理服人。只有旗帜鲜明而又方法得当，才能达到捍卫和发展真理，修正和清除谬误的目的。

第二节　真理的绝对性和相对性

一、绝对真理和相对真理

真理是客观的，又是发展的。人的认识所面对的客观世界是一个无限发展的过程，作为认识基础的社会实践也是一个由低级到高级的历史发展过程，人类在实践基础上的真理性认识也就不可能是僵化的、凝固的，它必然是一个越来越全面、越来越深刻的反映客体的发展过程。辩证唯物主义认为，客观真理是辩证发展的过程，既具有绝对性，又具有相对性，是绝对性和相对性的统一。这就是真理问题上的辩证法。

真理的绝对性又称绝对真理，是指人们在实践中获得的真理性认识所具有的无条件性和无限性。它包含两层含义：

其一，就真理内容的客观性而言，任何真理都包含有不依赖于人或人类的客观内容，在它所要求的条件和范围内永远不会被推翻，否则就不能称其为真理。这一点是无条件的、绝对的。任何真理都是对客观事物的本质和规律的正确反映，都同谬误有着本质的区别。从这个意义上说，承认真理的客观性也就承认了真理的绝对性。

其二，就真理的发展趋势来说，人类按其本性是能够认识无限发展的物质世界的，人类具有把握客观对象的普遍本质的能力，世界上没有不可认识或不可正确认识的事物。人类每获得一个真理，也就是向着无限发展着的物质世界接近一步。真理的这种发展趋势是无条件的、无限的，因而是绝对的。从这个意义上说，承认物质世界的可知性，承认人类能够获得对于无限发展着的物质世界的正确认识，也就承认了真理的绝对性。

真理的相对性又称相对真理，是指人们在实践中获得的真理性认识所具有的条件性、有限性。它也包含两层含义：

其一，从认识的广度看，物质世界是无限的，任何真理性认识都只是对无限发展着的物质世界的某一领域、某一过程的正确反映，并没有也不可能穷尽物质世界的一切领域和过程。人们在特定社会实践基础上所获得的具体真理总是有条件的、有限的，因而是相对的。世界上总还有许许多多领域的事物及其过程的本质和规律还没有被人认识到，这就是说真理还需要向更广大的方面扩展。承认真理还有待进一步扩展，也就承认了真理的相对性。

其二，从认识的深度看，任何真理性认识都只是对客观对象的一定程度、一定层次的正确反映，并没有也不可能穷尽客观对象的一切方面和所有本质。人类在特定历史条件下的认识和实践总是受时间、条件限制的，因此真理也是有限度的、近似的、相对的。客观对象总还有更深层次的本质和规律尚未被人正确认识，这就是说真理还需要向更深的层次发展。承认真理还有待于进一步深化，也就承认了真理的相对性。

真理的绝对性和相对性是同主体的认识能力的至上性和非至上性、无限性和有限性紧密相联的。一方面，人类的认识能力和思维能力是至上的、无限的，另一方面，人类的认识、思维又总是在有限的个人中实现的。这个矛盾只有在无限的前进过程中，在实际上是永无止境的人类世代更迭中才能得到解决。从这个意义上说，人的思维是至上的，同时又是非至上的，认识能力是无限的，同时又是有限的。按它的本性、使命、可能性和历史的最终目的来说，是至上的和无限的；按它个别认识的实现来说，又是非至上的和有限的。正是由于人的认识能力既是至上的、无限的，又是非至上的、有限的，那么，作为认识成果的真理也就必然地既是绝对的、无限的，又是相对的、有限的。

真理既具有绝对性，又具有相对性，是绝对性和相对性的辩证统一。关于真理绝对性和相对性的辩证统一关系，可以从以下三个方面来理解：

第一，真理的绝对性和相对性是相互联结、相互依存的。对于真理性认识来说既没有离开绝对性的相对性，也没有离开相对性的绝对性。人们所取得的任何真理都是对客观对象的正确反映，是对无限发展着的物质世界更深层次本质的接近，因而具有绝对性；从另一方面看，任何真理都是人们在具体实践基础上获得的，必然受特定社会历史条件的限制，都只是对客观世界某些领域或过程的一定程度的正确反映，因而又具有相对性。真理的绝对性和相对性并不是指两种不同的真理，而是指同一真理的不可缺少的两个方面、两重性质。

第二，真理的绝对性和相对性是相互渗透、相互包含的。在相对真理中渗透着真理的绝对性，包含着绝对真理的成分、颗粒，绝对真理寓于相对真理之中；在绝对真理中渗透着真理的相对性，包含着相对真理的性质，绝对真理通过相对真理表现出来。

第三，真理的绝对性和相对性还是辩证转化的。真理是一个过程，它永远处在由相对真理向绝对真理的转化和发展的过程中。人类获得的每一条真理都是有条件的、具体的、相对的，但是，人类在实践基础上不断突破各种条件的限制，获得对客观对象更全面、更深刻的正确认识。这样，每一条相对真理的获得，都给绝对真理增添新的成分、新的颗粒。无数相对真理之总和构成绝对真理。每一具体真理都是由相对真理向绝对真理转化过程中的一个环节。人类通过相对真理而积累起来的绝对真理的成分、颗粒越来越多，表明人类在不断地接近对无限发展着的物质世界全面、正确的认识。如果把绝对真理比作一条无限的"长河"，那么，相对真理就是这条长河中的"水滴"。毛泽东指出："马克思主义者承认，在绝对的总的宇宙发展过程中，各国具体过程的发展阶段上的具体过程的认识只具有相对的真理性。无数相对的真理之总和，就是绝对真理。"[①] 人类实践是不断发展的，人类认识不可能静止在一个水平上，人们总是要不断地有所发现，有所发明，有所创新，有所前进。因此，由无数相对真理汇集而成的绝对真理的"长河"，必定是川流不息、永无止境的发展过程。

形而上学真理观否认真理绝对性和相对性的辩证统一，把真理的绝对性和相对性割裂开来，认为要么只能有绝对真理，要么只能有相对真理，由此走向了真理问题上的绝对主义和相对主义。绝对主义真理观只承认真理的绝对性，否认真理的相对性，认为人们一下子就能够穷尽真理，真理一经形成就不再发展、永恒不变。这种观点势必把认识凝固化，把活生生的理论变成僵死的教条，堵塞真理发展的道路。在实际工作中，教条主义者和经验主义者都有这种绝对主义的典型表现。教条主义者脱离本国、本民族的具体情况，脱离时代的发展，只知背诵马克思主义的"本本"，到处照搬照抄，把马克思主义理论当做僵死不变的教条，结果既危害革命，又阻碍马克思主义的发展。经验主义者则把自己一时一地的经验绝对化，看不到经验的局限性、暂时性，面对新情况和新问题只知套用过去的老经验、老办法，这同样也是绝对主义的表现。

相对主义真理观片面夸大真理的相对性，否认真理的绝对性，认为相对真理就是不包含任何绝对性的认识，这样，就把真理的相对性变成了没有任何确定性客观内容，没有客

---

① 《毛泽东选集》第 1 卷，第 295 页。

观标准的东西。这种观点实质上是否认了客观真理的存在，把真理的相对性变成主观随意性，抹杀真理和谬误的原则界限，陷入唯心主义的不可知论或诡辩论。绝对主义和相对主义都是形而上学世界观的表现，作为对立的两极它们有时是会相互转化的。人们在某种封闭的环境中由于思想的孤陋寡闻和僵化单一，往往用绝对主义观点看待某种真理体系，把它看做是终极的绝对真理；而一旦环境发生了急剧变动，人们发现新的事实和原来的真理体系相矛盾，就有可能对所有真理体系都产生怀疑，这就由绝对主义滑向了相对主义。例如，对待马克思主义、毛泽东思想，"文化大革命"中曾把领袖所说的每一句话都看做是发展到"顶峰"的绝对真理，不容许说有半点的局限性；后来当看到领袖也有失误和错误，知道了并不存在达到"顶峰"的什么绝对真理，一些人就跳到了另一极端，转而认为真理没有绝对性，甚至以为根本就没有什么真理，没有什么可以信仰的真理体系，从而陷入了所谓"信仰危机"。这一事实说明，正确理解真理绝对性和相对性的辩证统一关系，对于我们的认识和实践具有多么重要的意义。

掌握真理绝对性和相对性的辩证统一关系原理，能够帮助我们树立正确对待马克思主义、毛泽东思想的科学态度。马克思主义、毛泽东思想同一切真理一样，也是相对性和绝对性的统一。马克思主义、毛泽东思想是经实践反复证明了的客观真理，是自然、社会和人类思维的一般本质及普遍规律的正确反映，从这个意义上说它具有绝对性，因此我们必须毫不动摇地坚持马克思主义、毛泽东思想。但是，马克思主义、毛泽东思想是发展着的理论，它并没有结束对一切客观事物的本质及规律的认识，它本身也是一个不断扩展深化、不断完善的过程，从这个意义上说它又具有相对性，因此，我们必须坚定不移地发展马克思主义、毛泽东思想。对待马克思主义、毛泽东思想的科学态度就是既要坚持，又要发展。坚持和发展相统一，在坚持中发展，在发展中坚持。

二、检验认识真理性的唯一标准

真理的检验标准是什么？这是认识论中一个十分重要的问题，也是哲学史上长期争论不休的问题。唯心主义否认客观真理，否认有检验真理的客观标准，力图从精神领域中寻找检验真理的标准。如中国明代哲学家王守仁主张以"良知"作为"自家标准"，"以吾心之是非为是非"。在西方哲学中，实用主义者主张以对我是否"有用"为标准，还有的主张以多数人的意见作为是非标准，认为凡是多数人赞同的就是真理。总之，唯心主义者的共同特点是用主观的、精神的标准来检验真理。

旧唯物主义虽然承认真理的客观性，并且在探讨真理标准问题上提出了一些有价值的思想，但由于他们看不到社会实践的地位和作用，不了解主体能动创造性活动的意义，因而他们认为检验真理的标准是客观事物本身。马克思主义哲学第一次科学地解决了真理的标准问题。马克思在《关于费尔巴哈的提纲》中明确地指出："人的思维是否具有客观的真理性，这不是一个理论的问题，而是一个实践的问题。人应该在实践中证明自己思维的真理性，即自己思维的现实性和力量，自己思维的此岸性。"①尔后，马克思主义的经典作家们都反复强调和进一步发挥这一基本观点，指出检验真理性的唯一标准只能是社会实践。

为什么只有实践才是检验认识真理性的标准呢？这是由真理的本性和实践的特点决定的。就真理的本性来说，真理是人们对客观事物的本质及规律的正确反映，是客观内容和主观形式的统一。所谓检验认识的真理性就是检验这种认识是否同客观实际相符合以及符合的程度。这个问题在纯主观的范围内是无法解决的，因为如果认识仅仅停留在主观范围内而不付诸实践，不同客观对象联系起来，那就根本无法证明自身是否包含有客观内容，是否同客观实际相符合。同样，客观对象本身也无法解决这个问题，因为独立于人的意识之外的客观对象没有这种能力，它不能主动地回答人的认识是否正确地反映了自身，因此客观对象本身也不是检验真理的标准。真理的本性决定了检验真理的标准必须是能够把主观和客观联系起来的活动，而唯一具有这种特性的只能是人们的社会实践。

就实践的本性来说，实践具有直接现实性的特点。列宁说："实践高于（理论的）认识，因为实践不仅具有普遍性的优点，并且具有直接的现实性的优点。"②所谓"直接现实性"，包含双重含义：其一是说实践本身是直接的现实存在，是直接的现实的感性物质活动；其二是说实践是主观见之于客观的活动，它能够把主观认识、思想理论转化为直接的现实，即通过实践活动能够把属于主观世界的认识或理论变为现实的客观结果。因此，实践及其造成的现实结果是检验认识是否具有客观真理性的唯一标准。人们只有通过实践才能把主观认识同实践的客观结果直接对照、进行比较，从而判定认识的真理性。一般来说，人们在一定思想理论指导下进行的实践活动，如果达到了预期的结果，那就证明这种认识是正确的；反之，则是错误的。

实践是检验真理的唯一标准，这是无条件的，确定不移的，因而具有确定性、绝对性；实践标准又是具体的、变化的，因而又具有不确定性、相对性。实践标准是确定性和不确定性、绝对性和相对性的辩证统一。

实践标准的确定性或绝对性包含两层含义。其一是说人类的一切认识是否具有真理性，毫无例外地都只能由实践来检验，实践标准具有唯一性，除此之外再无别的标准。其二是

①《马克思恩格斯选集》第 1 卷，第 55 页。
②《列宁全集》第 38 卷，人民出版社，1959 年版，第 230 页。

说无限发展的实践对各种认识的真理性最终都能作出检验，现在的实践还检验不了的，将来的实践终将会作出检验，这也是无条件的、绝对的。

实践标准的相对性也包含两层含义。其一，从实践对认识检验的广度看，由于实践总是在一定历史条件下的实践，都有其特定的局限性，它不能对当时所有认识的真理性作出全面的检验，它不可能完全证实或驳倒所有的认识或理论。许多科学理论开始是一种假说或预言，现时的实践既不能立即证实它，也不能立即证伪它。其二，从实践对认识检验的深度看，具体的实践不能对所有认识的真理性立即作出彻底的、最终的判定，因为具体的实践总是一定领域、一定水平的实践，都具有现实的片面性、局限性。真理是全面的，只有无限发展的社会实践的总和才是检验真理的标准。总之，真理是一个过程，实践检验真理也是一个过程。只有实践才是检验真理的唯一标准，这是无条件的、绝对的；而每一次对真理的实践检验又是有条件的、相对的。列宁指出："实践标准实质上决不能完全证实或驳倒人类的任何表象。这个标准也是这样的'不确定'，以便不让人的知识变成'绝对'，同时它又是这样的确定，以便同唯心主义和不可知论的一切变种进行无情的斗争。"[①]必须坚持实践标准的绝对性和相对性的辩证统一。如果仅看到实践标准的确定性和绝对性，而忽视它的不确定性和相对性，就会把真理僵化，阻碍真理的发展；如果仅看到实践标准的不确定性和相对性，而忽视它的确定性和绝对性，就会否定真理的客观标准，走向相对主义和不可知论。

辩证唯物主义认识论坚持实践是检验真理的唯一标准，同时并不否定逻辑论证在真理检验过程中的作用。逻辑论证是指从已知的前提出发，通过逻辑推理来论证另一判断正确与否的逻辑方法。逻辑论证在真理检验过程中具有重要作用。

第一，逻辑论证能够给实践经验提供理论指导。检验真理的实践往往是具体的、个别的，而被检验的认识或理论则具有抽象性、普遍性，这就需要借助逻辑论证把具有抽象性、普遍性的一般理论具体化为个别判断，或者把具体的实践结果由特殊的感性形态提升为普遍化的理论形态。如果没有逻辑思维的帮助，就不可能实现理论和实践的结合，也就无法对认识的真理性进行检验。

第二，逻辑论证是实践检验的先导。人们从实践中总结出来的理论以及由此提出的主张、计划、方案，是否正确，是否可行，都需要在实践中检验。但是，为了避免造成重大浪费和不必要的损失，人们往往不是首先付诸实践，而是首先进行逻辑论证，看它与已有的科学理论是否相一致，能否得到已有实践经验或科学知识的支持，是否具有可行性。如果逻辑论证中不能成立，证明是荒谬的、不可行的，那就不必强行实践，以免铸成大的失误。可见逻辑论证对于认识真理性的检验可以起到一定的辅助作用。

---

① 《列宁选集》第2卷，第103页。

第三，对于有些学科中的一些高度抽象的命题，如数学中的无穷量问题、哲学上的普遍性命题等，都是无法用实践直接检验的，不得不借助于逻辑推理来证明。总之，逻辑论证在检验真理过程中具有重要作用，它是探索真理、认识真理和论证真理的重要手段，是建立科学理论体系的重要途径。但是，逻辑论证只是实践检验的必要补充，并不是检验认识真理性的另一个标准。因为，逻辑论证所使用的前提是在实践中获得的，其正确与否只能由实践来检验；逻辑论证所遵循的逻辑规则离不开实践，逻辑规则是经过人类的亿万次重复实践而形成的实践规律在人的思维中的反映；逻辑论证所得出的结论是否正确，还必须回到实践中接受实践的最终检验，只有实践才能对认识的真理性作出最后的判定。试图用逻辑论证排斥或取代实践标准就会陷入唯心主义。

坚持实践是检验真理的唯一标准具有重大的理论意义和现实意义。实践是检验真理的唯一标准，这是马克思主义最基本的原理，是中国共产党的思想路线的重要内容。我国 1978 年开展的全国性的关于真理标准问题的大讨论，是建国以来思想理论战线一场规模宏大、影响深远的马克思主义教育和思想解放运动，它对于冲破长期以来"左"倾错误思想的束缚，把人们从多年盛行的教条主义和个人崇拜的精神枷锁中解放出来，拨乱反正，恢复党的实事求是的思想路线，实现全党工作中心的战略转移，具有极其重要的意义。今天，在全面建成小康社会的新形势下，我们党团结和带领全国各族人民为胜利完成历史赋予的重任而奋斗，必须坚持实践是检验真理的唯一标准。我们应在中国特色社会主义理论体系的指引下，一切从实际出发，坚持科学态度，大胆进行探索，使我们的思想和行动符合客观实际，更加符合社会主义初级阶段的国情和时代发展的要求。

第三节　真理和价值在实践中的辩证统一

为了满足人类生存和发展的需要，人们必须通过实践改造外部世界，创造出能够满足人类需要的事物。在这一过程中，不仅存在着主观符合客观的真理问题，而且存在着按照主体的需要和尺度，认识和改造客观世界的价值问题。

一、价值与价值评价

人们的实践活动总是受着真理尺度和价值尺度的制约。实践的真理尺度，是指人们在实践中所必须遵循的、反映了实践对象的客观规律和本质的真理。人们只有按照真理办事，才能在实践中取得成功。实践的价值尺度，是指人们在实践中所必须遵循的、以满足人们需要为内容的特定的实践目标。任何实践活动都是在真理尺度和价值尺度的共同制约下进行的，因此，任何成功的实践都必然是真理尺度和价值尺度的统一。

哲学上的"价值"是揭示外部客观世界对于满足人的需要的意义关系的范畴，是指具有特定属性的客体对于主体需要的意义。哲学上的价值概念具有最大的普遍性，是对各种特殊的价值现象的本质概括。如经济领域中某项活动是否具有效益；政治生活中某种政权组织形式是否体现了人民群众的意志，能否受到民众的支持；精神生活中某种信仰或信念是否能给人以精神支撑和精神引导；艺术领域中某件艺术作品是否能给人带来美的感受等，都是主体和客体之间价值关系的丰富多彩的表现形式。哲学的价值概念扬弃了上述各种价值关系中纷繁复杂的特殊内容和形式，概括了其中共同的、普遍的、本质的内容，即概括了其中所包含的外部客观世界的事物(客体)对于人(主体)的需要满足与否(意义)的关系。当客体能够满足主体需要时，客体对于主体就有价值，满足主体需要的程度越高价值就越大。

价值具有以下四个方面的特性：

第一，价值具有客观性。这是因为，价值关系的各个环节都是客观的。首先，人的需要具有客观性。不论是人的自然需要还是社会需要，物质需要还是精神需要，都是由人的实际生存状态决定的，因而在本质上都是客观的。其次，用来满足人的需要的对象也具有客观性。客体能否满足主体的需要并不是由人们的主观愿望决定的，而是由客体本身客观存在的性质、属性决定的。最后，满足人的需要的过程和结果也具有客观性。人的需要的满足是主客体之间相互作用的过程，主客体相互作用的结果形成后，就会对主体的需要构成意义关系。例如某种食物被食用后，对人的生存和生长是否有积极意义；人们身处的自然环境，是否能使人身心健康和愉悦等，都是客体在与主体相互作用中所构成的意义关系，都是客体存在的价值现象。

第二，价值具有主体性。价值的主体性是指价值本身的特点直接同主体的特点相联系、价值的特点表现或反映着主体性的内容。由于价值关系的形成是以主体的需要为主导因素的，因此客体对于主体的意义就会因主体及其需要的不同而不同。这样，主客体之间的价值关系就不是一种自然的现成关系，而是主体在实践基础上确立的、同客体之间的一种创造性关系。例如，药物对于健康人并没有直接的价值，而对于病人则具有直接的价值，这是价值具有主体性的突出表现。

第三，价值具有社会历史性。由于价值关系的主体具有社会性和历史性，因此人们的需要、实践以及需要被满足的形式都表现出了社会性和历史性，这就决定了价值的社会历史性的特点。例如，木材、煤炭、石油、核能、太阳能、潮汐发电等能源形态，对于人类的价值就是历史性发展着和变化着的，它们的价值的变化是由人类的社会历史发展决定的。因此，我们必须用社会的和历史的眼光考察价值现象。

第四，价值具有多维性。任何一个层次的主体都表现为一定的整体，由于其结构和规定性又是复杂的、立体的和全面的，因而每一主体的价值关系都具有多维性或全面性。例如，一块钻石相对于主体的不同需要来说，可以构成多维的价值关系，如审美的、经济的、科研的、使用的等。而在实践中，人们往往会由于特定条件下的特殊需要而实现它的某一种或几种价值，同时却要放弃它的其他价值。价值的多维性要求人们在创造或实现价值时，必须对某一价值物的价值作全面的考察，以决定取舍。

价值评价是一种关于价值现象的认识活动，其特点主要有以下三个方面：

首先，评价是以主客体的价值关系为认识对象的。评价性的认识和知识性的认识不同，知识性的认识的对象是客体，是以客体本身的状态为反映内容，以获得关于客体的"真"的认识为目的的；而评价性的认识则是以客体和主体之间的价值关系为反映内容，以获得关于客体对于主体的意义即"善"、"美"的认识为目的的。在日常生活和实际工作中，人们常常要对人或事进行评价，主要是说明这个人或事对于社会、对于人有什么积极或消极意义，从而决定对这个人或事应持何种态度。这种通过评价表明态度的认识活动，就是评价性认识活动。

其次，一般来说，评价结果与评价主体有直接联系，是依主体的特点而转移的。知识性的认识是人的主观反映客观的过程，在这一过程中主体的状态、需要和认识结果之间没有必然的联系，认识是不依主体的具体特点为转移的；而评价性的认识则不同，由于评价是对客体与主体之间的价值关系的认识，因而主体的客观存在状态，包括主体的需要、特点以及其他的规定性等，作为价值关系的构成要素也就必然会对评价结果产生直接的影响，使评价结果依主体的具体特点而转移。例如，对资本主义、社会主义的价值评价，对当代世界经济政治秩序的评价，不同的价值主体就不可能完全一致，甚至截然相反。

再次，评价结果的正确与否依赖于相关的知识性认识。评价是关于主客体之间价值关系的认识，是对客体对于主体需要的意义的判断。人们能否正确地作出这种判断，取决于人们所具有的相关知识性的认识，包括对客体的属性、本质和规律，也包括对主体的规定性、需要和发展规律等的认识。只有当人们对主体和客体都有了正确的知识性认识之后，人们才能依据这种认识作出关于主客体之间价值关系的正确评价。

价值评价的特点表明，评价并不是一种主观随意性的认识活动，而是具有客观性的认识活动。只有正确地反映了价值关系的评价才是正确的评价。实践是检验评估结果的标准。正如列宁所说："必须把人的全部实践——作为真理的标准，也作为事物同人所需要它的那一点联系的实际确定者——包括到事物的完整的'定义'中去。"① 一般说来，由于评价性的认识与知识性的认识一样，它们都是由人们指导实践改造客观世界的需要而产生的，都是为实践取得成功服务的。成功的实践表明知识性的认识是正确的，同时也表明评价性认识是正确的，表明评价正确地反映了客体对于主体的价值关系。

需要指出的是，在现实生活中由于价值评价的主体是具体的，可以是个人、群体或人类，而这些不同的主体在需要或要求方面往往存在着差异或矛盾，这就决定了不同主体对同一事物的价值评价也常常会产生差异或矛盾。比如，不同的阶级由于其阶级利益的差异或对立，势必会影响其对涉及阶级利益的政治、经济、文化方面事物的评价，从而导致评价结果的差异甚至完全对立。但是，这并不说明价值评价是"公说公有理，婆说婆有理"，纯粹是一种没有任何客观标准的评价。由于人民群众的要求和利益从根本上代表着人类整体的要求和利益，是与历史发展的基本要求和趋势相一致的，因此对于任何价值评价的主体而言，其价值评价的结果只有与人民、人类整体的要求或利益相一致，才是正确的价值评价。

价值评价在实践中起着激励、制约和导向作用。首先，价值评价作为人们对自身的客观需要和要求的主观反映，作为人们对价值现象的认识，是推动实践不断实现价值的精神驱动力量。其次，价值评价作为实践的主体尺度是实践活动发展的规范因素，它要求实践活动必须努力消除盲目性和随意性，必须服从于实践目标的实现，即服从于实践满足人们客观需要这一根本目的。最后，价值评价作为实践活动的目标是实践活动发展的导向因素，它制约着实践活动朝着更充分、更全面、可持续性地满足人们日益增长的物质和精神文化需要的方向发展。

价值观是人们关于价值本质的认识以及对人和事物的评价标准、评价原则和评价方法的观点的体系，它与世界观和人生观是一致的。价值观对人的行为起着规范和导向作用。价值观不同的人，行为的取向也会不同，甚至可能截然相反。即使从同一个真理性的认识出发，也可能引出不同的甚至相反的行为取向。例如具有同样化学知识的人，有的人可能为人类造福，有的人可能制造毒品危害人民。可见仅仅拥有科学并不能保证人们行为的价值取向的正确。马克思主义以绝大多数人的利益为评价是非、善恶、美丑的标准，归根结底是以社会的进步和人类的彻底解放为标准的。

正确的价值观是先进的社会集团或阶级在实践中形成的，反映了人民群众的要求，对历史发展和社会进步起着促进作用。社会主义的价值观体现在社会主义精神文明所倡导的为建设中国特色社会主义和实现共产主义而奋斗的社会政治理想、为人民服务的人生观、崇尚科学追求真理的科学观、集体主义的道德观、真善美相统一的积极健康的审美观等方面。

---

① 《列宁选集》第4卷，第419页。

在当前我国社会主义现代化建设条件下，建设社会主义核心价值体系是推动社会主义文化大发展、大繁荣，促进社会进步的重要工作。社会主义核心价值体系是社会主义意识形态的本质体现。加强社会主义核心价值体系建设，就是要巩固马克思主义的指导地位，坚持不懈地用马克思主义中国化最新成果教育人民，用中国特色社会主义共同理想凝聚力量，用以爱国主义为核心的民族精神和以改革创新为核心的时代精神鼓舞斗志，用社会主义荣辱观引领风尚，从而巩固人民群众团结奋斗的共同思想基础，推动中国特色社会主义建设事业的全面发展。树立社会主义价值观和建设社会主义核心价值体系，不仅对于我国社会主义事业的健康发展，而且对于当代大学生的健康成长具有重要的意义。

二、真理和价值的关系

在实践中，真理既是制约实践的客观尺度，又是实践追求的价值目标之一，即通过实践获取关于外部世界的科学认识；而价值则是实践追求的根本目标，同时又是制约实践的主体尺度，真理和价值在实践基础上是辩证统一的。

真理和价值在实践中的辩证统一关系，主要体现在以下几个方面：

首先，成功的实践必然是以真理和价值的辩证统一为前提的。任何成功的实践都必然是既遵循真理尺度，又符合价值尺度，并将二者有机地统一起来的结果。遵循真理尺度即我们通常所说的"按科学规律办事"，遵循价值尺度即我们通常所说的"满足人的需要"。无论何种实践，只有把"按科学规律办事"和"满足人的需要"相结合，才能达到目的，获得成功。

其次，价值的形成和实现以坚持真理为前提，而真理又必然是具有价值的。人们对实现价值的追求，构成了实践的动因，但价值的实现必须以对相关真理的正确把握为前提才能成功。这是因为实践中的价值目标作为一种预见性的评价认识，它的确立是以对主客体及其相互关系的真理性认识为依据的。没有这种真理性的认识，就不能形成正确的价值目标。而没有对相关真理的把握，也就不会有成功的实践。同时，任何真理都必然具有价值，这是因为真理能为实践提供科学的客体尺度和主体尺度，能为实践提供正确的价值目标。因此，一种认识只要是真理，就会或迟或早地显示出其对实践的指导作用，即显示出自身的价值。

最后，真理和价值在实践和认识活动中是相互制约、相互引导、相互促进的。真理和价值的相互制约表现在：一方面，价值的实现有赖于对真理的把握，真理的发展水平制约着价值实现的程度；另一方面，真理在实践中被验证的过程，则有赖于价值在实践中被实现的状况。价值的实现表明，在实践中所遵循的关于客观事物的本质和规律的认识是真理。

真理和价值的相互引导表现在：一方面，实现价值是人们追求真理的目的，满足人们需要的价值追求引导着人们去探索相关真理，所以认识活动的指向是受价值追求的指向规定的；另一方面，真理的不断发展也引导着人们进一步提出新的价值追求，人们在哪一个领域中获得的真理越多，人们就会在哪一个领域中提出更多的价值目标，因此真理的发展同时也影响了价值发展的方向和程度。真理和价值的相互促进表现在：一方面，真理的发展促进价值的实现，也就是说，真理的发展可以促进人们更深刻、更全面地理解其生活条件和发展方向，从而使人们的价值追求更合理，更符合人类自身发展的必然性；另一方面，价值的实现又推动着真理的发展。人们对价值的追求越自觉、越合理、越深入，也就表明人们对真理的把握越全面、越深刻，同时也就越能够激发起人们探索真理的热情。

　　坚持真理尺度和价值尺度的辩证统一，要求我们在实践中必须坚持和弘扬科学精神和人文精神。科学精神要求我们必须坚持以科学的实事求是精神去认识世界和改造世界。在认识和实践活动中，必须如实地、准确地按照客观事物的本来面目去揭示其本质和规律，把追求真实、反对虚假看做是进行科学认识和实践活动的基本品格；要求我们必须崇尚理性思维，以清醒的、严谨的、合乎逻辑的思想从事科学认识和理论创造，进一步指导实践活动。人文精神要求把人民的利益和人的发展看做是一切认识和实践活动的出发点，贯彻"以人为本"的原则，从人民群众的根本利益和发展要求出发，把美好的追求作为认识和实践活动的重要目标，坚持既崇尚理性，又调动情感、意志等非理性因素和精神体验，来展示和表现人的本质和人的追求；要求人们时刻以符合人民的利益和发展要求的价值标准，审视一切思想和行动的合理性。

　　弘扬科学精神和人文精神，对大学生具有重要意义。大学生正处于世界观和人格的形成与发展的时期，应当大力弘扬科学精神和人文精神，全面提高自身素质，成为对国家和社会有用的人才。

同步练习

Ⅰ. 客观性试题

　　一、单项选择题(在每个小题列出的四个选项中，有一项是最符合题目要求的，请将正确选项填在答题纸的括号内)

　　1. 真理与谬误的区别在于(　　)。

　　A. 真理是对外部世界的反映，谬误是主观自生的

B. 真理是对事物及其规律的正确反映，谬误是对事物及其规律的歪曲反映

C. 真理是绝对的，谬误是相对的

D. 真理是不变的，谬误是可变的

2. 在真理观上坚持唯物主义，就必须承认(　　)。

A. 真理具有客观性

B. 真理具有相对性

C. 真理具有全面性

D. 真理具有具体性

3. 在真理观上坚持辩证法，就必须承认(　　)。

A. 真理的内容是客观的，形式是主观的

B. 真理既是绝对的又是相对的

C. 真理既是正确的又包含错误因素

D. 真理既是普遍的又是具体的

4. 任何科学理论都不能穷尽真理，而只能在实践中不断开辟认识真理的道路。这说明
(　　)。

A. 真理具有绝对性

B. 真理具有相对性

C. 真理具有客观性

D. 真理具有全面性

5. "在真理面前人人平等"是因为(　　)。

A. 真理是绝对性和相对性的统一，真理是不断发展的

B. 真理是具体的，任何真理都有其适用的条件和范围

C. 真理就是客观规律，真理与人的阶级地位无关

D. 真理具有客观性，真理中包含着不依赖于人和人类的客观内容

6. 辩证法和形而上学在真理观上的对立表现在(　　)。

A. 前者认为真理是发展的，后者认为真理是不发展的

B. 前者认为真理中包含着错误，后者认为真理是绝对正确的

C. 前者认为真理来源于客观世界，后者认为真理来源于先验原则

D. 前者认为真理具有客观性，后者认为真理是纯粹主观的

7. 真理的客观性是指(　　)。

A. 真理是人类经验的组织形式

B. 真理的内容及其检验标准是客观的

C．真理的形式是客观的

D．真理对实践的指导作用是客观的

8．真理一元论就是对于一个确定的对象(　　)。

A．只能有一种认识

B．正确的认识只能一次获取

C．正确的认识只能有一个

D．用同一种方法获得认识

9．真理和谬误在一定条件下可以相互转化，是因为(　　)。

A．真理中包含着谬误的成分

B．谬误和真理没有绝对的界限

C．真理都是具体的

D．真理和谬误的区别是主观的

10．真理的相对性或相对真理之所以是相对的，是因为(　　)。

A．它是不完全可靠的真理

B．任何真理都有一定的限度和适用条件

C．它是已过时了的真理

D．任何真理都包含着一些不可避免的错误成分

11．绝对真理和相对真理是(　　)。

A．两种完全不同的真理

B．客观真理的两重属性

C．有着固定不变的界限

D．两种完全相同的真理

12．党的思想路线的核心是(　　)。

A．一切从实际出发

B．理论联系实际

C．实事求是

D．在实践中检验真理和发展真理

二、多项选择题(在每小题列出的五个选项中，有二至五个选项是符合题目要求的，请将正确选项填在答题纸的括号内)

13．真理具有客观性，真理的客观性是指(　　)。

A．真理是不依赖意识的客观实在

B．真理是不以人的意志为转移的客观规律

C. 真理中包含着不依赖于人和人类的客观内容

D. 真理的检验标准是客观社会实践

E. 真理是由语言文字表达出来的客观化精神

14. 尽管历史上罗马教廷把哥白尼的"日心说"当做"异端邪说"加以打击，毁掉哥白尼的书，监禁伽利略，但这既不能改变地球绕太阳运转的规律，也不能阻止人们接受"日心说"，这一事例说明( )。

A. 客观规律不以人的意志为转移

B. 人在客观规律面前无能为力

C. 客观规律起作用是无条件的

D. 真理中包含着不依赖人的客观内容

E. 真理终究会战胜谬误

15. 辩证唯物主义认识论认为，真理( )。

A. 具有主观性，因而称之为"主观真理"

B. 具有客观性，因而称之为"客观真理"

C. 具有绝对性，因为它是对客观事物的正确反映

D. 具有相对性，因为它有待于扩展和深化

E. 具有终极性，因而称之为"终极真理"

16. 绝对真理和相对真理的辩证统一表现在( )。

A. 相对真理中包含着绝对真理的颗粒

B. 绝对真理寓于相对真理之中

C. 无数相对真理的总和构成绝对真理

D. 相对真理是向绝对真理转化的

E. 真理是一个由相对真理走向绝对真理的过程

17. "有用的即真理"的错误在于( )。

A. 夸大了真理的绝对性

B. 属于实用主义真理观

C. 歪曲了真理的本性

D. 把真理性和有用性混用

E. 属于主观唯心主义真理观

18. 马克思主义作为人类的优秀认识成果，是( )。

A. 完备无缺的绝对真理

B. 颠扑不破的客观真理

C. 开辟了人类认识真理的道路

D. 相对真理与绝对真理的统一

E. 包罗各种知识的终极真理

19. 真理是( )。

A. 标志主观同客观相符合的哲学范畴

B. 人们对客观事物及其发展规律的正确反映

C. 相对性和绝对性的辩证统一

D. 同谬误相对立的正确认识

E. 体现认识与实践的具体的历史的统一的认识

20. 逻辑证明对实践检验有重要作用,( )。

A. 它可以证明实践无法直接检验的科学理论的正确性

B. 它是一种探索、论证真理的手段

C. 它是检验认识真理性的另一个标准

D. 它给实践检验以理论指导和依据

E. 它是实践检验的必要而有益的补充

21. 绝对真理和相对真理的关系是( )。

A. 绝对真理寓于相对真理之中

B. 二者相互包含、相互依赖

C. 任何相对真理都包含有绝对真理的颗粒

D. 无数相对真理之总和构成绝对真理

E. 真理永远处在由相对到绝对的转化过程中

22. 实践作为检验真理的唯一标准,是因为( )。

A. 真理是标志主观和客观相符合的范畴

B. 实践是沟通主观和客观的桥梁

C. 实践具有普遍性

D. 实践具有直接现实性

E. 实践具有不稳定性

Ⅱ. 主观性试题

23. 简述真理的含义及其客观性。

24. 真理和谬误的关系是什么?

25. 简述绝对真理和相对真理的辩证关系。

26. 为什么说实践是检验真理的唯一标准？

27. 简述实践作为检验真理标准的确定性和不确定性。

28. 当代大学生应树立什么样的价值观？

29. 试述马克思主义认识论和党的思想路线的关系，并说明坚持党的思想路线的重要意义。

 人类社会的本质和基本结构

不是人们的意识决定人们的存在，相反，是人们的社会存在决定人们的意识。

——马克思

学习目的与要求 ✍

本章开始阐述马克思主义哲学历史唯物主义的基本原理。历史唯物主义是关于人类社会发展的一般规律的科学，是唯物主义和辩证法相统一的科学的历史观。学习这一章，首先要明确历史观的基本问题是社会存在和社会意识的关系问题；深刻理解马克思关于"社会生活在本质上是实践的"科学论断，物质资料生产是人类社会最基本的实践活动；深刻理解社会物质生活条件即地理环境、人口因素和生产方式在社会发展中的作用；掌握社会的政治结构、社会的经济结构、社会的文化结构的基本内容，并在此基础上把握社会整体的基本结构。

基本概念 ✍

社会存在、社会意识、地理环境、人口因素、生产方式、生产力、生产关系、国家、社会心理、思想体系、社会经济结构、社会政治结构、社会意识结构

重点问题 📖

1. 唯物史观和唯心史观的根本对立
2. 社会存在和社会意识的辩证关系
3. 社会生活的实践本质
4. 地理环境和人口因素在社会发展中的重要作用
5. 生产方式在社会发展中的决定作用

6. 社会的经济结构的内容

7. 社会的政治结构及其核心

8. 社会的意识结构及社会意识的一般特点

第一节　历史观及其基本问题

一、两种根本对立的历史观

社会历史观是人们对社会历史的根本看法和根本观点。它是世界观的重要组成部分。社会存在和社会意识的关系问题是社会历史观的基本问题，它是哲学的基本问题在社会历史观中的表现。对社会存在和社会意识关系问题的不同回答，形成了两种根本对立的历史观，即唯物史观(历史唯物主义)和唯心史观(历史唯心主义)。

社会存在是指社会物质生活条件的总和，包括人类社会的物质因素、物质生活过程、社会生活所依赖的物质条件等。物质资料的生产方式是社会赖以存在和发展的基础，离开生产劳动，就没有物质生活资料，人就不能够生存，社会就不能存在和发展。地理环境和人口因素也是人类社会得以存在的必要前提，它们同生产方式一起构成社会物质生活条件。

社会意识是指社会的精神生活过程、精神因素和精神条件的总和，是对社会存在的反映，是由社会存在所决定、所派生的。社会意识包括人们的政治、法律、哲学、道德、艺术、宗教等一切意识要素、观念形态和精神过程。从本质看，任何意识都具有社会性，离开了社会就不可能有意识。

社会存在和社会意识的关系问题之所以是社会历史观的基本问题，是因为：

第一，社会存在和社会意识的关系问题是任何历史观都必须回答的、不可回避的问题。社会历史观要对社会历史形成总的观点和根本看法，而社会存在和社会意识是对各种社会现象的高度、深刻、全面而科学的概括，因而必须回答这一问题。事实上各种社会历史理论都这样那样地回答了这一问题。

第二，对社会存在和社会意识的关系问题的不同回答决定着社会历史观的性质，是划分历史唯物主义和历史唯心主义的唯一标准。主张社会存在决定社会意识的社会历史观属于唯物主义历史观，反之，主张社会意识决定社会存在的社会历史观属于唯心主义历史观。

第三，社会存在和社会意识的关系问题也是社会生活的基本问题，它关系到社会实践的成败以及确定什么样的人生观、价值观等问题。对社会历史领域其他一切问题的回答，都是以如何回答社会存在和社会意识的关系问题为基础的。

历史唯心主义主张社会意识决定社会存在。它包括历史观上的主观唯心主义和历史观上的客观唯心主义。历史观上的主观唯心主义表现为"唯意志论"，它把人的意识特别是英雄人物的思想动机、理性、意志等主观精神当做社会历史发展的根本原因，认为社会历史是按照英雄人物的意志与思想来构造和发展的。历史观上的客观唯心主义表现为"宿命论"，认为人类社会历史的发展以及人的命运、国家的兴亡等取决于天命、天理、天意、天道、神灵等虚构的、存在于人类社会之外的某种神秘的客观精神，这种神秘的客观精神授命或通过"上帝"、"诸神"、"天子"、"帝王将相"、"英雄豪杰"等创造历史。"君权神授"、"生死有命"、"富贵在天"等理论是典型的历史观上的客观唯心主义观点。

在马克思主义的历史唯物主义创立以前，在社会历史观上唯心主义长期占统治地位。列宁深刻地指出，马克思主义产生以前的一切历史理论有两个主要的缺点："第一，以往的历史理论至多是考察了人们历史活动的思想动机，而没有考究产生这些动机的原因，没有探索社会关系体系发展的客观规律性，没有把物质生产的发展程度看做是这种关系的根源；第二，以往的理论从来忽视居民群众的活动，只有历史唯物主义才第一次使我们能以自然科学的精确性去研究群众生活的社会条件以及这些条件的变更。"[①]

唯心史观在社会历史理论中长期居于统治地位，有着深刻的社会历史根源、阶级根源和认识论根源。毛泽东在《实践论》中的一段论述，十分精辟地概括了唯心史观长期独占统治地位的根源。他说："在很长的历史时期内，大家对于社会的历史只能限于片面的了解，这一方面是由于剥削阶级的偏见经常歪曲社会的历史，另一方面，则由于生产规模的狭小，限制了人们的眼界。人们能够对于社会历史的发展作全面地了解，把对于社会的认识变成了科学，这只是到了伴随巨大生产力——大工业而出现近代无产阶级的时候，这就是马克思主义的科学。"[②]

首先，社会历史根源。在资本主义大工业出现以前，由于受生产力水平的限制，各种社会现象的本质联系、社会历史发展的动力等还未能充分暴露；而狭小的生产规模又限制了人们的眼界，使人们不可能科学地阐明社会发展的一般规律，难以总结概括出不同国家社会发展过程中所具有的社会发展的普遍规律。这是唯心史观长期占统治地位的社会历史根源。

其次，阶级根源。剥削阶级在政治生活领域长期居于统治地位，垄断精神生产，决定了他们必然要夸大精神的作用，而贬低物质生产的意义。这是唯心史观长期占统治地位的阶级根源。历史唯心主义宣扬精神的决定作用，轻视人民群众的实践活动，否认社会生活发展变化的客观规律性，论证剥削制度的永恒性和合理性，都是适合剥削阶级利益需要的。

---

① 《列宁选集》第 2 卷，第 425 页。
② 《毛泽东选集》第 1 卷，第 260 页。

只要剥削阶级还未彻底被消灭，唯心史观就会被他们用做蒙蔽群众、维护其利益的工具。

再次，认识论根源。认识具有表面性、片面性，片面地夸大人的自觉活动的能动性，这是唯心史观长期占统治地位的认识论根源。社会历史过程最显著的特点是有人和人的主观意志的参与。在社会生活中，无论任何事情的发生，都不能不同人的自觉意图、目的以及人的活动有关。在认识社会问题时，如果只着眼于研究人的动机和主观意识的作用，而不去探究决定人的思想动机的社会历史的客观规律性，那就必然会夸大精神和个人的作用，在历史观上导致唯心主义。

唯物史观和剩余价值学说是马克思一生中的两大科学发现。它是主张社会存在决定社会意识的科学历史观，是关于人类社会的本质以及社会历史发展的普遍规律的科学。

唯物史观的创立有其社会历史条件、认识论根源和阶级根源。

第一，唯物史观创立的社会历史条件。生产力的大发展、生产的社会化、生产规模的扩大、经济因素决定作用明朗化等为唯物史观的创立提供了社会历史条件。资本主义工业和商业的发展，开拓了国内市场以至世界市场，使一切国家的生产和消费都日益成为世界性的。这样，就大大密切了人们之间的联系，扩大了人们的眼界，使得人们比较易于认识自己在生产中所处的地位，意识到处于相同地位的人们的共同经济利益，也使得人们有可能把各国、各民族的社会状况联系起来进行比较研究，发现各国社会现象中的重复性和常规性，使人们有可能发现隐藏在思想动机背后的物质动因，并从中找出一般的规律。

第二，唯物史观创立的认识论原因。在考察人们历史活动的思想动机时，进一步发现了产生这些动机的物质原因，探寻到了社会关系体系发展的客观规律性，看出物质生产发展程度是政治关系和思想关系的根源，从而主张社会存在决定社会意识，这是唯物史观创立的认识论根源。唯物史观不同于旧的历史观的地方在于，它没有停留在人们思想动机的面前，而是进一步探寻人的思想动机的根源，找出了人们思想动机背后的客观的物质动因。恩格斯说："如果要去探究那些隐藏在——自觉地或不自觉地，而且往往是不自觉地——历史人物的动机背后并且构成历史的真正的最后动力的动力，那么应当注意的，与其说是个别人物、即使是非常杰出的人物的动机，不如说是广大群众、使整个民族、以及在每一民族中间又使整个阶级行动起来的动机；而且也不是短暂的爆发和转瞬即逝的火光，而是持久的、引起伟大历史变迁的行动。"[①] 这个持久的、引起伟大历史变迁的行动的动机便是由物质生活资料的生产方式所制约的人们的经济利益。这样，历史理论便第一次被奠定在唯物主义的基础上。不是社会的思想生活、政治生活决定社会的物质生活，而是社会的物质生活决定社会的政治生活和思想生活；不是人们的社会意识决定人们的社会存在，而是人们的社会存在决定人们的社会意识。这就是唯物史观深入研究社会生活所得出的基本结论。

---

① 《马克思恩格斯选集》第4卷，第245页。

第三，唯物史观创立的阶级基础。唯物史观是无产阶级的历史观。与近代工业生产相联系，无产阶级已经产生并发展起来了。这个阶级丧失了一切生产资料，摆脱了私有者的偏见，它大公无私，具有彻底的革命性，因而也就有科学地认识客观社会规律的勇气，也有这种迫切的要求。随着资本主义社会内部政治和经济矛盾的加剧，无产阶级同资产阶级的斗争在欧洲最发达的国家中上升到了首要地位。在这种情况下，19 世纪三四十年代著名的三大工人运动显示出无产阶级以一支独立的力量登上了世界历史的舞台。马克思、恩格斯亲身参加了无产阶级的革命斗争，总结了历史和现实革命斗争的经验，进行了长期艰苦的理论研究，终于创立了唯物史观。

历史唯物主义的创立具有重大的理论和实践意义。

首先，历史唯物主义的创立实现了社会历史观的根本变革，宣告了唯心主义的彻底破产。唯物史观的产生，是社会历史观上的伟大革命变革。它结束了唯心主义对社会历史理论的长期独占统治，使得"人们过去对于历史和政治所持的极其混乱和武断的见解，为一种极其完整严密的科学理论所代替。"[①] 历史唯物主义的创立使唯物主义走进了社会历史领域，实现了唯物辩证的自然观和历史观的高度统一，克服了旧唯物主义的不彻底性，把唯心主义从它最后的避难所里赶了出去。

其次，历史唯物主义的创立为马克思主义政治经济学和科学社会主义奠定了理论基础，使社会主义从空想变为科学。历史唯物主义和剩余价值学说等揭示了资本主义必然灭亡、社会主义必然胜利的历史必然性和规律性。

再次，历史唯物主义的创立为社会生活和社会历史研究提供了科学的历史理论基础和方法论的指导。历史唯物主义和各门具体的社会科学是共性和个性的关系，它主张社会存在决定社会意识，要求人们进一步去研究思想动机、思想关系、政治关系等背后的、对之起决定作用的物质根源和客观规律，从而科学地去研究社会和历史。

当然，历史唯物主义的创立并不意味着唯心史观已经绝迹。马克思主义诞生以来，唯心史观虽然遭到了一次次的失败，但它并不甘心退出历史舞台，而是在不断改变形式和手法，继续同马克思主义的唯物史观相抗衡。因此，坚持历史唯物主义，批判历史唯心主义，将是一个长期的任务。

二、社会存在

社会存在由地理环境、人口因素和物质资料的生产方式所构成。

地理环境是人类社会存在和发展直接或间接地依赖的各种自然条件的总和。它包括与

---

① 《列宁选集》第 2 卷，第 443 页。

人类所处的地理位置相联系的各种自然条件，例如气候、土壤、矿藏、植物、动物、大气层、日月星辰等。人口因素主要是指与人的自然属性相关的诸因素，包括人口的数量、质量、结构、分布、密度、增长率等的总和。

地理环境和人口因素对人类社会的存在和发展具有重要作用。

第一，地理环境和人口因素是人类社会得以存在和发展的永久的、必要的条件，是物质资料生产和社会物质生活必需的和经常的条件之一，是人类生活、社会存在和发展的自然基础。"政治学家说：劳动是一切财富的源泉。其实劳动和自然一起才是一切财富的源泉，自然界为劳动提供材料，劳动把材料变成财富。"[①]　人口因素永远是人类社会存在和发展的经常的必要条件。社会的主体是人，有人才有社会。恩格斯说，人类"生产本身有两种：一方面是生活资料即食物、衣服、住房以及为此所需要的工具的生产；另一方面是人类自身的生产，即种的繁衍。"[②]　有人类自身的繁衍，社会才可能有物质生活资料的生产和再生产，才可能有对地理环境的利用、开拓和改造。

第二，地理环境和人口因素对社会发展具有影响作用。优越的地理环境和适度的人口因素对社会发展具有促进作用，不良的地理环境和不适度的人口因素对社会发展具有延缓、阻碍作用。地球表层自然资源的分布是不均衡的，这直接影响到生产中对资源利用的便利与否及国家财富的多寡，并对社会发展起着促进或阻碍作用。地理环境还能影响生产部门的分布和生产发展方向。不同的人口因素对社会发展所起的作用是不同的，同社会生产发展的要求相适应的人口因素——适当的人口数量和增长率、人口的高素质、合理的密度和分布、适当的寿命、人口良性迁移等——可以加速生产发展的速度，促进社会的发展；同社会生产发展的要求不相适应的人口因素可以延缓生产发展的速度，阻碍社会的发展。

但是，地理环境和人口因素不是社会发展的决定力量，地理环境决定论、人口决定论都是错误的。

首先，地理环境、人口因素不能决定社会的性质。世界上地理环境、人口因素大体相近的一些国家却有着根本不同的社会制度，而地理环境、人口因素差别很大的一些国家却有着相同的社会制度。认为一个国家文化的高低、经济的盛衰、实力的强弱、社会的发展完全受地理环境决定，是形而上学的自然决定论。

其次，地理环境和人口因素不能决定社会制度的更替，不是社会革命的根源。人类社会自进入文明时代以来已有几千年历史，相对地说地理环境的变化微乎其微，而社会制度已经相继发生了一次又一次的巨大变化，许多国家在一定历史时期人口因素变化不大，而社会制度却发生了变化。

①　《马克思恩格斯选集》第 3 卷，第 508 页。
②　《马克思恩格斯选集》第 4 卷，第 2 页。

再次，地理环境和人口因素反而要受社会因素的制约。地理环境、人口因素对社会发展的重要作用的发挥，要受社会生产力状况、社会制度、科学技术水平等因素的制约。对地理环境的利用要依赖于人类对自然界的利用、开拓和改造，随着生产力的发展，地理环境得到人类越来越充分的利用。人化世界决定着人口实际的繁衍，决定着人口的数量、质量、分布、结构等的变化，决定着人口因素在多高的社会生产水平上发挥作用。人类物质生活资料生产使地理环境、人口因素有机地结合起来并变为社会生产和社会存在中不可缺少的现实条件。

地理环境和人口因素作为社会物质生活的重要条件，对社会的总体发展动态地发挥着作用。20 世纪是有史以来人类物质文明发展最迅速的时期，也是生态环境恶化、自然资源破坏和人口膨胀最严重的时期。进入 21 世纪，人类必须合理利用自然资源，保持生态平衡，防止环境污染，实现人与自然的和谐。我国改革开放以来，经济迅速发展的同时面临很多问题。如生态环境、自然资源和经济社会发展的矛盾日益突出；人口总量继续增加，老龄化比重上升，就业和社会保障压力增大等。因此，合理利用自然资源，实现人与自然协调发展，正确地运用生态规律改造自然环境，调节和发展生产，是目前及长远要解决的重大课题之一。这对促进我国全面建设小康社会，开创中国特色社会主义事业新局面也具有重要的现实意义。

物质资料的生产方式是指社会生活所需的物质资料的谋得方式，是一定社会生产力和生产关系的统一。一切唯心主义的社会历史观，不论是如何的"言之有理"、"持之有据"，都忽视和抹杀了一个最重要的基本事实，这就是："我们首先应当确定一切人类生存的第一个前提也就是一切历史的第一个前提，这个前提就是：人们为了能够'创造历史'，必须能够生活。但是为了生活，首先就需要衣、食、住以及其他东西。因此第一个历史活动就是生产满足这些需要的资料，即生产物质生活本身。同时这也是人们仅仅为了能够生活就必须每日每时都要进行的(现在也和几千年前一样)一种历史活动，即一切历史的基本条件……任何历史观的第一件事情就是必须注意上述基本事实的全部意义和全部范围，并给予应有的重视。"[1] 物质资料的生产方式是社会发展的决定力量，这是因为：

第一，物质资料的生产方式决定着人类社会的产生与发展。人类社会是以共同的物质生产活动为基础的"人们交互作用的产物"。[2] 人类社会的存在已有数百万年的历史，人类文明在距今约 6000 年前出现。从采摘野果、集体狩猎到抟土制陶、制作使用青铜器是人类一个伟大转变的开始，铁器的广泛使用、蒸汽机的出现使人类社会发展骤然加速。每个新的、更高级的生产方式意味着人类历史上新的、更高级的阶段。

---

① 《马克思恩格斯选集》第 1 卷，第 32 页。
② 《马克思恩格斯选集》第 4 卷，第 320 页。

第二，物质资料的生产方式决定着人类社会的存续。物质生活资料的生产是维持人类生命存在的条件，是人类一切其他生产必要的基础。马克思曾将资本主义社会生产分为两大部类。在人类社会发展过程中，生产资料的生产有着不断加速的趋势，这对于社会物质生活资料的生产起到了巨大的推动促进作用。在物质资料的生产方式中，以什么方式生产，相当程度上是一种量变过程，唐代孟浩然在《过故人庄》中有："故人具鸡黍，邀我至田家。"的句子，封建社会一只雏鸡的育成，需要一年甚至一年以上的时间，而现代社会生产中，只需 6~8 周。

第三，物质资料的生产方式决定着社会制度的性质和面貌。生产力决定生产关系，经济基础决定上层建筑。有什么样的生产方式，就有什么样的社会制度。在物质资料的生产方式中，生产什么是一种质变过程。现代社会生产中，精神产品的生产已成为物质生活资料重要的组成部分。

三、社会意识

社会意识是同社会存在相对应的哲学范畴，是指社会生活的精神方面，它总括了人的一切意识要素和观念形态以及人类社会的全部精神现象及其过程。从社会意识与社会存在的关系看，社会意识的一般特点是：一方面，社会意识依赖于社会存在，是对社会存在的反映；另一方面，社会意识对社会存在又具有相对独立性。

唯物史观认为，社会意识依赖于社会存在，反映社会存在，不是人们的社会意识决定他们的社会存在，而是人们的社会存在决定他们的社会意识。社会意识的内容来源于社会存在；社会存在的变化发展决定着社会意识的变化发展；在阶级社会中反映阶级关系的社会意识具有阶级性。

社会意识在依赖于社会存在的同时，又有它自己独特的发展规律，具有相对独立性。社会意识的相对独立性是指，在社会存在决定社会意识的前提下，它反作用于社会存在，社会意识对社会存在的反作用不是消极的、简单的，而是一个能动的、复杂的过程，并且这种过程有着它自身独特的发展规律。

社会意识的相对独立性主要表现在以下四个方面：

第一，社会意识与社会存在的发展具有不完全同步性。其中主要表现为社会意识与经济发展水平之间具有不完全同步性。某些经济上落后的国家，在社会意识上却高于经济上先进的国家。这是因为社会意识反映经济的发展时还要受到经济以外的政治、文化等因素的制约，这说明社会意识的发展具有它的独立性和独特的规律。社会意识与社会存在的发展具有不完全同步性有两种情况：一种是社会意识落后于社会存在并阻碍其前进，另一种是社会意识预见到社会存在的未来趋势，推动和引导其发展。这两种情况在历史上都是大量存在的。

第二，社会意识发展具有历史继承性。每一历史时期的社会意识及其诸形态，都同以往历史所创造的社会意识有一定的继承关系。一定历史发展阶段上的社会意识，其内容或形式都有两个来源：在内容上，主要反映社会存在现实的水平，同时也保留着历史上形成的、反映过去社会存在状况的某些意识材料；在形式上，继承了以往既有的方式、方法和手段，同时又根据新的内容和条件对其加以改造、补充和发展，并增添某些新的具体形式。正因为社会意识具有历史继承性，它才有其历史，才形成各具特点的民族文化传统。

第三，社会意识的相对独立性最突出地表现为社会意识对社会存在具有能动的反作用。马克思指出："批判的武器当然不能代替武器的批判，物质力量只能用物质力量来摧毁；但是理论一经掌握群众，也会变成物质力量。"[①] 社会意识这种精神力量，一旦被群众所掌握，用以指导群众的实践，就能够转化为巨大的物质力量，从而作用于社会经济结构和政治结构，影响和制约社会发展。对社会意识的反作用可以从质和量两个方面加以分析：从质的方面看，社会意识对社会存在具有促进和阻碍两种不同性质的作用。当社会意识赖以产生并为之服务的经济形态总体上适合并促进生产力发展时，反映这种经济形态并为其服务的社会意识就是促进社会政治、经济发展的先进的社会意识；而反映不利于生产力发展的陈旧的经济形态的社会意识，则是阻碍社会发展的、落后的社会意识。从量的方面看，社会意识反作用于社会存在的程度深浅、范围大小、时间久暂是不同的。马克思说"思想根本不能实现什么东西。要想实现思想就要有使用实践力量的人。"因此，一种社会意识对社会作用的大小，主要取决于群众对它掌握的广度和深度。

第四，各种社会意识形式之间的相互影响和相互作用。哲学、道德、宗教、艺术、政治思想、法律思想、自然科学等反映社会存在，取决于实践，但每种社会意识都会受到其他社会意识的影响。

第二节　社会的基本结构

一、社会的经济结构

社会经济结构是指同生产力发展的一定阶段相适应的生产关系的总和。作为社会经济结构的生产关系，是以生产力为基础的。生产力即社会生产力，是人们解决社会同自然矛

---

① 《马克思恩格斯选集》第1卷，第9页。

盾的实际能力，是人类征服自然和改造自然使其适应社会需要的客观的物质力量。历史上每个时期的生产力既是前人实践活动所创造的客观结果，又是人们当前生产实践及其所决定的各种实践活动的物质基础，是使人类社会继续前进的出发点。

生产力是参与社会生产和再生产过程的一切物质的、技术的要素的总和。劳动对象、以生产工具为主的劳动资料和从事社会劳动实践的劳动者是构成生产力的三个实体性基本要素。

劳动对象是劳动过程中所能加工的一切对象。劳动对象分为两类：一类是未经人们加工的自然物，即人们在自然界中所得到的现成的物质资料；一类是经过人类加工的物体，即由人们自己活动所创造的、实际上已是劳动产品的物质资料。随着生产工具的改进，科学技术的进步，人类征服和改造自然的能力的增强，劳动对象的深度和广度必将得到更大的发展。

劳动资料是在劳动过程中用以改变或影响劳动对象的物质资料或物质条件，是人和劳动对象之间的媒介体。人通过劳动资料和自然界发生相互作用，按照人的目的，利用劳动资料的机械、物理、化学、生物等方面的性能在改变和影响劳动对象，从而生产出社会所需要的产品。由人所创造的劳动资料，又是人自身肢体的延长，借它之助可使自然物变成人的器官。

生产力因素中的劳动者，是指具有一定生产经验和劳动技能的、从事生产实践的人，即具有运用劳动资料作用于劳动对象的一定能力的人。劳动能力存在于活的人体之中，它包括直接体现在劳动中的人的生理和精神能力的总和。劳动对象和劳动资料，即生产资料，在没有劳动者活动的参与下，只不过是可能的生产力，只有活的劳动即劳动者，才能把它变为现实的、直接的生产力。

生产力构成中的三要素在生产力发展中的地位和作用是不同的。生产资料是生产力构成中的"物"的要素，生产工具是劳动资料中的主要内容，它是生产力发展水平的主要标志。"人"的要素虽然也包括在生产力广义的"物"的要素中，但人是具有特殊能动性的活物，是活的劳动。劳动资料特别是生产工具，无论在生产力中占有多么重要的地位，它们归根到底还是人的创造物，是劳动者进行劳动的结果。在广义的生产力系统中，科学技术在现代社会已成为第一生产力，它作为智能性要素渗透于实体性要素中发挥着巨大的作用。

先进生产力是一个相对的、历史的范畴，是对于落后的生产力而言的，在不同的历史时期有着不同的表现形式。先进生产力就是能体现时代发展特征、代表时代前进方向的社会生产力。在当代，先进生产力是集中体现现代科学技术发展水平并以此为标志的社会生产力。

生产是社会的生产，总是在一定的社会关系中进行的。生产关系是指在社会生产中人与人之间所必然结成的经济关系。马克思说："人们在生产中不仅仅同自然界发生关系。他们如果不以一定方式结合起来共同劳动和相互交换其活动，便不能进行生产。为了进行生产，人们便发生一定的联系和关系；只有在这些社会联系和社会关系的范围内，才会有他们对自然界的关系，才会有生产。"① 我们可以从以下三个方面来把握生产关系的内涵及其构成：生产资料的所有制关系；人们在生产中的地位和交换关系；产品分配关系以及由它所直接决定的消费关系。所以，生产关系就是人们在物质资料生产过程中所必然结成的经济关系。它是一个多层次的复杂经济结构，是内部诸环节或诸方面相互联系、相互制约的有机统一整体。

在生产关系的复杂体系中，生产资料的所有制是最基本的、决定的方面，是生产关系的基础。首先，生产资料所有制的关系是指生产资料和人的结合方式，其实质就是生产资料归谁所有、为谁支配的问题。这是任何历史时代人们的社会关系中最本质、最基本的关系。其次，生产资料所有制的性质，人和物结合的特殊方式和方法，是区分社会经济结构、经济形态的基本标志。再次，生产资料所有制的关系决定生产关系的其他环节或方面，生产关系的其他环节或方面实质上都是从这一基本关系中建立起来的。

生产关系诸环节或方面之间的关系是相互的，就是说，生产关系的其他环节、方面并不是消极被动的，它们对于生产资料所有制也起着重要的制约和影响作用。生产资料的所有制关系，需要通过生产过程中人与人的关系来维持和保证，又总要通过提高生产和再生产所必经的生产、交换、分配、消费这些环节的运转过程，实现和体现出来。否则，生产资料的所有制就成为落空的东西。人们不仅可以从生产资料所有制关系中看出生产关系的其他环节、方面的情况，而且也可以从生产关系的其他环节、方面中揭示出它们所体现、所反映的生产资料的所有制关系及其本质。

历史上的生产关系，以生产资料所有制的性质为标志可以区分为两种基本类型：以生产资料公有制为基础的生产关系和以生产资料私有制为基础的生产关系。每一类型的生产关系又具有多种类别和具体形式。

所谓社会的经济基础，是指同生产力发展的一定阶段相适应的、占统治地位的生产关系各方面的总和。经济基础与生产关系基本上指的是同一客观对象，相对于生产力来说，它是生产关系；相对于上层建筑来说，它是经济基础。但经济基础又不等于现实的一切生产关系，它是指一定社会占统治地位的生产关系。在现实社会中，往往不只有单一的一种生产关系，而是多种生产关系同时并存。例如封建社会，其中占统治地位的是地主阶级的封建土地所有制，与此并存的有奴隶制的残余，后期有资本主义生产关系的萌芽，还有为几个社会共有的个体所有制的生产关系。那么，社会的经济基础到底是什么？应当是该社

---

① 《马克思恩格斯选集》第1卷，第362页。

会占统治地位的生产关系。

首先，只有占统治地位的生产关系而不是任何别的某种生产关系，才直接决定该社会的上层建筑特别是政治上层建筑的性质。资本主义国家之所以是资产阶级专政的国家，当然不是由小生产个体所有制来决定，而是由资本主义生产关系即资本家所有制决定的。社会主义国家之所以是无产阶级专政的国家，也只能由社会主义性质的生产关系所决定。

其次，经济基础是区别社会形态的一个标志。从经济上区分不同的社会形态，不能以几个社会中共有的东西为标志。把奴隶社会、封建社会、资本主义社会、社会主义社会区别开来的是该社会占统治地位的生产关系，而不是共存于这些社会的小生产个体所有制。从历史上看，一种生产关系往往可以在三种社会形态中分别以萌芽状态、统治状态和残余状态而存在，只有把占统治地位的生产关系看成该社会的经济基础，才能把不同的社会形态从质上区别开来。

生产力与生产关系构成社会的经济结构。社会的经济结构是属于物质关系的概念，它是指社会生活中不以人们的意志、意识为转移的客观的关系，其中包括人同自然的关系(生产力)，也包括在生产过程中发生的人们之间的经济关系(生产关系)。经济结构与经济制度是两个不同的概念。经济制度是生产关系的总和，它不包括生产力；而经济结构有着包含生产力在内的丰富内涵。

掌握社会的经济结构这一概念有着十分重要的意义。分析某一社会的经济状态，主要看其生产力的性质和水平。因为生产力的性质和水平在经济结构中有着重要的作用，生产力的性质和水平越高，人们改造自然、征服自然的能力就越强，人们从自然中获得的物质成果就越多。判断目前我国正处于社会主义初级阶段，主要的依据就是经济结构中的生产力状况，生产力低水平，多层次，不平衡，这是它的突出特点，当然也有社会主义生产关系不完善的因素。社会的经济结构决定着社会的性质、面貌。生产力决定着生产关系，生产关系决定着社会的经济制度，生产力和生产关系共同决定着社会的经济体制。经济体制是社会经济制度的具体表现形式，包括具体的组织形式、管理形式等。经济体制直接决定着人们的精神生活、价值取向、行为规范等社会表层的东西。我国当前的社会主义市场经济体制就是由社会主义初级阶段的生产力状况和生产关系的特点决定的。市场经济条件下人们的一切精神活动也只能在社会的经济结构中得到说明。

二、社会的政治结构

在阶级社会和阶级斗争存在的社会里，经济上占统治地位的阶级，在一定观点或思想体系指导下，建立起一定的政治法律制度，建立起军队、警察、法庭、监狱、政府部门、党派等国家机器和政府组织，这就是上层建筑的制度和设施部分，一般称为政治上层建筑。

社会的政治上层建筑构成社会的政治结构。

政治制度集中体现着整个政治上层建筑的性质，集中代表着统治阶级的政治利益和政治目的，集中反映统治阶级的意志。政治制度还以强大的实体性设施，如军队、政府、政党等作为"物质"后盾。在阶级社会里，统治阶级为维护自己的统治，总是建立和健全尽可能完善的国家政治制度。

法律制度及设施实质上是经济制度的法律化，它直接维护和服务于社会经济制度，它对于经济基础服务的特点是高度的规范性和强制性，以警察、法庭、监狱等一整套强权设施作为"物质力量"，竭力把整个社会置于统治阶级所要求的社会秩序内。在我国实施依法治国的方略，就要建立健全与社会主义市场经济体制发展相适应的法律体系，做到"有法可依，有法必依，执法必严，违法必究"，用法律制度真正为社会主义制度服务，为社会主义现代化建设服务。

在庞大的上层建筑体系中，政治居于主导地位，国家政权是核心。政治之所以居于主导地位，是因为政治是经济的集中体现，最直接、最集中地反映着经济基础的要求，同时给上层建筑的其他部分以强烈的甚至是决定性的影响。国家政权之所以是核心，是因为国家政权代表着统治阶级的利益，谁掌握了政权，谁就能够代表着统治阶级的利益，谁掌握了政权，谁就能够依靠国家暴力的、非暴力的、政治的、经济的种种手段，推行自己的主张和观念。

在我国建设中国特色社会主义，必须坚持四项基本原则，而坚持四项基本原则的核心是坚持党的领导。在新的历史条件下，要用"三个代表"重要思想建设党，把党建设成为能够经受得住各种风浪考验的政党，建设成为能够肩负起领导中国人民实现社会主义现代化目标的政党。

国家是随着阶级的产生而出现的，它是一个历史的范畴。

在原始社会，生产力水平极其低下，没有利用生产资料剥削人的可能性。社会秩序的维持主要是依靠习惯和传统的力量，依靠氏族首领所享有的威信。随着生产力的发展，原始公有制为私有制所代替，出现了剥削，出现了阶级，原始社会也就解体了，而进入了第一个阶级对立的社会——奴隶社会。这时，社会已经分裂，陷入了自身不可解决的矛盾之中。奴隶主阶级和奴隶阶级之间存在着根本的利害冲突，奴隶主阶级的极端野蛮残酷的剥削和压迫必然激起奴隶们的强烈反抗，而且奴隶主是少数人，奴隶和其他劳动者占人口的绝大多数。在这种情况下，经济上占统治地位的奴隶主阶级为了维护他们对奴隶的压迫和剥削，保证自己和社会不至于在斗争中被消灭，就要凭借自己强大的经济力量，建立一种有组织的特别的暴力工具，使自己在政治上也占统治地位，这种有组织的特别的暴力工具就是国家。这种国家组织和原来的氏族组织有着根本的不同，不同之处在于：第一，国家是按地域来划分它的国民，而氏族组织是按血缘关系来划分的；第二，国家设立了特殊的社会权力机关即特别的武装队伍和各种强制机关，又为维护这种权力机关而向居民征收赋税，并且由它的官吏掌握着公共权力和征税权，他们作为社会机关而凌驾于社会之上，而氏族组织则没有这种权力机关和公共权力。

可见，国家尽管表面上是凌驾于社会之上的力量，却并不是从外部强加于社会的力量，而是社会自身发展的产物，是在社会产生了阶级以后，且阶级矛盾尖锐化后的产物。恩格斯曾经详细地叙述了国家的起源。列宁发展了恩格斯的思想，指出："国家是阶级矛盾不可调和的产物和表现。在经济矛盾客观上达到不能调和的地方、时候和程度，便产生国家。反过来说，国家的存在表明阶级矛盾的不可调和。"[①] 这是对国家起源和实质的科学的说明。

国家类型是以国家的阶级本质作为划分依据的。通过考察社会各阶级地位，即"国体"来区分国家的不同类型。国家形式是关于国家政权的构成形式或政权组织形式的问题，即"政体"的问题。在关于国家的问题中，明确国体和政体及其相互关系，对于进一步认识国家的本质，批判资产阶级的国家观具有十分重要的意义。

国体即国家性质，是指社会各阶级在国家中的地位。具体来说，就是国家政权掌握在哪个阶级手里，哪一个阶级是统治阶级，这个阶级又联合哪一个阶级去反对和镇压哪些阶级。这是规定国家类型的根本标志。人类历史上曾经出现过的国家，尽管形式多样，但我们可以根据国体把国家划分为四种基本类型：奴隶主阶段专政的国家、封建地主阶级专政的国家、资产阶级专政的国家和无产阶级专政的国家。前三种类型的国家都是剥削阶级占统治地位的国家，而后一种则是无产阶级领导的广大劳动人民的国家。

政体是指政权的构成形式，即一定社会的统治阶级采取何种形式来组织那些反对敌人保护自己的政权机关。在人类阶级社会发展的历史过程中，不仅有过不同类型的国家，而且有过多种多样的国家组织形式。同一类型的国家也往往采用不同的国家组织形式。奴隶制国家曾采用过君主政体和共和政体。封建国家一般都采用君主专制的形式，也采用过君主立宪制形式。近代和现代资产阶级国家大多采用立宪、行政、司法三权分立的议会民主共和制，有的也沿用君主立宪制。在帝国主义时代还出现过法西斯专政这种最反动的形式。无产阶级专政的国家也有过并还会出现多种多样的政权组织形式。

国体与政体相互区别又相互联系。首先，国体决定政体。国家政权掌握在哪个阶级手中，哪个阶级必然会根据时代的变化，建立相应的政权形式。其次，政体服务于并影响着国体。政权的不同组织形式总归是为了适应统治阶级的利益而建立的。政权的构成形式如何也直接影响到国体的巩固与否。在对国体和政体关系的理解中，必须反对和批判混淆国体与政体之间界限的错误观点。一些资产阶级思想家总是力图掩盖国家的阶级实质，提出

---

① 《列宁选集》第 3 卷，第 175 页。

"自由国家"、"民主国家"，竭力美化资产阶级的民主共和制，把它说成是"超阶级的"，代表全体国民的"自由、民主"的国家。实际上，资产阶级的国家并不是代表全民利益的国家，只不过是阶级统治的另外一种形式，资产阶级的民主选举，也不过是"每隔几年决定一次究竟由统治阶级中的什么人在议会里镇压人民、压迫人民——这就是资产阶级议会制的真正本质。"①

三、社会的文化结构

广义的文化是指人类创造的一切物质产品和精神产品的总和。文化具有极其广泛的内容，有着各种各样的形式，一般来说，可以把文化分为物质文化、行为文化(制度文化)和精神文化三种类型。狭义的文化是作为观念形态的，与经济、政治并列，有关人类社会生活的思想理论、道德风尚、文学艺术、教育和科学等精神方面的内容。文化不是先天遗传的本能，而是后天习得的经验和知识；不是自然存在物，而是经过人类有意无意加工制造出来的东西，是由物质、精神、语言和符号规范及社会组织等要素构成的有机整体。我们这里主要论述的是观念形态的文化。

作为观念形态的文化的社会功能，是指文化在社会存在和人的发展中的作用。当然，文化的社会功能并不都是积极的，比如传统文化就具有积极和消极两重性。但从整个人类的发展过程看，没有文化就不会有人类社会由低级向高级的发展。从这个意义上说，文化也是人类社会的重要推动力。文化的社会功能主要表现在以下四个方面：

第一，信息功能。文化的信息功能，是指文化实施着传递社会经验从而维持社会历史连续性的功能。文化不仅充当人类社会历史经验的记事本和储藏室，而且可以对它们进行复制和交流，使社会信息的传递突破时间和空间的限制，越出个人直接经验的范围，把社会的过去、现在和将来，把直接的经验和间接的经验都联结在一起。文化的这一信息功能，使社会经验一代又一代地传递，从而使人类历史的发展呈现出连续性的特点。

第二，教化、培育功能。文化的教化、培育功能，即文化具有造就人、塑造人的功能。文化的重要意义，就在于通过知识体系、行为方式等规范人的行为，使人有效地适应社会环境和人际关系，成为社会的人。社会的文化发展造就着一代又一代人，每一代人都继承着人类历史创造的成果，并在继承历史的基础上，以自己的实践和认识，创造和丰富着文化的新形式。

第三，推动社会发展的动力功能。所谓文化的动力功能，是指文化作为一种社会的存在，它对社会的发展有重大推动作用。在人类历史发展中，文化特别是它的活动模式的每

---

① 《列宁选集》第3卷，第209页。

一次重大更新或优化，都在改变人类满足需要的同时带来新的更高级的需要；这种新的更高级的需要，又促使人们创造新的满足需要的手段。人类社会就是在"基本需要(初级需要)——文化活动模式——新的更高级的需要——新的文化活动"模式的不断循环中进步和发展的。

第四，认识功能。文化的认识功能，是指文化现象对人类认识的制约和规范。人的认识是在实践的基础上，主体通过必要的中介系统对客体的观念把握的过程，而文化则以其特有的方式渗透于认识主体、中介系统和认识客体中。同时，文化又是一种传统，它作为各民族的既得的思维传统，以一种潜在的惯性力量制约着人的思维过程，形成该民族特定的认识背景以及信息的选择、加工和理解系统，形成该民族特定的理解力、思维方式和行为方式。

社会意识有其复杂的结构。从社会意识发展水平的高低层次来看，社会意识可分为社会心理和社会意识形式(思想体系)；从社会意识主体的不同来看，社会意识可以分为个体意识(个人意识)和群体意识；从社会意识能否反映并服务于社会的经济基础来看，社会意识诸形式又可分为意识形态和非意识形态。

社会心理是社会意识的低级层次，它是人们在日常生活和交往中自发形成的、不定型、不系统的社会意识，表现在人们的情感、情绪、愿望、要求、风俗、习惯、时尚、传统、自发倾向和社会风气等之中。社会意识形式是社会意识的高级层次，它以相对稳定的形式反映社会存在，具有系统化和抽象化的特征。社会意识形式包括政治思想、法律思想、道德、宗教、艺术、哲学等。

个体意识是社会成员的个人意识，它是个人独特的社会经历和社会地位在自己头脑中的反映。个人意识具有多样性、独特性和丰富性。群体意识是人类群体的社会地位、社会经历及其共同利益和与整个社会生活的关系在该群体成员中的反映，包括家庭意识、团体意识、阶级意识、民族意识、人类意识等。

在社会意识形式中，反映社会经济基础、属于上层建筑的部分就是意识形态，在阶级社会里，它有阶级性。它包括政治思想、法律思想、道德、宗教、艺术、哲学和大部分社会科学。在社会意识形式中，不反映社会经济基础、不属于上层建筑的部分就是非意识形态，它主要反映自然现象和不属于经济基础的现象。它没有阶级性，可一视同仁地为各个阶级服务。它主要是指自然科学，同时也包括语言学、逻辑学等。

社会意识形态表现为多种不同形式，形成一个完整的社会意识形态体系。

第一，艺术。艺术是通过塑造具体生动、感人典型的艺术形象来反映社会生活的意识形式，它区别于其他意识形式的特点是依靠形象(色、声、形、情等静态和动态的形象)的美来表现人们对社会生活的理解、情感、愿望和意志，按照审美的规律来把握和再现生动的社会生活，并用美的感染力具体地影响和作用于社会生活。真正的艺术，不仅有优美的形式，还有深刻的思想内容。莎士比亚、歌德、托尔斯泰、高尔基、曹雪芹和鲁迅等，他们的不朽的文学作品，都饱含着社会和人生的哲理；他们本人不仅是伟大的文学家，也是伟大的思想家。黑格尔曾说过，艺术是多民族最早的教师。艺术能给人以美的感染和享受，能以激情扣人心弦。艺术是一种强有力的宣传工具，能起到潜移默化的作用，政治、法律、道德、科学和哲学等思想观点，往往通过艺术形式而广为传播。

第二，道德。道德是调整人们之间以及个人和社会之间关系的行为规范的总和，它包括伦理思想和在伦理思想指导下人的行为所体现的感情、风格、情操等。道德和法律不同，它是一种依靠社会舆论、习惯、传统、教育和人的内在良心综合起作用的精神力量。道德作为意识形态的一种形式，也是特定经济基础的反映。但这种反映不是直接地反映人们的现实行为，而是要超越这种直接存在而进入到可能世界，把人们的现实行为置于理想的行为标准之下予以评价，从而达到规范人们行为关系的目的。人们常用善与恶、正义与非正义、公正与偏私、诚实与虚伪、高尚与卑劣等来评价人们的行为是否合乎道德。道德在社会生活中起作用的范围要比法律广泛和具体，不便于用法律调整的社会关系常常要依靠道德来调整。在阶级社会中道德既具有社会性、历史继承性，又具有阶级性。

第三，政治思想和法律思想。政治思想是人们关于社会政治制度、政治经济生活、政党、国家、民族、社会集团及其相互关系的观点、理论的总和。法律思想是人们关于法的关系、规范和设施的观点和理论的总和。政治思想和法律思想的联系极其密切，广义的政治思想就包含着法律思想。政治和法律是社会经济结构最直接、最集中的体现，因此政治思想和法律思想也是最直接、最集中地反映经济结构的意识形态。由于这种直接性，它对其他意识形态具有重大影响，在阶级社会里，它是经济基础同其他意识形态之间相互作用的中介。这一点决定了它们在诸意识形态中居于核心地位。社会意识形态的各种形式都会在不同程度上受到政治思想的影响。

第四，宗教。宗教是最早产生的社会意识之一。宗教是统治人们的自然力量和社会力量在人们头脑中虚幻的、颠倒的反映，是由对超自然的实体即神灵的信仰和崇拜来支配人们命运的一种意识形态。宗教的一般构成要素有信仰、宗教仪式和生活规则，如吟诵经咒、祈祷、斋戒、膜拜偶像等，这些同宗教组织、设施和专门的神职人员等结合起来，形成一种强大的精神力量和社会势力。宗教的推行，一方面通过思想的传播，另一方面也依靠某些有组织的强制或半强制手段。在阶级社会中，宗教产生和存在的主要根源是阶级剥削和压迫。统治阶级总是利用宗教作为巩固自己政治统治的精神武器，而宗教也随着社会制度的变化而变化。宗教的内容和功能与道德密切相关，宗教的许多内容和戒律同时就是道德规范。宗教常常是通过设想一个与充满着罪恶的尘世不同的理想天国，用关于来世的幸福来引导人们在现世忍受灾难，遵循有助于维护现世秩序的道德规范。宗教具有社会历史性，宗教有净化人的心灵和提高社会道德水平的正面作用，我国宪法规定公民有宗教信仰自由。

第五，哲学。哲学是理论化、系统化的世界观，同其他意识形式比较起来，哲学更概括、更完整地表明人们对自然、社会和人生本质的总体性和终极性理解。哲学是最抽象的、理论化的社会意识形态，它从最一般原则的高度指导人们的社会生活实践，为人们提供世界观和方法论，培养人的精神境界。

社会意识形态的各种形式不仅相互区别，又是相互联系的。首先，它们都是统一的社会生活的反映。同一性质的意识形态都为同一性质的社会形态服务。其次，它们在内容上相互补充、相互渗透，在形式上相互交叉、相互为用。如艺术的内容中就含有道德、政治、法律、宗教等因素，法律和道德在内容上也相互渗透，哲学和宗教曾经互为形式。再次，它们发展变化的历史过程相互影响、相互制约，其中的每一种形式的形成和发展都受到其他形式的影响和作用。最后，它们对社会生活的作用，是通过彼此联合、相互辅助来实现的。如法律和道德结合起来才能对社会关系予以全面的调整。

同 步 练 习

Ⅰ. 客观性试题

一、单项选择题(在每个小题列出的四个选项中，有一项是最符合题目要求的，请将正确选项填在答题纸的括号内)

1. 联结人与自然的中介是(　　)。

A. 社会关系

B. 社会意识

C. 生产劳动

D. 阶级压迫关系

2. 人类全部社会关系中最基础的关系是(　　)。

A. 血缘亲族关系

B. 社会生产关系

C. 政治思想关系

D. 阶级压迫关系

3. 物质资料的生产方式包括(　　)两个方面。

A. 劳动者和劳动工具

B. 劳动资料和劳动对象

C. 生产力和生产关系

D. 生产关系和生产资料

4. 在社会发展中起决定性作用的因素是(　　)。

A. 地理环境的优劣

B. 人口增长的快慢

C. 社会风气的好坏

D. 物质资料的生产方式

5. 理解整个人类社会发展的钥匙是(　　)。

A. 阶级斗争的发展史

B. 生产劳动的发展史

C. 产品的分配方式

D. 政治制度的演变史

6. 生产关系中起决定性作用的要素是(　　)。

A. 劳动者的分工形式

B. 生产资料的所有制形式

C. 产品的分配方式

D. 商品的交换方式

7. 国家的本质是(　　)。

A. 管理社会公共事务的机构

B. 保卫社会秩序的安全

C. 保卫国家主权和领土的完整

D. 统治阶级压迫被统治阶级的暴力工具

8. 社会意识是(　　)。

A. 社会的精神现象和精神生活过程

B. 社会的政治生活过程

C. 人类改造自然的过程

D. 人类改造社会的过程

9. 下列各组社会意识诸形式中，全部属于非意识形态范围的是(　　)。

A. 政治思想、语言学、道德

B. 技术科学、哲学、艺术

C. 自然科学、逻辑学、语言学

D. 法律思想、逻辑学、宗教

10. 下列各组社会意识诸形式中，全部属于意识形态的是( )。

A. 自然科学、道德、宗教

B. 法律思想、逻辑学、宗教

C. 政治思想、艺术、语言学

D. 法律思想、哲学、宗教

11. 先进的社会意识之所以能对社会的发展起到促进作用，是由于( )。

A. 它正确反映了社会发展规律

B. 它是社会存在的反映

C. 它具有相对独立性

D. 它具有历史继承性

12. "社会形态的发展是一个自然历史过程"这句话说的是( )。

A. 社会规律与自然规律完全相同

B. 社会发展是纯粹自发的过程

C. 社会发展不受人的思想动机的影响

D. 社会发展具有不依人的意志为转移的客观规律性

二、**多项选择题**(在每小题列出的五个选项中，有二至五个选项是符合题目要求的，请将正确选项填在答题纸的括号内)

13. 人类的劳动与动物的活动的区别在于( )。

A. 前者用工具生产物质资料，后者用自己的肢体获取自然界现成的食物

B. 前者能积极地改造自然，后者则只能消极地适应自然

C. 前者是有意识、有目的的活动，后者则是本能的活动

D. 前者是精神性的活动，后者则是物质性的活动

E. 前者具有社会性，后者虽有群体性但无社会性

14. 下列选项中，属于社会存在构成要素的是( )。

A. 国家政权

B. 人口因素

C. 地理环境

D. 阶级构成

E. 生产方式

15. 下列选项中，正确反映人对地理环境的依赖关系的有( )。

A．地理环境的优劣可以决定社会制度的性质

B．地理环境的变化可以决定社会制度的更替

C．地理环境为人类提供社会生产和生活的场所

D．地理环境为人类提供社会生产和生活的自然资源

E．地理环境的优劣可以加速或延缓社会的发展

16．人口因素不是社会发展的决定力量，这是因为(　　)。

A．人口因素不能决定社会制度的性质

B．人口生产受生产力发展水平的制约

C．人口生产不能决定社会制度的更替

D．人口状况只能加速或延缓社会的发展

E．人口生产的社会形式受生产方式制约

17．社会心理和社会意识形式既有联系又有区别，下列各项中，说明两者区别的有(　　)。

A．前者错综复杂，后者简单清晰

B．前者有鲜明的阶级性，后者阶级性不明显

C．前者不定型、不系统，后者已经系统化、理论化

D．前者是社会意识的低级层次，后者是社会意识的高级层次

E．前者直接与日常生活相联系，后者是对社会存在的间接反映

18．社会意识的相对独立性主要表现在(　　)。

A．社会意识与社会存在变化发展的非完全同步性

B．社会意识有根本不同于社会存在的独立的历史

C．社会意识与经济发展水平的不平衡性

D．社会意识各种形式之间相互影响

E．社会意识的发展具有历史继承性

19．下列选项中，属于生产关系内容的有(　　)。

A．历史主体与历史客体的关系

B．生产资料所有制形式

C．产品分配形式

D．人们在生产中的地位及相互关系

E．人与人之间的政治关系

20．生产资料所有制形式是生产关系的基础，因为(　　)。

A．它决定整个生产关系的性质

B．它决定人们在生产中的地位及相互关系

C．它决定生产力水平的高低

D．它决定产品的分配方式

E．它决定科学技术的发展规律

21．社会意识的一般特点是(　　)。

A．民族性

B．阶级性

C．对社会存在的依赖性

D．实践性

E．相对独立性

22．社会意识与社会存在的发展变化不完全同步，这是指(　　)。

A．社会意识始终落后于社会存在的发展

B．社会意识有时落后于社会存在的发展

C．社会意识始终超前于社会存在的发展

D．社会意识有时预见到社会存在未来的发展趋势

E．社会意识与社会存在不可能同步发展

Ⅱ．主观性试题

23．简述历史唯物主义创立的重大意义。

24．简述地理环境和人口因素在社会发展中的作用。

25．简述生产方式的含义及其在社会发展中的作用。

26．社会意识的一般特点是什么？

27．简述国体和政体的相互关系。

28．简述社会心理和思想体系的含义及二者的关系。

29．简述个体意识和群体意识的含义及二者的关系。

第八章

社会发展的一般规律和社会发展的动力

社会的物质生产力发展到一定阶段，便同它们一直在其中活动的现存生产关系或财产关系发生矛盾。那时社会革命的时代就到来了。随着经济基础的变更，全部庞大的上层建筑也或慢或快地发生变革。

——马克思

学习目的与要求 ✍

本章继续讲述马克思主义哲学历史唯物主义的基本原理。通过本章的学习，要深刻理解生产力和生产关系的辩证关系及生产关系一定要适合生产力状况的规律；深刻理解经济基础和上层建筑的辩证关系及上层建筑一定要适合经济基础状况的规律；理解社会基本矛盾是推动人类社会发展的根本动力；掌握阶级斗争、社会革命的作用，正确认识社会主义社会的改革；确立科学技术是第一生产力的观点；深刻理解人民群众是历史的创造者的基本原理，自觉坚持党的群众观点和群众路线。

基本概念 ✍

社会基本矛盾、生产力、生产关系、经济基础、上层建筑、政治上层建筑、观念上层建筑、阶级、阶级斗争、社会革命、社会改革、科学技术、人民群众、历史人物、群众观点、群众路线

重点问题 📖

1. 生产关系一定要适合生产力状况的规律
2. 上层建筑一定要适合经济基础状况的规律
3. 社会形态及其发展的特点

4. 社会基本矛盾的根本动力作用
5. 阶级斗争的直接动力作用
6. 社会改革在社会发展中的作用
7. 科学技术对社会发展的杠杆作用
8. 人民群众和个人在社会发展中的作用

第一节 社会发展的一般规律

一、生产力和生产关系的矛盾运动及其规律

生产力与生产关系的矛盾是社会基本矛盾中最基本的矛盾，它们的有机统一构成了一定社会的生产方式。其中，生产力是生产关系形成和变化发展的物质基础，生产关系是生产力发展所不可缺少的社会形式。生产方式的依次更替，是生产力和生产关系之间相互作用的结果。在生产力和生产关系的相互作用中，生产力决定生产关系，生产关系反作用于生产力。

首先，生产力决定生产关系，主要表现在以下两个方面。

一方面，生产力的状况决定生产关系的性质，即有什么样的生产力，就会产生什么样的生产关系。生产力的状况是生产关系形成的前提和物质基础。历史上各种生产关系都是适应一定的生产力发展需要而产生的。从使用手工工具逐步过渡到机器生产，是资本主义生产关系最终战胜封建社会生产关系的标志。每一种生产关系，总是以适应一定生产力状况而建立起来的，是生产力发展的必然结果。生产力的状况不同，建立起来的生产关系也就不同。离开了生产力发展的客观要求，任何新的生产关系都不可能建立起来。

另一方面，生产力的变化发展决定生产关系的变革。马克思指出："各个人借以进行生产的社会关系，即社会生产关系，是随着物质生产资料、生产力的变化和发展而变化和改变的。"[①] 在生产方式中，生产力既是决定因素，又是最活跃、最革命的因素，它具有无限发展的能力。整个社会生产方式，总是从生产力的变化和发展开始的。从人类制造第一把石斧，到铜器、铁器工具的使用，到蒸汽机的发明、电力的使用，直到今天计算机、原子能和空间技术的使用，生产力经历了一次又一次的发展变革。而生产关系一经产生，在一定时期内是相对稳定的。当生产力发展到一定阶段时，旧的生产关系已容纳不下新的生产力发展水平，生产关系的彻底变革就势在必行了。当然，这种变革不一定会立即发生，但

———————————
① 《马克思恩格斯选集》第 1 卷，第 363 页。

只要旧的生产关系不再适合生产力发展的需要，丧失了存在的必然性，它或迟或早地会被生产力的发展所打破。

生产力决定生产关系，这是历史唯物主义的一条根本原理。这个原理深刻地揭示了生产力发展是社会历史发展的最终根源。然而，对生产力决定生产关系的两个方面都要辩证地理解：生产力决定生产关系的性质，是指决定生产关系的基本性质而不是决定生产关系的一切方面；生产力决定生产关系的变化，是指生产关系必然会或迟或早地随生产力的发展而发生相应的变化，而不是说生产关系会如影随形般地跟着生产力的变化而变化。

其次，生产力决定生产关系，但生产关系并不是消极被动的，它作为生产力赖以发展的社会形式，对生产力的发展具有反作用。这种反作用主要表现在两个方面：当生产关系与生产力状况相适合时，它对生产力的发展起促进作用；当生产关系不适合生产力状况时，它对生产力的发展起阻碍作用。历史上生产关系的每一次合乎规律的变革，适应新生产力发展的客观要求而形成的新的生产关系，都曾经促进了生产力的迅速发展。资本主义生产关系在它形成以后不到 100 年的时间内所创造的生产力，超过了以往一切时代所创造的生产力的总和，这就是一个证明。落后的生产关系对生产力的发展所起的阻碍作用，有时表现为使生产力的发展遭到显著的破坏或陷于停滞状态；有时也表现为生产力虽有发展，但不能达到可能有的规模和速度，生产力的潜力不能及时地得到应有的充分的发挥。

同生产力相适应的生产关系之所以能够促进生产力的发展，在于它能提供一个使生产力诸要素较好地结合起来的形式，因而有可能把各种潜在的、可能的生产力变为现实的生产力，能够在一定程度上调动起生产力中的积极因素，特别是能够在一定程度上激发劳动者的生产积极性，使其更好地发挥作用，即能做到"人尽其才，物尽其用"，从而推动生产力的发展。相反，不适合生产力发展状况的生产关系之所以会阻碍甚至破坏生产力的发展，就在于这种形式已经不能使生产力诸要素较好地结合起来，无力把生产力中的积极因素充分调动起来，特别是挫伤了劳动者的生产积极性，甚至使大量劳动者丧失了进行正常劳动的必要条件。在这种条件下，只有用新的生产关系代替旧的生产关系，才能够克服这种障碍，使生产力获得解放。

对于生产关系反作用于生产力也要辩证地理解：生产关系对生产力的反作用，无论属于何种性质，无论多么巨大，都终究是在生产力决定生产关系的前提下所发生的反作用；生产关系对生产力状况的适合或不适合都不是绝对的。实际上并不存在绝对的适合或绝对的不适合，而往往是在基本适合中存在着不适合的方面，在基本不适合中却又有着适合的因素。

再次，生产力和生产关系之间的相互作用，构成了生产方式的矛盾运动。生产力和生产关系之间自始至终存在着矛盾，这种矛盾在生产方式发展过程的不同阶段情况是不同的。

在新的生产关系建立后的一段时间内，生产关系同生产力发展要求基本上是适合的，这时，生产关系的相对稳定就为生产力的发展所必须，生产力和生产关系之间虽有矛盾，但不会、也不需要引起生产关系的根本变革。由于生产力是活跃易变的，生产关系则是相对稳定的，当生产力发展到一定程度，原有的生产关系就会变得不再适合生产力的状况，随着矛盾的进一步发展，不根本变革这种生产关系，生产力就不能在新的基础上得到进一步的发展，这时，社会革命的时代就到来了，革命阶级通过革命从根本上变革旧的生产关系，使它同生产力在新的基础上又达到基本适合，开始了生产力和生产关系矛盾运动的新的历史。生产方式的矛盾运动有种种复杂的情况，但基本过程是生产关系和生产力之间由基本适合到基本不适合，又通过革命变革由基本不适合达到新的基本适合。如此循环往复，不断更新，从而推动着社会生产方式不断地由低级向高级发展。

生产力决定生产关系，生产关系反作用于生产力，生产力和生产关系的矛盾运动，这三个方面揭示了生产力和生产关系之间内在的、本质的、必然的联系，这就是生产关系一定要适合生产力状况的规律。

生产关系一定要适合生产力状况，这里的"一定要适合"，是从历史发展的总趋势来讲的，并不意味着生产力和生产关系之间没有矛盾。恰恰相反，它正是以承认生产力和生产关系之间存在着不相适合的矛盾为前提的。但是，当生产关系不适合生产力状况时，它不能长久地不变，而是迟早一定要发生适合生产力状况的变革。这种变革不是自然而然自发实现的，而是必须通过人们的自觉活动才能得以实现。

生产关系一定要适合生产力状况的规律是人类社会发展的基本规律，它揭示了社会历史发展的根本原因和基本趋向，揭示了生产力是生产方式，从而也是一切社会存在和发展的最终的决定力量。社会制度的更替，就是这一规律作用的必然结果。生产关系一定要适合生产力状况的规律表明：某种生产关系应不应该变革、何时变革和怎样变革，以及变革的方向如何，都不能由人们主观任意来决定，而要由生产力发展的客观状况来决定。如果离开生产力的状况，主观任意地变革生产关系，就必然会受到客观规律的惩罚。

生产关系一定要适合生产力状况的规律，是我们党制定正确的路线、方针和政策的重要理论依据，也是现阶段我国进行经济体制改革的理论依据。生产关系一定要适合生产力状况是具体的、复杂的，它不仅要在宏观上适合，而且要在微观上适合，只有两者都适合，才能推动生产力发展。社会主义生产关系的建立，从根本上适应了生产力发展的客观要求，这是宏观的适合，它为生产力进一步发展提供了可能。但要把这种可能变为现实，还要有微观上的适合，即生产关系的具体环节和形式，必须适合当时、当地及不同部门生产力的实际状况。社会主义生产关系是从经济十分落后的旧中国脱胎出来的，这就决定了我们必须经历一个相当长的社会主义初级阶段，努力实现工业化和经济的社会化、市场化、现代化。十一届三中全会以来，我们党把发展生产力摆在首要的地位，毫不动摇地把经济建设作为全党全国的工作中心，要求其他各项工作都必须服从和服务于这个中心。把改革作为推进建设中国特色社会主义事业各项工作的动力，在坚持社会主义基本制度的前提下，自觉调整生产关系的各个方面和环节，以适应社会主义初级阶段生产力发展的客观状况。

二、经济基础和上层建筑的矛盾运动及其规律

经济基础与上层建筑的辩证关系，是物质和意识的辩证关系在社会生活中的进一步延伸。经济基础和上层建筑的矛盾统一体便是社会形态，就整个社会形态而言，经济基础体现的是社会的物质关系，而庞大的上层建筑，无论其中的哪一部分都体现社会的思想关系。经济基础是上层建筑赖以产生、存在和发展的物质基础，上层建筑是经济基础得以巩固和发展的思想和政治条件。在经济基础和上层建筑的相互作用中，经济基础决定上层建筑，上层建筑对经济基础有能动的反作用。

首先，经济基础决定上层建筑，这是二者辩证关系问题上的唯物论。经济基础的决定性主要表现在以下三个方面。

第一，经济基础决定上层建筑的产生。一定的经济基础必然要求产生一定的上层建筑为其巩固和发展服务。经济基础是社会的物质关系，是上层建筑的物质根源；上层建筑是社会的思想关系，是经济基础的派生物。恩格斯指出："每一时代的社会经济结构形成现实基础，每一个历史时期由法律设施和政治设施以及宗教的、哲学的和其他的观点所构成的全部上层建筑，归根到底都是应由这个基础得到说明的。"①

第二，经济基础的性质决定上层建筑的性质。有什么样的经济基础，就有什么样的上层建筑。经济基础作为一定社会的生产关系特别是占统治地位的生产关系各方面的总和，它的性质无疑决定上层建筑的性质，谁在生产关系中居于统治地位，谁就必然在政治和思想领域居于统治地位。以生产资料私有制为基础的经济制度，也就相应产生和形成了各个剥削阶级在政治和思想上占统治地位的上层建筑。而以公有制为基础的社会主义社会，其上层建筑就只能是无产阶级专政性质的国家和社会主义的意识形态。

第三，经济基础的变更决定上层建筑的发展变化。马克思说："随着经济基础的变更，全部庞大的上层建筑也或快或慢地发生变革。"② 经济基础变化了，上层建筑也要随着变化。经济基础不仅直接引起上层建筑的变化发展，而且规定着上层建筑发展变化的基本方向。代替原始氏族组织的是奴隶主专政的国家，代替奴隶主专政国家的是封建地主阶级专

---

① 《马克思恩格斯选集》第 3 卷，第 66 页。
② 《马克思恩格斯选集》第 2 卷，第 83 页。

政的国家……当一种新的经济基础代替旧的经济基础之后，反映旧的经济基础的上层建筑必然或迟或早地被新的上层建筑所代替，即使在同一社会形态中，当经济基础发生量变时，也会引起上层建筑相应的变化。

其次，上层建筑对经济基础具有能动的反作用，这是二者关系问题上的辩证法。历史唯物主义在肯定经济基础决定上层建筑的前提下，承认上层建筑具有相对独立性，并对经济基础具有能动的反作用。这种反作用集中表现在它为自己的经济基础服务。

第一，在服务方向上，一方面，上层建筑总是保护自己的经济基础，为其经济基础的形成、巩固和发展服务；另一方面，它还要与一切阻碍自己经济基础形成、巩固和发展的其他经济关系、政治关系和意识形态作斗争。无论是旧的残余还是新的萌芽，只要对自己的经济基础不利，上层建筑都竭力予以排除。上层建筑反作用于经济基础、服务于经济基础的过程，就是在"保护自己"和"排除异己"的对立统一中实现的。

第二，在服务的方式上，上层建筑通过对社会生活、经济生活的控制和影响来为经济基础服务。政治上层建筑作为超经济的力量，以行政和法律的力量，把人们的行为强行控制在一定的秩序和范围内。思想上层建筑则以思想观念来影响人们的思想行为，使社会生活正常运行。没有这种强制和非强制的控制及影响作用，整个社会生活、经济生活就会陷于混乱。

第三，在服务的效果上，上层建筑对经济基础既可以起促进作用，也可以起阻碍作用。当上层建筑为适合生产力发展要求的先进的经济基础服务时，它就对生产力发展起促进作用，推动社会的进步；当上层建筑为束缚生产力发展的腐朽落后的经济基础服务时，它就对生产力发展起阻碍作用，阻碍社会的进步。特别是当旧的经济基础严重束缚生产力，成为生产力进一步发展的桎梏，而旧的上层建筑严重阻碍经济基础的变革时，通过革命手段变革这种上层建筑，对经济基础的发展和生产力的解放都具有极其重大的意义。

再次，经济基础决定上层建筑，上层建筑反作用于经济基础，这种相互作用构成了经济基础和上层建筑的矛盾运动。在社会发展过程中，经济基础和上层建筑的矛盾是始终存在的。上层建筑在任何时候都不可能完全适应经济基础的需要。这是因为经济基础是不断变化的，上层建筑具有相对的独立性，不能随着经济基础的变化而立即变化，二者就难免出现矛盾。还因为新的上层建筑总有某些不完善的地方，也会与经济基础发生矛盾。在一个社会的上升时期，上层建筑与经济基础是基本上适合的，虽然这时二者之间也有矛盾，但这种矛盾可以在这个社会制度本身的范围内，通过调整上层建筑不适合经济基础的方面加以解决。当这个社会发展到没落时期，上层建筑与经济基础基本不适合了，这种矛盾不能通过这种社会制度本身得到根本解决，需要通过先进阶级的革命，消灭旧的经济基础和上层建筑，建立新的经济基础和上层建筑，才能从根本上加以解决。而新的经济基础和上层建筑一旦确立起来，上层建筑和经济基础之间就达到了新的基础上的基本适合。上层建筑和经济基础之间这种由基本适合到基本不适合、再到新的基础上的基本适合，是一个川流不息、万古常新的循环过程，而每一次循环，都把人类社会推进到一个较高的阶段。

经济基础决定上层建筑，上层建筑反作用于经济基础，经济基础和上层建筑的矛盾运动，揭示了经济基础和上层建筑之间内在的、本质的、必然的联系，这就是上层建筑一定要适合经济基础状况的规律。它是人类社会发展的又一个基本规律。

这一规律主要包含两方面的内容：一方面，经济基础状况决定上层建筑的性质、形式和发展方向；上层建筑的发展变化，一定要适合经济基础的性质、水平和发展的客观要求。另一方面，上层建筑的反作用要取决于和服从于经济基础的要求，即上层建筑必须为经济基础服务。否则，历史发展的客观趋势决不会让任何一种阻碍经济基础变革的上层建筑长久地存在下去。

上层建筑一定要适合经济基础状况的规律，是我们党制定正确的路线、方针和政策的基本理论依据，也是我国现阶段进行政治体制和文化体制改革的基本理论依据。我国社会主义上层建筑从根本上来说是基本适合经济基础巩固和发展要求的，但同时也还存在着不适应经济基础要求的某些方面和环节，需要不断加以改革和完善。党的十一届三中全会以来，我们党紧紧围绕着发展生产力这个根本任务，自觉调整生产关系和上层建筑的某些方面和环节，取得了显著成绩。随着经济体制改革的深入和社会主义现代化建设的发展，党中央又及时提出了继续推进政治体制改革和深化文化体制改革，推动社会主义文化大发展大繁荣，这两大目标将从政治和思想文化两个方面完善并发挥上层建筑的作用，以适应社会主义初级阶段生产力发展的要求和实现社会主义现代化的历史要求。

三、社会形态及其方法论意义

所谓社会形态是指同生产力发展的一定阶段相适应的经济基础和上层建筑的统一体。

社会形态和社会经济形态是两个不同的概念，社会经济形态是指特定社会的经济制度和经济结构，它同经济基础是同一序列的范畴，反映的是人和人之间的经济关系；而社会形态不仅包括经济形态，还包括政治形态和意识形态，是经济基础和上层建筑的统一体，是人与人之间物质关系和思想关系的有机结合。

历史唯物主义的社会形态理论具有极其重要的方法论意义。这主要表现在以下三个方面。

第一，社会形态理论指出了社会是一个有机的统一整体。社会生活尽管纷繁复杂，但它不是各种成分的偶然堆积，而是一个有骨骼、有血肉的活生生的有机统一体。任何社会都以特定的生产力状况为前提，从而形成特定的经济结构，即是社会的"骨骼"；而以特定的经济结构为直接基础所产生的社会意识形态和政治法律制度，好像"骨骼"上的"血肉"。因此，只要我们从复杂的社会关系中划分出生产关系，就能发现不同国家和民族在这些方面的共同本质。例如欧洲大陆的法国和大洋彼岸的美国，在经济基础和上层建筑方面具有本质上的共同性，即同属于资本主义。

第二，社会形态理论指出了任何社会都是具体的、历史的，没有永恒的、抽象的"一般社会"。构成社会形态的两个要素——经济基础和上层建筑都是具体的、历史的，作为经济基础和上层建筑统一体的社会形态也是具体的、历史的。"具体的"是说，在人类社会发展的过程中，由于所处的历史条件等情况的不同，各个民族在发展速度和所经历的发展阶段等方面不可能完全一样。历史事实告诉我们，有的经历了比较典型的各个阶段，即按马克思主义创始人所揭示的五种社会基本形态依次发展，有的则越过了其中的某个阶段，有的还出现了某种过渡形式等。"历史的"是说，尽管各个民族、各种社会形态的发展各有特点，差异很大，但有一点是共同的，就是都处在不断变化发展之中，有其产生、发展和灭亡的历史，且都要遵循从低级向高级发展的一般趋势。

第三，社会形态理论指出了社会的发展是一个自然历史过程。人类社会既是一个有机的统一整体，每个社会形态又都是具体的、历史的，它们的发展变化同样是有规律可循的：社会形态是建立在一定生产力之上的经济基础和上层建筑的统一，上层建筑由经济基础决定，而经济基础(生产关系)则又由一定的生产力决定。只有把社会关系归结为生产关系，并把生产关系归结为生产力的高度，才能发现人类社会运动的客观规律。人类社会的发展也像自然界一样，是客观的、物质的、辩证的过程，具有不依人的意志为转移的客观规律性。

总之，马克思主义关于社会形态的理论，科学地阐明了人类社会的本质、结构及其发展的客观规律，它启示我们：在研究社会历史时，必须贯彻理论联系实际的原则，既要坚持以马列主义的普遍真理为指导，又要反对把一般原理当做僵死的教条和现成的公式，生搬硬套。

第二节　社会发展的动力系统

一、社会基本矛盾的根本动力作用

所谓社会基本矛盾，就是贯穿人类社会始终并规定社会性质的矛盾。历史唯物主义认为，生产力与生产关系、经济基础与上层建筑的矛盾，是人类社会的基本矛盾。这是因为：

第一，这两对矛盾所涉及的三个方面——生产力、生产关系(经济基础)和上层建筑，是社会存在(物质关系)和社会意识(思想关系)的具体展开，它们囊括了社会物质生活和精神生活的全部领域，构成了整个社会的基本结构。第二，这两对矛盾贯穿于人类社会发展的始终，并规定着人类社会的基本性质。社会主义以前的各个社会是这样，在社会主义社会中，基本的矛盾仍然是生产力和生产关系之间的矛盾，经济基础和上层建筑之间的矛盾。第三，这两对矛盾是社会发展的基本动力，决定着社会历史的一般进程。在社会发展的动力体系中，社会基本矛盾居于基础的地位，它决定或制约着其他的动力，阶级斗争、社会革命、社会改革都是受社会基本矛盾所决定的。第四，贯穿于这两对矛盾运动过程中的规律，即生产关系一定要适合生产力状况的规律和上层建筑一定要适合经济基础状况的规律，是社会发展的基本规律。把握了这两个基本规律，也就从根本上把握了人类社会运动的普遍规律。

在社会发展中，生产力和生产关系的矛盾同经济基础和上层建筑的矛盾之间是相互联系、相互制约的，但这两对矛盾的地位和作用是不同的。首先，生产力和生产关系的矛盾更为根本，它是整个社会存在和发展的深厚基础，决定和制约着经济基础与上层建筑矛盾的变化发展。因为生产力是社会变革的最终原因，有什么样的生产力，就有什么样的生产关系以及相应的上层建筑。经济基础和上层建筑矛盾的发展，要受生产力和生产关系矛盾的制约。其次，生产力和生产关系矛盾的解决，又依赖于经济基础和上层建筑矛盾的解决。因为生产关系对生产力有反作用，上层建筑对经济基础有反作用，上层建筑总是保护自己的经济基础，如果不首先解决经济基础与上层建筑的矛盾，就不能最终解决生产力和生产关系的矛盾，就不能解放生产力，这一点在社会变革时期表现得更为明显。

社会基本矛盾是人类社会发展的根本动力。关于这一点，马克思在《<政治经济学批判>序言》中曾作过深刻的论述："社会的物质生产力发展到一定阶段，便同它们一直在其中活动的现存生产关系或财产关系(这只是生产关系的法律用语)发生矛盾。于是这些关系便由生产力的发展形式变成生产力的桎梏。那时社会革命的时代就到来了。随着经济基础的变更，全部庞大的上层建筑也或快或慢地发生变革。"[①] 马克思的这一科学论断，揭示了人类社会的发展史就是生产力和生产关系、经济基础和上层建筑的矛盾不断产生又不断解决的历史。

人类社会从低级向高级发展，就是生产力和生产关系、经济基础和上层建筑这两对矛盾之间相互作用的结果。人类社会发展总是从生产力的发展开始，生产力决定生产关系，生产关系对生产力有反作用；经济基础决定上层建筑，上层建筑对经济基础有反作用。这种层层决定作用和反作用的交互作用形成了生产力——生产关系(经济基础)——上层建筑

① 《马克思恩格斯选集》第 2 卷，第 82 页。

的矛盾运动。这种矛盾运动总是从生产力和生产关系、经济基础和上层建筑之间的基本适合到基本不适合，又从基本不适合到新的基本适合，矛盾不断产生又不断解决，从而使社会发展进程从量变到质变，又从质变到新的量变，如此循环往复，不断发展，推动社会形态由低级向高级依次更替。人类社会依次经历的五种基本形态：原始社会、奴隶社会、封建社会、资本主义社会和共产主义社会(社会主义社会是其低级形态)，都是社会基本矛盾运动的必然结果。

二、阶级斗争的直接动力作用

社会基本矛盾是集中以社会革命和社会改革的形式表现的，而社会革命是以阶级和阶级斗争为前导的。阶级实质上是一个经济范畴，是特定生产关系和物质利益的承担者，是一定的社会经济结构中处于特定地位的社群共同体。

有阶级存在，就必然有阶级斗争。列宁指出："什么是阶级斗争？这就是一部分人反对另一部分人的斗争，就是广大无权者、被压迫者和劳动者反对特权者、压迫者和寄生虫的斗争，雇佣工人或无产者反对私有主和资产阶级的斗争。"[①] 这就是说，阶级斗争是阶级社会根本利益对立的阶级之间相互冲突的集中表现，其中包括剥削阶级和被剥削阶级之间的斗争，也包括上升时期的剥削阶级和腐朽没落的剥削阶级之间的斗争。

物质利益的对立是阶级斗争的根源。在以生产资料私有制为基础的社会里，剥削阶级利用他们占有的生产资料，占有被剥削阶级的劳动，使被剥削阶级处于被剥削、被压迫的地位，甚至过着极端贫困的生活；同时剥削阶级为了维护他们的经济地位，也必然要在政治上占统治地位，对被剥削阶级实行政治压迫。哪里有剥削、有压迫，哪里就有反抗、有斗争。被剥削阶级只有进行斗争，才有可能改善自己的经济地位和政治地位，求得自身的解放。阶级之间进行阶级斗争的目的，都是直接或间接为了某种物质利益。阶级斗争的具体形式是多种多样的，归结起来主要有三种形式：经济斗争、政治斗争和思想斗争。

阶级斗争是阶级社会发展的直接动力。阶级斗争推动社会发展的作用主要表现在以下两个方面。

首先，阶级斗争的作用最突出地表现在社会形态更替的质变过程中。在阶级社会里，当旧的生产关系阻碍生产力的发展，旧的上层建筑阻碍经济基础变革时，必然引起尖锐的阶级斗争。代表旧的生产关系和上层建筑的反动统治阶级，总要利用他们手中的各种权力，竭力维护旧的生产关系和上层建筑，以维护自己的阶级统治。而代表生产力发展要求的先进阶级，只有团结起来，组成强大的革命力量，彻底推翻反动阶级的统治，才能根本变革

---

① 《列宁选集》第 7 卷，第 169 页。

旧的生产关系和上层建筑。在阶级社会中，没有这种阶级斗争，就不可能完成社会发展的飞跃，实现社会形态从低级向高级的演变。

其次，阶级斗争的作用还表现在同一社会形态的量变过程中。在阶级社会里，剥削阶级和被剥削阶级的利益冲突始终存在，任何时候都不会停止。每一次大的斗争，都不同程度地打击了当时的统治阶级，迫使统治阶级不得不做出某些让步，以缓和阶级矛盾，这在客观上有利于调动劳动者的积极性，从而或多或少地促进了生产力的发展，推动了社会在各种不同程度上向前发展。

三、革命和改革在社会发展中的作用

社会革命和社会改革是社会前进运动、解放生产力的两种基本形式，都是推动社会发展的动力。所谓社会改革，是指在一定社会制度下，为了解决生产关系不适合生产力、上层建筑不适合经济基础的某些部分或环节，进而使该社会制度得到自我完善或持续存在与发展，而对社会体制进行的改善与革新。社会革命与社会改革虽然都是为了解决生产力与生产关系、经济基础与上层建筑的矛盾，从而推动社会发展的历史运动形式。但是，二者之间又有明显的区别。

首先，社会革命是人类社会的根本质变，是用新的进步的社会制度代替旧的落后的社会制度；社会改革则是同一社会制度总的量变过程中的部分质变，是对该社会制度的体制层面进行某些调整，而不改变该社会制度的根本性质。

其次，社会革命是由被统治阶级发动的，目的是推翻反动统治阶级的国家政权，建立新的革命阶级的政权；社会改革则是由统治阶级或统治阶级内部的某种社会势力、社会集团发动的，目的是维护和巩固统治阶级的统治地位。因此，社会革命一般是由下层群众首先发动的，而社会改革则是自上而下展开的。

最后，社会革命就其一般规律而言，往往要通过武装斗争、暴力革命的形式，实现国家政权的阶级转移；社会改革虽然也要付出代价，甚至流血和牺牲，但一般说来不需要采取大规模的武装斗争和暴力冲突的形式。

社会改革主要包括三个层面：一是经济体制改革，亦即调整生产关系中与生产力不相适应的环节和方面；二是政治体制改革，亦即调整政治上层建筑中与经济基础不相适应的环节和方面；三是文化体制改革，亦即调整思想上层建筑中与经济基础不相适应的环节和方面。

社会改革对社会发展的作用，主要表现在以下三个方面。

第一，社会改革可以巩固新生的社会制度或使原有的社会制度持续存在并获得一定程度的发展。一种新社会制度建立的初期，总是存在着大量的旧社会制度的残余。这时社会改革，在改善新社会体制的过程中，还包含着消灭旧制度残余的任务。奴隶社会、封建社会和资本主义社会初期以及社会主义社会的改革，都具有消灭旧制度的残余，巩固新生的社会制度的作用。在一种社会制度的中后期所进行的改革，虽然为的是使这种社会制度持续存在，但由于对生产关系和上层建筑作了某些局部调整，因而也能在一定时期内和一定程度上推动生产力的发展和社会的进步。

第二，在社会主义社会以前，社会改革为新社会制度的诞生作量变和部分质变的准备。在一定社会制度的后期，向新社会制度过渡的趋势越来越明显，同时还出现了新社会制度的萌芽。这时的社会改革，虽然以维护旧社会制度为主旨，但又往往包含着承认甚至促进新社会制度萌芽成分的内容。例如，当代发达资本主义国家的某些改革措施，就有稍许提高工人阶级的政治经济地位、允许共产党合法活动和马克思主义的传播等内容，这些都为社会主义革命准备了一定的思想条件；同时这些政治措施或多或少地促进了生产力的发展，又为社会主义革命准备了更加充分的物质条件。

第三，在社会经济、政治体制改革的过程中，必然伴随着人们思想观念和价值取向的变更。新的思想观念和价值取向，既是对改革及其发展要求的反映，又为改革开拓道路，推动改革向纵深发展。社会改革具有一定程度上破除旧思想、旧观念、旧风俗、旧习惯，树立新思想、新观念、新风俗、新习惯，提高精神文明水平的作用。

社会改革普遍存在于包括社会主义社会在内的各种社会之中，但社会主义社会的改革与有史以来的各个阶级社会的改革相比较，又具有根本不同的性质和特点，其主要表现在以下三个方面。

首先，社会主义社会的改革是主动的、自觉的；剥削阶级占统治地位的社会改革是被动的、不自觉的。统治阶级往往是在被统治阶级强烈反抗的条件下，不得已而对经济基础和上层建筑进行某些调整的。

其次，社会主义社会的改革，是从广大人民群众的根本利益出发，为满足广大人民群众的要求而进行的，因而得到广大人民群众的支持和拥护，有广阔而深厚的群众基础；剥削阶级占统治地位的社会改革，不能广泛地唤起民众，缺乏深厚的群众基础。

再次，社会主义社会的改革，可以在社会主义制度本身的范围内，使各种矛盾不断得到解决，使社会主义社会进到更高的阶段，并在条件具备时前进到共产主义社会；剥削阶级占统治地位的国家的改革，只能暂时缓和社会的矛盾，但不能在旧社会制度本身的范围内最后解决它的固有矛盾。

社会主义改革是社会主义社会基本矛盾的必然要求。生产力和生产关系的矛盾、经济基础与上层建筑的矛盾，是贯穿人类社会始终的基本矛盾。社会基本矛盾在阶级社会集中表现为阶级矛盾和阶级斗争，体现了阶级对抗的性质。这种矛盾一般要通过社会革命的形式去解决。而社会主义社会的基本矛盾是非对抗性的矛盾，社会主义的生产关系和生产力之间、上层建筑和经济基础之间既相适应、又相矛盾，其中相适应是基本的主要的方面。社会主义基本矛盾的非对抗性质，决定了这种矛盾完全可以通过社会改革的形式去解决。

社会主义改革是社会主义社会发展的直接动力。社会主义社会基本矛盾中不相适应的一面虽然是非基本的、次要的方面，但它也会在一定程度上阻碍生产力的发展，影响社会主义制度优越性的发挥，所以只有不断改革生产关系和上层建筑中某些不适应生产力发展的环节和方面，才能进一步解放和发展生产力，促进社会的全面发展。社会主义改革是社会主义制度的自我发展和自我完善，它不是改革社会主义的根本制度，只是革除上层建筑中不适应经济基础状况、生产关系中不适应生产力状况的某些环节和方面。因而坚持社会主义道路和坚持社会主义改革具有内在的一致性。

社会主义改革是一场深刻的社会革命，"改革是中国的第二次革命"①。改革是在党的领导下对原有体制进行根本性的变革，其目的同革命一样是为了解放生产力。它引起了整个社会政治、经济、科技、文化各个领域、各个层次的深刻变化，也引起了人们行为规范、生活方式、精神状态、价值观念、是非标准的重新调整，乃至整个社会的根本转型。因此，从解放生产力、扫除发展生产力的障碍，从政策的重新选择、体制的重新构建，从由此而引起的社会生活和人们观念变化的深刻性和广泛性等方面来说，改革是中国一场新的伟大的革命。

四、科学技术对社会发展的杠杆作用

早在 100 多年前，马克思就明确指出："生产力里边也包括科学在内。"他明确指出，科学技术是最高意义上的"在历史上起推动作用的革命的力量"。在现代化生产过程中，随着新世纪的到来，知识经济已日见端倪，科学技术在生产力中的作用愈来愈显著，邓小平于 1988 年首次明确地提出了"科学技术是第一生产力"的论断。科学技术作为生产力中的非实体要素在现代社会中支配着、主导着、统率着生产力的水平和功能。可以说，科学技术的时代水平，决定着生产力的时代水平。近代以来，特别是近几十年以来，生产力发展突飞猛进，其中科学技术对生产力的发展起到了巨大的推动作用，每一次科学技术的重大突破都引起了生产力的巨大变革。正是在这个意义上说，科学技术是第一生产力。

科学技术进步最明显的标志是科学技术革命，它包括科学革命和技术革命。

科学技术革命是社会动力体系的一种重要动力，是在历史上起推动作用的革命力量。从总体上看，科技进步主要通过促进人们的生产方式、生活方式和思维方式的变革来推动

---

① 《邓小平文选》第 3 卷，第 237 页。

社会发展。

第一，科技进步对生产方式产生了深刻的影响。科学技术通过对生产力诸要素的渗透，转化为直接的生产力，创造出巨大的物质财富，进而推动生产关系的变革。近代科技革命使落后的工场手工业过渡到机器大工业，建立了近代工业体系，开辟了以工业为主的新时代。现代科技革命对生产方式的影响尤为突出，它使劳动者、劳动工具、劳动对象、生产管理等方面都发生了深刻变化。

第二，科技进步对生活方式产生了巨大的影响。科学技术革命推动了生产力的发展，在给人们提供了丰富的物质和精神生活条件的基础上，极大地提高了人们的生活质量。科学技术革命改变了人们之间的社会关系，现代化的交通和通讯等手段使交往方便快捷，说是"天涯咫尺"非常恰当，但也相对减少了人与人之间面对面的交往。科学技术日新月异，要求人们不断充实和更新知识，使学习成为终生的事情。科技革命使办公自动化，减少了人、财、物的浪费。科技革命带动第三产业的发展，促使家庭职能社会化，使人们从繁重的家务劳动中解脱出来，加之劳动生产率的提高，使人们有更多的、可自由支配的闲暇时间来满足个人全面、自由发展的要求。总之，科技革命全方位地改变了人们的交往方式、学习方式、工作方式、消费方式和娱乐方式，改变了人们传统的生活方式。

第三，科学技术革命对思维方式变革的影响。社会存在决定社会意识，科学技术革命通过改变社会存在来影响人们的思维及思维方式。科学技术的发展帮助人们不断摆脱愚昧无知的状态，使人们的思想不断科学化，破除迷信和传统观念。现代科技革命也对人的思维方式直接产生了重要的影响，主要表现在新的科学理论和技术手段通过影响思维主体、思维客体和思维工具，引起了思维方式的变革。在现代科技革命条件下，人们具有了新的知识结构和社会组织结构，能够运用控制论、信息论、系统论、数理逻辑、突变理论、模糊数学等新的理论工具和现代技术手段，去研究一系列新现象、新领域和新课题。

科学技术的迅速发展像一把双刃剑，既为造福于人类开辟了广阔的前景，也带来了危害地球生命和人类社会的"全球问题"，诸如人口增长过快，粮食短缺，能源和资源枯竭，环境污染和生态破坏等问题日益突出，严重困扰着人们。这些问题因程度不同地触及世界所有国家和所有民族的利益而具有全球性质，具有世界性的影响，因而被称为"全球问题"。它深刻地反映了人类与自然的矛盾。"全球问题"的出现，从一定意义上说，是由于科学技术广泛应用于自然而又失去控制所引发的。全球气候变暖，土壤过分流失或土地沙漠化扩张，森林资源日益减少，臭氧层的耗损或破坏，生物物种加速灭绝，动植物资源急剧减少，淡水供给不足，空气污染，等等，都是人类不合理地利用科学技术使人类与自然发生冲突的结果。

"全球问题"深刻地反映了科学与价值的矛盾。它提出了科学技术的价值定向问题。

科学技术发展既有同人的需要和发展相和谐的一面，也有同人的需要和发展相冲突的一面。科学技术能否造福于人类，关键取决于掌握科学技术的人，取决于人类对科学技术应用的合理控制。应该看到，"全球问题"不但是一个自然问题，一个科学技术的问题，而且是一个社会问题——是一个涉及社会制度、社会管理组织、各种社会认识和整体社会实践的复杂问题。因此，解决"全球问题"有赖于多方面的努力和条件。

第三节　人民群众和个人在社会历史发展中的作用

一、人民群众的历史作用

究竟谁是历史的创造者？是人民群众还是英雄人物，这是唯物史观和唯心史观根本对立的焦点。历史唯心主义坚持"英雄史观"，历史唯物主义主张"群众史观"。

历史唯心主义从社会意识形态存在的基本观点出发，认为历史是少数英雄人物创造的，否认人民群众创造历史的决定作用。英雄史观主要有两种基本形式：唯意志论和宿命论。

同唯心主义英雄史观相反，历史唯物主义的群众史观从社会存在决定社会意识的基本观点出发，认为社会历史是物质资料生产的发展史，也是人民群众创造活动的历史。唯物史观首次真正地、彻底地、科学地解决了谁是历史的创造者的问题。承认社会存在对社会意识的决定作用和肯定人民群众创造历史的决定作用是一致的，是唯物史观的基本特征。

人民群众是一个广泛的社会历史范畴，是量和质的统一。从量的规定性看，人民群众是指居民中的大多数；从质的规定性看，人民群众是指一切对社会历史发展起推动作用的居民。在阶级社会中，它包括一切促进社会进步的阶级或社会力量。

人民群众作为历史范畴是随着历史的发展变化而不断变化的，在不同国家和各个国家不同历史时期有着不同的内容。例如，我国现阶段人民群众的范围，就包括工人阶级、农民、知识分子、解放军指战员和各类新的社会阶层。但无论在什么时间、什么条件下，人民群众的主体和稳定部分始终都是从事物质资料生产的劳动群众及知识分子。

历史唯物主义认为，人民群众是历史的创造者。人民群众创造历史的作用主要表现在以下三个方面。

首先，人民群众是社会物质财富的创造者。物质资料的生产是人类社会赖以存在和发展的基础，生产力是社会发展的最终决定力量。人类要生存首先必须有衣、食、住、行等物质生活资料。人类赖以生存的一切物质生活资料都是劳动人民创造出来的。劳动者的生产活动是人类从事政治、科学和文化艺术等一切社会活动的基础，没有他们提供的物质生活资料，任何社会活动都不可能进行，劳动者通过生产活动，不断地积累生产经验，改进劳动工具，促进生产力的发展，引起生产关系的变革，从而推动着整个社会向前发展。因此，人民群众是先进生产力的创造者，是最终决定历史前进的社会力量。

其次，人民群众是社会精神财富的创造者。人类一切精神文化发展的源泉和动力都在于人民群众的社会实践。历史上许多杰出的思想家、科学家、艺术家能够在精神生产领域做出自己的贡献，归根到底是以总结人民群众的实践经验、集中人民群众的聪明才干为基础的。作为我国古代精神文化象征的万里长城、敦煌壁画、龙门石窟和秦始皇兵马俑等，无一不是渗透着广大劳动人民智慧的结晶。

再次，人民群众是变革社会制度的决定力量。社会的发展变化，是由社会基本矛盾运动引起的。社会的发展是由社会自身内在规律决定的，而社会发展规律的实现，都是依靠先进阶级和广大劳动人民的参加来实现的。在社会历史的变革和社会主义改革过程中，人民群众创造历史的作用表现得尤其明显和突出。

历史是人民群众创造的，但人民群众创造历史的活动和作用，又是受到社会历史条件的制约。正像马克思说的："人们自己创造自己的历史，但是他们并不是随心所欲地创造，并不是在他们自己选定条件下创造，而是在直接碰到的、既定的、从过去承继下来的条件下创造。"① 所谓社会历史条件，是指人民群众的活动所遇到的一切现存的社会要素的综合，大体可分为经济条件、政治条件和精神条件。

第一，经济条件，包括生产力和生产关系。不同时代的人们遇到的生产力为人们的活动提供了不同的物质基础和手段，同时也使人们处于不同的生产关系体系中，从而制约着人们的历史活动；即使在同一生产关系体系中，人们所处的经济地位不同，其作用的发挥程度也各不相同。

第二，政治条件，主要是指国家的政治制度。在剥削阶级占统治地位的社会里，劳动人民在政治上处于无权地位，不仅不能真正地参与管理国家的活动，相反还要受到统治阶级的政治压迫。只有在社会主义条件下，广大人民群众才成为国家和社会的主人，优越的社会主义制度，为广大人民群众创造历史的活动开辟了广阔的天地，提供了前所未有的条件。

第三，精神条件，包括科学文化水平和道德面貌以及传统、风俗习惯等，其中科学文化水平占有十分重要的地位。整个社会的科学文化发展程度，特别是人民群众掌握科学文化的程度，不仅对于创造社会物质财富和精神财富有着巨大的影响，而且对于社会的思想道德、精神传统、风俗习惯以及社会心理的破旧立新有着直接的影响，对于群众政治觉悟的提高及其管理国家、社会的能力的增强也是一个重要条件。

---

① 《马克思恩格斯选集》第 1 卷，第 603 页。

二、个人在历史上的作用

历史是由人民群众创造的，人民群众创造历史的活动又是由无数个个体活动所组成的，每个人都会在历史的发展中起到或大或小、或好或坏的作用。根据个人对历史影响作用的大小可将其分为普通个人和历史人物。

普通个人是人民群众中的一员，他们往往没有多大名位，默默无闻地劳动工作。普通个人在历史上也打下自己的印记，发挥着作用。主要表现在：第一，普通个人是人民群众的一员，人民群众是由众多的普通个人组成的。没有一个个普通的个人，也就无所谓人民群众。众多个人作用的汇集，才形成人民群众创造历史的伟大力量。因此，肯定人民群众在历史上的决定作用，就包含着肯定个人在历史上的作用。第二，社会是一个复杂的巨型系统，是一个有机整体。普通个人所从事的各自岗位的工作，对社会生活是不可缺少的。同时，普通个人在平凡岗位上，也能做出不平凡的事迹，也能对社会做出重大贡献。第三，普通个人和历史人物之间没有不可逾越的鸿沟，历史人物也不是天生的，是从普通个人中涌现出来的。"时势造英雄"，特定的历史条件、机遇和个人的一些因素，会使一些平时默默无闻的普通个人成为显赫的人物，在历史进程中留下自己明显的意志印记。

承认普通个人在历史上的作用，就要尊重普通劳动者，既尊重作为普通劳动者的他人，又尊重作为普通劳动者的自己，热爱本职工作，爱岗敬业。

何谓历史人物？历史人物是历史事件的当事人，他们在历史进程中明显地留下自己意志的印记并能影响历史事件的外貌特征。历史人物根据他们对历史影响的性质不同，又可分为进步的历史人物和反动的历史人物。

进步的历史人物即杰出人物，是指能够反映时代要求、代表进步阶级利益、对社会发展起重大促进作用的历史人物，包括杰出的政治家、思想家、军事家、科学家等。反动的历史人物则是逆历史潮流而动，代表腐朽没落阶级的利益，对社会历史发展起阻碍作用的人物。

第一，杰出历史人物是历史任务的发起者，他们是构成具体历史事件的核心人物。作为历史事件发起者的伟大人物，他们比一般人站得高，看得远，他们承担历史任务的愿望比别人强烈；他们首先指出历史发展进程中所提出的新的历史任务和方向，并提出完成任务的可行方案步骤等，成为实现历史任务的先导。

第二，杰出历史人物是实现一定历史任务的组织者和领导者。进步的历史人物具有丰富的斗争经验和组织才能，他们善于集中群众的智慧制订正确的计划和措施，组织领导人民群众在斗争中取得胜利。就某一具体历史事件而言，作为事件的发起者、组织者、领导者的进步历史人物有时甚至能对历史事件的进程和结局产生决定性的影响和作用。在其他领域，如文化教育、科学技术和文学艺术等方面的杰出历史人物，对于人类文化科学的发展，对于人类物质文明与精神文明的发展，对于整个人类社会历史的发展都有积极的推动作用。

评价历史人物的正确原则是历史唯物主义的科学态度和阶级分析的方法，这两条基本原则是互相联系的。

历史唯物主义的科学态度是把历史人物置于时代条件之下，对他们的功过是非要根据当时的历史条件进行具体的、历史的、全面的考察，既不能把他们看得完美无缺，又不能过分苛求于前人。判断历史人物的历史功绩，不是根据他们是否提供了现代所需要的东西，而是根据他们是否比其前辈提供了新的东西。

坚持历史唯物主义的科学态度，在阶级社会就要坚持阶级分析方法。阶级分析不仅要求看到历史人物所属的阶级在当时所处的历史地位，而且要看他的活动代表了它的阶级的哪种倾向；不仅要对人物的阶级归属做出一般分析，还要通过特定历史阶段复杂的阶级关系、阶级斗争环境，对人物的特殊性格和特殊表现做出具体的说明。

无产阶级领袖——按照列宁的说法，是指无产阶级政党内"最有威信、最有影响、最有经验、被评选出担任最重要职务而称为领袖的人们所组成的比较稳定的集团"①。列宁这段话讲了四条，这就是：个人条件——最有威信、影响和经验；产生方式——是被推选出来的，而不是自封的；所处地位——担任最重要职务，是群众的一员，但又不是普通的一员；构成状态——是一个集体，而不是一个人，是比较稳定的集团。

无产阶级的阶级本性和历史使命，培育了自己的领袖优于其他阶级领袖的优秀品质，赋予他们以其他一切历史人物所不能比拟的伟大作用。在理论方面，无产阶级领袖对创立和发展马克思主义学说，特别是科学社会主义的理论，做出了伟大的贡献。马克思、恩格斯是这一理论的创立者和奠基者。他们创立了唯物史观和剩余价值理论，使社会主义由空想变成了科学。列宁全面地、划时代地发展了马克思主义，特别是创立了关于帝国主义的理论，提出了无产阶级社会主义革命可能由一国或数国首先发动并获得胜利的新结论。毛泽东和他的战友们在把马克思主义中国化的过程中创立了毛泽东思想。邓小平理论是马克思主义在中国发展的新阶段，是毛泽东思想的继承和发展。

在实践方面，无产阶级领袖为推动工人运动和社会主义、共产主义事业建立了不朽的功勋。马克思和恩格斯把他们创立的科学社会主义理论灌输到工人运动之中，使工人运动由自发变为自觉，从而开辟了工人运动的新纪元。列宁创建了新型的无产阶级政党——布尔什维克党，实现了伟大的十月社会主义革命，开辟了人类历史的新纪元。毛泽东领导中国人民取得了新民主主义革命、社会主义革命和社会主义建设的伟大胜利。十一届三中全

① 《列宁选集》第 4 卷，第 197 页。

会以来，邓小平作为改革开放的总设计师，率领我们党和人民锐意改革、对外开放，使中华大地发生了历史性的伟大变化。

无产阶级领袖和人民群众之间是一种完全新型的领袖与群众的关系，我们既要尊敬领袖，热爱领袖，维护领袖的权威；又要反对个人崇拜。在历史唯物主义看来，热爱领袖和反对个人崇拜是完全一致的。

三、无产阶级政党的群众观点和群众路线

群众观点是无产阶级政党的基本观点，群众路线是无产阶级政党的生命线。它们都是建立在历史唯物主义关于人民群众是历史创造者和马克思主义认识论基本原理之上的。无产阶级政党的群众观点的基本内容有以下四点。

第一，相信人民群众自己解放自己的观点。社会主义和共产主义事业是千百万人民群众自己的事业，人民群众有无穷的智慧和力量，人民群众不仅能打碎套在自己头上的枷锁，而且也完全能够建设一个新社会。无产阶级政党只有相信群众、依靠群众，启发群众的觉悟，尊重群众的首创精神．才能取得革命和建设的胜利。

第二，全心全意为人民服务的观点。全心全意为人民服务是中国共产党的唯一宗旨，是无产阶级政党区别于任何其他阶级政党的根本标志之一。无产阶级政党是人民利益的代表和人民意志的执行者。除此之外，它没有任何自己的特殊利益。无产阶级政党是人民进行斗争的工具，共产党员不论职位高低，都是人民的勤务员，都是社会的公仆，决不允许搞特权和腐败。

第三，一切向人民群众负责的观点。无产阶级政党从全心全意为人民服务的宗旨出发，必然要向人民群众负责，它的言论、行动，都要以是否符合人民利益，是否对人民负责为最高标准。要把对人民群众负责与对上级领导机关负责统一起来，把群众长远利益和当前利益结合起来，正确处理国家、集体、个人三者的关系，关心人民的富裕幸福。

第四，虚心向人民群众学习的观点。要真正做到全心全意为人民服务和一切向群众负责，就必须虚心向人民群众学习，遇事同群众商量，甘当群众的小学生。只有虚心向群众学习，遇事同群众商量，才能集中群众的智慧形成正确的指导思想，制定正确的路线、方针和政策。也就是说，只有先当学生，才能当好先生。

群众路线是我们党根本的政治路线、组织路线和根本的领导方法和工作方法，同时，也是马克思主义的认识路线和根本的认识方法。群众路线是群众观点在具体工作中的体现，包括两个方面的内容：一是党的政治路线和组织路线，即一切为了群众、一切依靠群众；二是党的群众路线的领导方法和工作方法，即从群众中来，到群众中去。群众路线是我们党一切工作的生命线，是宣传群众、组织群众、领导群众以完成无产阶级政党光荣的历史

使命的根本路线。

　　科学地概括和提出无产阶级政党的群众路线，是中国共产党和毛泽东对马克思列宁主义的重大贡献。毛泽东和他的战友们，把唯物主义认识论和唯物史观人民群众创造历史的原理结合起来，概括为"群众路线"。党的群众路线是毛泽东思想活的灵魂之一。能否坚持群众路线是能否彻底坚持马克思主义认识论和唯物史观的大问题。

　　坚持群众路线是我们党区别于其他政党的显著特征之一。国际共运史和我们党的历史都证明：坚定地相信群众、依靠群众、顺应群众的要求和历史发展的潮流，是马克思主义政党实现正确领导的基础；群众对党的信任和支持，是社会主义事业不断取得胜利的关键。对于执政党特别是对各级领导干部来说，能否自觉坚持群众路线的作风，是关系到党的生死存亡的大问题，也是坚持"三个代表"，实践"三个代表"，反对腐败的关键。

Ⅰ．客观性试题

　　一、单项选择题(在每个小题列出的四个选项中，有一项是最符合题目要求的，请将正确选项填在答题纸的括号内)

　　1．人类社会的基本矛盾是(　　)。

　　A．人与自然之间的矛盾

　　B．人与人之间的矛盾

　　C．先进与落后、开拓进取与因循守旧的矛盾

　　D．生产力与生产关系、经济基础与上层建筑的矛盾

　　2．判断一种生产关系是否先进的根本标志是(　　)。

　　A．生产资料公有制还是生产资料私有制

　　B．促进生产力发展还是阻碍生产力发展

　　C．社会化大生产还是个体小生产

　　D．封闭的自然经济还是市场经济

　　3．经济基础是一定社会中(　　)。

　　A．生产力系统各要素的总和

　　B．生产力和生产关系的总和

　　C．占统治地位的生产关系各方面的总和

D. 现存的各种社会关系的总和

4. 上层建筑由两大部分构成。它们是(　　)。

A. 政治制度和法律制度

B. 政治关系和法律关系

C. 政治思想和法律思想

D. 政治上层建筑和思想上层建筑

5. 国家政权属于(　　)。

A. 社会的经济基础

B. 社会的政治上层建筑

C. 社会的物质生活条件

D. 统治阶级意志的表现

6. 阶级斗争是阶级社会发展的(　　)。

A. 根本动力

B. 唯一动力

C. 最终动力

D. 直接动力

7. 社会主义社会的改革是(　　)。

A. 改变社会主义的基本经济制度

B. 改变社会主义的基本政治制度

C. 改变社会主义的经济运行模式

D. 社会主义制度的自我完善和发展

8. 唯物史观和唯心史观在历史创造者问题上的根本对立，在于是否承认(　　)。

A. 个人在历史发展中的作用

B. 思想动机在历史发展中作用

C. 人民群众是历史的创作者，是推动历史发展的决定力量

D. 剥削阶级代表人物在历史发展中的作用

9. 唯物史观所说的人民群众是指(　　)。

A. 劳动群众

B. 居民中的先进分子

C. 无产阶级

D. 对社会历史发展起推动作用的绝大多数人

10. "任何英雄人物的历史作用都不能超出他们所处的历史条件所许可的范围。"这种

观点是(　　)。

　　A．宿命论观点

　　B．机械论观点

　　C．历史唯物主义观点

　　D．历史唯心主义观点

11．历史上杰出人物的产生是(　　)。

　　A．主观能动性和客观规律性的统一

　　B．历史必然性和偶然性的统一

　　C．理论活动和实践活动的统一

　　D．社会经济条件和政治条件的统一

12．科学既是知识的理论体系，同时又是(　　)。

　　A．获得知识的社会认识活动

　　B．自然科学家的科学实验活动

　　C．社会科学家的社会调查活动

　　D．技术专家的技术发明活动

二、**多项选择题**(在每小题列出的五个选项中，有二至五个选项是符合题目要求的，请将正确选项填在答题纸的括号内)

13．下列选项中，属于社会基本矛盾的有(　　)。

　　A．人和自然之间的矛盾

　　B．生产力和生产关系的矛盾

　　C．个人和社会之间的矛盾

　　D．剥削阶级和被剥削阶级之间的矛盾

　　E．经济基础和上层建筑的矛盾

14．生产力和生产关系、经济基础和上层建筑的矛盾是人类社会的基本矛盾。因为这两对矛盾(　　)。

　　A．制约和决定其他一切社会矛盾

　　B．是推动社会发展的根本动力

　　C．决定整个社会的性质和面貌

　　D．决定社会发展的客观趋势

　　E．囊括了人类社会的一切矛盾

15．下列选项中，属于生产关系一定要适合生产力状况这一规律内容的有(　　)。

　　A．生产力决定生产关系

B. 生产关系反作用于生产力

C. 生产力内部各要素的矛盾

D. 生产关系内部各方面的矛盾

E. 生产力和生产关系之间的矛盾运动

16. 下列选项中，属于上层建筑一定要适合经济基础状况规律的基本内容的有(　　)。

A. 经济基础决定上层建筑

B. 上层建筑反作用于经济基础

C. 上层建筑内部各方面之间的矛盾

D. 上层建筑两个部分之间的矛盾

E. 上层建筑和经济基础之间的矛盾运动

17. 历史唯心主义的两个根本缺陷是(　　)。

A. 看不到阶级斗争在社会发展中的作用

B. 看不到物质生产是人们思想动机的根源

C. 看不到杰出人物在历史上的作用

D. 不承认人民群众是推动历史发展的决定性力量

E. 看不到科学技术在历史发展中的巨大作用

18. 科学技术是第一生产力，因为(　　)。

A. 科学技术是社会发展的根本动力

B. 科学技术可以渗透到现代生产力系统的各类要素之中

C. 科学技术对物质生产具有主导作用和超前作用

D. 科学技术是推动生产力发展的巨大杠杆

E. 科学技术可以一视同仁地为一切经济基础服务

19. 国家的基本特征是(　　)。

A. 它是一种特殊的权力机关

B. 它要征收赋税

C. 它按地域划分国民

D. 它要维持社会秩序

E. 它是同全体居民相一致的社会组织

20. 人民群众是历史的创造者，表现在(　　)。

A. 人民群众是社会物质财富的创造者

B. 人民群众是社会精神财富的创造者

C. 人民群众是社会变革的决定力量

D．人民群众具有社会上先进分子的先进作用

E．人民群众就是劳动群众，其作用一样

21．社会历史条件对历史人物的制约作用，表现在（　）。

A．时势召唤英雄

B．时势造就英雄

C．时势筛选英雄

D．时势锻炼英雄

E．时势制约英雄

22．无产阶级政党的群众观点包括（　）。

A．坚信人民群众自己解放自己的观点

B．全心全意为人民服务的观点

C．一切向人民群众负责的观点

D．虚心向人民群众学习的观点

E．关心群众疾苦、满足群众一切需求的观点

Ⅱ．主观性试题

23．如何理解生产关系一定要适合生产力状况的规律及其意义？

24．如何理解上层建筑一定要适合经济基础状况的规律及其意义？

25．简述人民群众的概念及其历史作用。

26．试分析社会主义社会基本矛盾的性质和特点，并说明社会主义改革的必要性。

27．怎样理解"科学技术是第一生产力"？

28．运用历史决定论和主体选择作用一致性的原理说明我国选择中国特色社会主义发展道路的正确性。

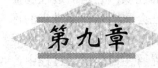

社会进步和人的全面发展

历史不过是追求着自己的目的的人的活动而已。

——马克思

学习目的与要求

本章是历史唯物主义的总结，从而也是马克思主义哲学原理的总结。学习这一章，要求掌握社会进步的历史必然性、社会进步的曲折性和复杂性、社会进步的标准；理解人的本质和人的社会性，明确人的社会价值和自我价值的含义以及二者的关系，树立正确的人生观和价值观。要从历史发展总趋势上理解实现共产主义的历史必然性，弄懂从必然王国向自由王国飞跃的过程，就是人类向共产主义社会过渡的过程。树立为共产主义而奋斗的伟大理想，积极投身于中国特色社会主义建设的伟大实践中。

基本概念

社会进步、人的本质、人的价值、社会价值、自我价值、人的全面发展、必然王国、自由王国、共产主义

重点问题

1. 社会进步的历史必然性及其内在根据
2. 社会进步的辩证性质
3. 人的本质和人的社会性
4. 人的价值的两个方面及其关系
5. 人的发展及其与社会发展的关系
6. 共产主义的含义及其实现

社会的基本矛盾推动历史不断进步，社会进步过程具有辩证的性质，它是前进性和曲折性的统一，统一性与多样性的统一，选择性和决定性的统一。社会文明是社会进步的标志，评价社会进步的标准既有确定性，又有不确定性。社会进步的过程同时也是人的发展过程，两者是一致的，人的发展和社会的发展相互促进，互为前提。在社会发展过程中，人的本质得以展开，人的价值得以实现，人的素质得以提高。共产主义是社会进步和社会发展的高级阶段，也是人的全面发展的真正起点。

第一节　社　会　进　步

一、社会进步的历史必然性

在社会发展的方向问题上，不同的哲学有不同的观点，归纳起来大致有如下几种。其一，社会倒退论。这种观点认为，人类社会不是在进步而是在倒退。中国古代老庄哲学中就有这种思想，他们主张回到更为原始的状态中去，反对人类在科技和生产的基础上，进行发展社会的活动。在现代西方社会中，社会倒退论的思想也有较大的市场，持这种观点的人认为，人类对自然的开发和利用，已远远超出了地球所能承受的限度。人类相互之间的斗争，能源、环境、人口、生态等各种危机，科学技术的负面作用，以及人类对科技的失控等因素，使得人类社会不是进步，而是在倒退。其二，社会循环论。这种观点认为，社会运动不过是周而复始地兜圈子而已，和自然界中四季更替、昼夜循环一样，社会历史也只是在机械循环，表面上看，事物层出不穷，实质上却没有变化。其三，社会进步论。在社会历史发展方向问题上，大多数思想家持进步论的观点，但是，对于社会进步的动力和原因，观点却各不相同。有人认为是理性，有人认为是"绝对精神"，也有人认为要归功于英雄人物，还有人认为是某种神秘的力量。

马克思主义哲学在社会发展方向问题上，也坚持进步论的观点。但是，对社会进步诸问题的不同看法，使得马克思主义与其他社会进步论区别开来。马克思主义的剩余价值理论和唯物史观的创立，不仅实现了人类思想史上的革命，而且揭示了社会进步的实质和必然性。所谓社会进步是对人类社会发展总趋势的概括，它指的是社会物质生活、政治生活和精神文化生活的进步和变革。它突出表现在社会形态从低级向高级的飞跃过程中。每一个旧的社会形态被新的社会形态代替之后，社会生产力都会获得前所未有的巨大进步，社会物质生活、政治生活和精神文化生活都会得到显著改善和发展，社会历史也因此被推进到了一个新的发展阶段。即使在同一个社会形态内部，社会也会通过改革不断向前发展，只不过没有新旧社会形态更替时那么明显罢了。

社会进步这一历史趋势，是由社会内在矛盾和人民群众的根本利益决定的。首先，社会基本矛盾是社会进步的最深刻的原因和动力。生产力和生产关系、经济基础和上层建筑的矛盾运动，从根本上推动了社会向前发展。其次，社会在变化发展过程中的辩证否定，即"扬弃"，也决定了社会进步具有必然性。新社会通过对旧社会的辩证否定而诞生。新的社会形态吸收和保留了旧的社会形态中的积极的、对新的社会形态的发展有价值的因素，抛弃了陈旧消极和无用的成分，再加上自身产生的新内容，使得新社会形态有旧社会形态不可比拟的优越性。最后，社会进步与人民群众的根本利益和要求是一致的。社会进步，即社会在物质生活、政治生活和精神文化生活方面的提高，符合广大人民群众的根本利益和要求，因此，它必然会得到绝大多数人的支持和拥护。

社会进步通过社会文明的发展来体现，社会文明是衡量社会进步的尺度，是社会进步的重要标志。社会文明也称文明，指人类社会的进步和开化状态。它是一个历史范畴，是相对于野蛮和愚昧而言的。社会文明是社会历史发展的产物，是人类活动的积极成果，社会文明随着历史的发展而发展。在不同的社会领域，文明具体表现为物质文明、政治文明和精神文明。

物质文明是人类改造自然过程中获得的物质成果的总和，它表现为人们物质生产的进步和物质生活的改善及提高。一般说来，物质文明和生产力的发展紧密联系，由生产力水平的高低决定。政治文明是人类社会政治发展取得的积极成果，表现为人的政治素质的提高、政治观念的变革、政治关系的协调、政治制度的完善等。精神文明指的是人类改造客观世界和主观世界的精神成果的总和，是人类精神生产的发展水平及其积极成果的体现。精神文明包括两个方面的内容：一是教育科学文化方面，指的是社会的教育、科学、文化、卫生、体育等方面的发展状况，包括相关的物质设施、机构的规模和水平，以及人们在这些方面所具有的素质和达到的水平。二是思想道德方面，包括社会的政治思想、道德面貌、社会风尚，人们的世界观、信念、理想、觉悟、情操以及组织性和纪律性等方面的状况。

物质文明、政治文明和精神文明的有机统一，构成整个社会的文明，社会进步表现为整个社会文明的全面发展。第一，物质文明是政治文明和精神文明的基础，是整个社会文明的物质前提。社会物质生产的发展促进物质文明的长足进步，也就为人们从事政治和思想文化活动提供了充裕的时间和必要的物质条件，物质文明发展的程度制约着政治文明、精神文明的发展。第二，政治文明是物质文明和精神文明的重要保证。政治文明不仅决定着物质文明和精神文明的性质和发展方向，而且以强有力的政治力量保证物质文明和精神文明的顺利发展。例如中国特色社会主义政治文明的基本特征是坚持党的领导、人民当家做主和依法治国三者有机结合和辩证统一。加强社会主义政治文明建设，推动社会主义民主政治不断完善发展，实现社会主义民主政治制度化、规范化、程序化，确保国家的统一和政治稳定，这对于我国社会主义物质文明和精神文明建设具有至关重要的意义。第三，精神文明是物质文明和政治文明的必要条件、精神动力和智力支持。精神文明中无论教育、科学、文化方面，还是思想、道德方面，对于物质文明和政治文明的发展都是不可缺少的。离开了精神文明的发展，无论物质文明还是政治文明都必然丧失其应有的价值，失去必要的思想基础和文化底蕴，社会会走入歧途。西方发达国家出现的某些"社会病"，如精神空虚、道德沦丧、吸毒赌博、暴力恐怖、邪教肆虐等就是证明。所有这些告诉我们，发展社会文明必须坚持推动整个社会文明的全面进步。

二、社会进步过程的辩证性质

社会进步是历史发展的必然趋势，但是，社会进步过程并不是形而上学的直线式发展，而是辩证的进步。社会进步是前进性与曲折性的统一，统一性与多样性的统一，社会进步中既有决定性因素，也有选择性因素，是历史的必然性和人们选择性的统一。此外，评价社会进步的标准也是绝对性和相对性的统一，社会进步的过程充满了辩证的性质。

首先，社会进步的辩证性质表现为社会形态更替的统一性和多样性。

自有人类以来，社会历史可划分为五种社会形态：原始社会、奴隶社会、封建社会、资本主义社会和共产主义社会(其第一阶段是社会主义社会)。这五种社会形态的依次更替，是社会历史运动的一般过程和一般规律，表现了社会形态更替的统一性。

但是就某一国家或民族的社会发展历程而言，情况就不一样了。大多数国家在发展中经历了五种社会形态依次更替的典型过程，也有的国家在发展中超越了一个甚至几个社会形态而跨越式的向前发展；有些国家在历史发展的一定阶段上社会形态性质不够典型，甚至多种社会形态特征交叉渗透；有些国家在一定时期由较落后的社会形态快速跃进为先进的社会形态，而有些国家的社会形态则长期陷于停滞状态甚至由先进转为长期落后；即使是同一种社会形态，在不同国家也会显现出不同特点等。所有这些，都体现了社会形态更替形式的多样性。依据俄国社会变革的实践经验，列宁曾深刻地指出："世界历史发展的一般规律，不仅丝毫不排斥个别发展阶段在发展形式或顺序上表现出来特殊性，反而是以此为前提的。"这是对社会形态更替统一性与多样性辩证关系的符合历史实际的概括。

其次，社会进步的辩证性质表现为社会形态更替的必然性与人们的历史选择性。

社会形态发展的统一性与多样性，根源于社会发展的客观必然性与人们的历史选择性相统一的过程。社会形态更替的客观必然性，主要是指社会形态依次更替的过程和规律是客观的，其发展的基本趋势是确定不移的。社会形态的更替归根结底是社会基本矛盾运动的结果。其中，生产力的发展具有最终的决定意义。所以，只要把全部社会关系归结于生产关系，把生产关系归结于生产力的高度，就有可靠的根据把社会形态的发展看做自然历史过程，就能够发现"各国社会现象中的重复性和常规性"，即规律性。就是说，生产力与生产关系矛盾运动的规律性，从根本上规定了社会形态更替的客观必然性。

但是，如同其他社会规律一样，社会形态更替的规律，也是人们自己的社会行动的规律。规律的客观性并不否定人们历史活动的能动性，也不排斥人们在遵循社会发展规律的基础上，对于某种社会形态的历史选择性。人们的历史选择性包含以下三层意思：

第一，社会发展的客观必然性造成了一定历史阶段社会发展的基本趋势，为人们的历史选择提供了基础、范围和可能性空间。例如，中国新民主主义革命胜利后，中国人民选择了社会主义道路而跨越了资本主义典型发展阶段，就是由于具有建立公有制为主体的生产关系的基本生产力条件、当时苏联社会主义的影响以及资本主义道路在中国走不通等原因造成的。

第二，社会形态更替的过程也是一个合目的性与合规律性相统一的过程。人是社会实践的主体。在社会发展过程中，一方面，人们的历史选择活动总要受到自己目的的驱使和制约，因为在社会历史领域活动的，是具有意识的、经过思虑或者凭激情行动的、追求目的的人；另一方面，人们的历史选择活动又必须遵循社会发展的客观规律。因为历史过程是受到内在的一般规律支配的，人们的历史选择只有符合社会发展的客观规律才能实现。这就决定了在社会形态更替过程中历史主体的选择性活动，必然是一个合目的性与合规律性相统一的过程。

第三，人们的历史选择性，归根结底是人民群众的选择性。人们对社会形态的历史选择性，最终取决于人民群众的根本利益、根本意愿以及对社会发展规律的把握和顺应程度。历史是人民群众创造的，人民群众是社会形态变革的决定力量。人民群众对于社会形态的历史选择，正是在遵循社会发展客观规律的基础上，通过参与社会变革实现的。列宁指出："人民群众在任何时期都不能像在革命时期这样以新社会制度的积极创造者的身份出现。在这样的时期，人民能够作出从市侩的渐进主义的狭小尺度看来是不可思议的奇迹。"因此，历史的发展、社会形态更替的规律，归根结底会通过人民的意志和人民的选择表现出来。

最后，社会进步的辩证性质表现为社会形态更替的前进性与曲折性。社会形态的更替，还表现为历史的前进性与曲折性、渐进性与跨越性的统一。社会形态更替的前进性、渐进性主要是指五种社会形态依次演进的基本趋势，其历史过程是一个"扬弃"的过程。但是，社会形态更替的前进性、渐进性并不否认历史发展的曲折性和跨越性。一种新社会制度取代旧社会制度，往往并不是从旧社会制度发展较为典型的国家开始，而是更易于在旧制度发展不是很完善或者不是很充分的地方突破。这既体现了社会形态更替过程的曲折性，又为社会形态跨越性发展提供了条件和历史契机。例如，资本主义在欧洲而并非在封建制度高度发展完善的中国等东方国家首先取得胜利；社会主义首先是在俄国、中国等国家而并非在欧美比较发达的资本主义国家获得成功，都是明显的例证。封建制取代奴隶制的过程也有某些类似的情况。在社会发展进步的过程中，社会形态更替的反复甚至倒退是时常出现的。从世界历史上看，每一次社会制度的变革，无不经过反复曲折的斗争；每一个新生的社会制度，无不有一个从不成熟到逐步成熟的发展过程。

社会进步的辩证性质不仅体现在社会发展过程之中，也体现在评价社会进步的标准上。社会进步是人类社会发展的总趋势，如何衡量社会进步，有个衡量的标准问题。关于这个问题长期以来众说纷纭。有的人认为经济的增长是社会进步的标准，有的人认为人的全面发展是社会进步的标准，也有人说文化整合才是社会进步的标准，还有人认为要把各个因素加以综合考虑，这样才能对社会进步做出衡量。

人们对社会进步衡量标准的认识经历了一个发展过程。20 世纪 50 年代，西方社会兴起了一股研究社会发展的热潮，其中一个重要内容就是关于衡量社会发展的标准问题。当时，有的经济学家认为经济增长就是社会的进步和发展，衡量的标准就是人均国民生产总值及其增长率。后来，人们在对发展中国家的研究中发现，发展中国家"有增长而无发展"，即"没有发展的经济增长"现象十分普遍，进而对社会进步标准问题进行反思，提出从经济社会的协调发展、从一切人的发展和人的全面发展，来衡量社会的进步和发展。

马克思第一次科学地、系统地对人类社会的历史发展作了全面研究，创造性地研究了社会发展的动因、阶段，建立了马克思主义理论。在马克思主义理论中，就包含着社会发展和进步的理论，在社会发展和进步的标准问题上，马克思主义认为衡量社会进步的尺度有两个：历史尺度和价值尺度。

历史尺度是指物质生产中的生产力尺度。社会进步根源于社会基本矛盾，特别是生产力和生产关系矛盾。社会进步需要物质基础，因而评价社会进步的标准首先应该从社会的物质生活、物质生产中去寻找。虽然社会进步的具体表现是多样的，但是，最终衡量社会进步发展的历史尺度，还是要看社会生产力发展的高度以及能够满足社会需要的广度和程度。生产力是社会发展的最终根源和基础，也是社会进步的客观历史尺度，是社会进步的最高标准。

把生产力作为衡量社会进步的最高标准，不能抛开生产关系孤立地看生产力。评价历史发展和进步，不仅要看生产力，还要看生产关系的性质。物质财富的分配以及物质财富的功能，并不直接取决于生产力，因为高度发达的生产力和充裕的物质财富只是为丰富、提高人类的物质文化生活水平提供了可能性，而这种可能性能否变为现实，取决于生产关系的性质。因此，衡量社会进步，必须把生产力和生产关系结合起来考虑。

衡量社会进步的价值尺度就是人的尺度，即社会在生产力等物质方面取得的成果对人有什么价值，它是否有利于人和社会的健康发展。同以往的社会形态相比，资本主义社会在它建立起来的不长时期内，在生产力方面就取得了巨大的进步，但是，在一段时间里，它并没有为社会和人的健康发展带来应有的结果。第二次世界大战结束以后，西方资本主义国家开始重视衡量社会发展和进步的标准问题，认识到不能只用生产力、经济增长，甚至也不能只用经济的发展来衡量社会的进步和发展，而是要把社会和人的健康发展看做衡量社会进步和发展的重要因素。

在社会进步和发展的衡量标准问题上，马克思主义"两个尺度"的观点有以下特点。

第一，突破了单纯看生产力对社会进步和发展的决定作用，而把生产力和生产关系结合起来，坚持唯物史观的基本观点。

第二，注重人的发展，以人为本。生产力的发展只为人和社会发展提供了物质前提，人的发展才是社会发展和进步问题的核心。

第三，重点突出，并且有鲜明的辩证性。衡量社会进步的因素可以列出很多，有经济的、文化的、政治的、教育的等。但是，其中生产力的发展及在其基础上的物质财富的丰富，人和社会的发展，是最为核心和关键的内容。在历史尺度即生产力尺度或物的尺度上，体现了社会进步标准的绝对性，没有这个尺度，社会进步和发展就失去了根基；而在价值尺度即人的尺度上，则体现了社会进步标准的相对性。对于人和社会的全面健康发展来说，不同的时期，要求和侧重点不同，人们的认识水平也不同，因此，社会进步的标准又有相对性。对生产力标准的认识，要和生产关系以及人的发展、社会的发展联系起来，不能仅仅把生产力的发展水平当做社会进步的唯一标准，防止在生产力高度发展的基础上，出现人和社会畸形发展的局面。

第二节　人的本质和人的价值

一、人的本质和人的社会性

人类很早就非常关心人的本质和人性问题。中国古代尤其如此，早在战国时期就有关于人的本性善恶的争论。孟子最早提出"性善论"。他在《孟子·告子上》中写道："人之性善也，犹水之就下也，人无有不善，水无有不下。"这就是说，人的本性天生就是善的，就好像水总是往低处流淌一样。与之相对立的是荀子，他提出"性恶论"。《荀子·性恶》中写道："人之性恶，其善者伪也。"他认为人生而具有好色、好声、好味、好利等特性，只有经过教化，才能去恶从善。与此同时，还有人提出"性无善无恶论"；也有人提出"性有善有恶论"。

古希腊的哲学家也很关心人以及人在世界中的地位。例如，德谟克利特提出"人是一个世界"，看到了人的复杂性；普罗泰戈拉提出"人是万物的尺度"，意识到人在世界中的主体地位；亚里士多德把人和社会生活联系起来，提出"人天生是政治动物"。

文艺复兴运动的思想家们把人看做是有理性的、有自由意志的、追求享乐的，他们认为理性、自由、享乐就是人的本性。启蒙运动思想家则把人的本质归结为自由、平等、追求幸福，并认为这些特点是"天赋"的，是永恒不变的人的本性。

文艺复兴运动和启蒙运动的思想家关于人性和人的本质的认识，不是强调神，而是强调人本身，提倡尊重人。如培根认为，人不过是自然的仆役和翻译员；霍布斯提出自我保护是人的天性和行为的根本动力；洛克认为利己是人的天性；孟德斯鸠则断言每个人都是自私的、邪恶的等。这些认识动摇了神的至高无上的地位和绝对权威，反抗封建专制主义和宗教神学对人的统治，反对禁欲主义，对人们的思想解放起了很大作用，特别是启蒙思想家的理论，为后来发生的法国资产阶级大革命起了舆论先导作用。

从历史观上看，文艺复兴运动和启蒙运动的思想家关于人性和人的本质的观点是不科学的、错误的。首先，他们认为人的本性不是在后天的社会实践中形成的，而是天赋的，即先天的、与生俱来的；其次，他们认为人性不是变化的，而是永恒的、不变的；再次，他们认为人性不是具体的，而是抽象的。他们抽取自由、平等、享乐、追求幸福等等的具体内容，把资产阶级所主张的一个阶级的阶级性，当做人类共同的人性，具有极大的欺骗性。总之，他们都是离开现实的社会关系考察人性和人的本质，他们对人性和人的本质的观点是以历史唯心主义和形而上学为基础的。

综上所述，在马克思主义哲学产生之前，封建地主阶级和资产阶级的思想家们对人的本质的研究，尽管有许多可取之处，但却未能达到真正科学的水平。对人的本质的科学揭示是马克思主义哲学完成的。

马克思和恩格斯汲取了人类思想史上的一切优秀文化成果，尤其是黑格尔的辩证法和费尔巴哈唯物主义的合理内核，批判了在人性问题上的历史唯心主义，特别是批判了费尔巴哈的人本主义，把对人的本质的理解建立在辩证唯物主义和历史唯物主义的基础上，实现了人的本质理论的变革。马克思说："人的本质并不是单个人所固有的抽象物，在其现实性上，它是一切社会关系的总和。"这是对人的本质的科学论断，同时也为考察人的本质提供了科学的思维方法，是马克思主义关于人的本质理论的核心内容和经典表述。

怎样正确理解人的现实本质是"一切社会关系的总和"？

首先，人的本质具有社会性。现实中的人都是生活在一定社会关系中的人，所以，人的本质只有在一定的社会关系中才能体现出来。而人的社会关系又是多种多样的，如生产关系、家庭关系、集体关系、阶层关系、阶级关系、民族关系等。其中，生产关系是最本质的关系，只有把人放在这些特定的社会关系中，才能正确揭示人的特殊本质。在阶级社会中，社会关系具有阶级对立的性质，因而，处在这种社会关系中的人和集团具有阶级性，阶级性是人的社会性在阶级社会中的特殊本质的表现。

其次，人的本质具有实践性。马克思说，社会生活在本质上是实践的。实际上，人的社会关系只能在社会实践中形成，从根本上说，只能是一种实践关系。因此，人的现实的社会本质也只能是一种现实的实践本质。人作为社会实践的主体，一方面在实践中不断形成一定的社会关系，另一方面在实践中又不断对既定的社会关系进行批判和改造，也就是对自身现实的本质进行批判和改造，从而达到现实和理想的统一。

再次，人的本质还具有历史性。由于人的社会关系、社会实践是不断发展变化的，因而人的社会本质也不是凝固不变的，而总是具体的、历史的。因此，就不存在什么永恒不变的、一般的人的本质。恰恰相反，人的本质是随着社会关系的改变而变化的。

进一步辩证地认识人的本质，还需要把握以下两点：

第一是社会属性和自然属性的统一。人既具有社会属性，也具有自然属性。人的自然属性是指人作为自然存在物而具有的肉体特征和生物特征；人的社会属性是指人作为社会的人而具有的特征。马克思认为，人是什么取决于他们生产什么和如何生产，生产实践的社会性决定了人的社会性。人所具有的社会属性，离开了人所依赖的生产实践及其社会关系是无法理解的。

在人的自然属性和社会属性的关系中，自然属性是人存在的基础，但人之所以是人，人的社会属性是主要的、根本的。我们不能因此而否认人的自然属性，把人的属性仅仅归结为社会性，更不能把人的社会属性简单地等同于阶级性。人具有双重性，一方面，人要受到社会规律的制约；另一方面，人作为社会动物又要受到自然规律的制约；人不仅是社会的人，也是自然的人，人的自然属性和社会属性是统一的。

第二是个体性与群体性的统一。人总是作为一个个单独的人而存在的，就像世界上没有完全相同的两片树叶一样，世界上没有完全相同的两个人。人总有自己的个性特点，这是矛盾的特殊性所规定的；但是人又不能离群索居，他总是某个群体中的一员，与群体发生千丝万缕的联系，因而有着他所属的群体的共性。在这个问题上，以往的研究中有两种错误的偏向：一种偏向是只强调个人的特点，以至于否认个人的家庭、亲属、团体、阶层、阶级等群体影响；另一种偏向是片面地强调群体对个人的作用，用群体性抹杀个性。全面地观察人的特性，应该把两者结合起来。在一般情况下，群体对个人的影响作用是主要的，个人总是要反映出一定阶级和阶层所共有的经济地位、政治信仰、文化修养、思想水平、道德习俗等。但是，仅仅只看到各种群体对个人的影响还很不够，还应该充分考虑人的个性特征，包括个人的智能、禀赋、气质、性格、体质等，这些个体特征是个人接受群体影响的基质，离开它们，任何群体影响都无以为根。世界上很多有识之士，特别是一些教育家，非常强调对人的个体特征的研究，提倡"个性教育"，尊重、保护和发展人的个性是社会进步的重要标志。

二、人的价值

人的自我价值和社会价值是人的价值的两种基本形式，人的价值是二者的统一。人的自我价值是指对个人需要的满足，是对个人作为人的存在的肯定。人的自我价值的内容表现为对人的生存、享受、发展需要的满足，对人的尊严、人格、权利的维护、尊重和保证。人的自我价值除个人直接对自己的满足和尊重外，更重要的还包括社会和他人对他的满足和尊重。

人的社会价值是指人作为客体对他人和社会的意义，对满足他人和社会的需要所做的贡献。人的社会价值大小取决于他对社会所作贡献的大小，一个对社会没有任何贡献的人，也就是没有社会价值的人；反之，一个人对社会贡献越大，他的社会价值就越大。人对社会贡献的领域不同、途径各异。人以自己的生命、劳动、能力和道德为社会服务。人对社会的贡献不仅有物质方面的，也有精神方面的。

自我价值和社会价值是人的价值的两个不可分割的方面，它们相互依存，互为条件。一方面，社会价值不能脱离自我价值。社会历史的第一个前提就是有生命的个人的存在，而个人只有获得自我需要的必要的满足，才能生存、发展，成为价值的创造者，为他人和社会进行创造和奉献。另一方面，自我价值也不能脱离社会价值。人与自身的关系是通过人与他人的关系得以实现和表现出来的，人的自我价值也要通过人的社会价值来实现和表现，在为社会贡献的过程中得到满足。德国诗人歌德说，你若喜爱自己的价值，你就得给世界创造价值。一个人不可能只有自我价值而没有社会价值，也不可能只有社会价值而没有自我价值。在社会现实中，如果只讲自我价值而不讲社会价值，只讲对个人需要的满足而不讲对他人或社会的贡献，那就可能导致个人主义、利己主义，"人的价值"就会成为某些人谋私利的一种漂亮的口实；相反，如果只讲社会价值而不讲自我价值，同样也是错误的。

应当着重指出，在人的社会价值和自我价值、贡献和满足、奉献和索取之间，决定的方面是社会价值，是贡献。因为要满足人的需要，首先要生产出满足需要的产品。所以，贡献是满足的前提。人的社会价值大于人的自我价值是社会进步的先决条件。如果每个人对社会的贡献等于他从社会中的索取，社会至多只能维持简单再生产；如果贡献小于索取，那就谈不上社会发展。只有贡献大于索取，社会才能不断发展，也只有在社会的不断发展中，人们才能从社会得到越来越多的满足。个人是在为社会的贡献中，在展现自己的社会价值中实现自我价值的。历史证明，一个民族如果不倡导自己的社会成员发扬奉献精神，这个民族就没有希望；一个人如果只讲个人满足，不愿积极奉献，这个人的价值就是负价值。

人的价值的实现是一种历史活动，人的价值的实现依赖于社会的全面发展与进步。马克思和恩格斯所说的人的解放，是一个历史概念，它不仅是指人们从落后生产力和旧的生产方式下挣脱出来，获得思想上和行动上的自由，而且也意味着人的新的价值关系的确立以及对未来价值的选择。

怎样实现人的价值呢？

首先，要对个人价值和社会价值的关系有正确的认识。如果认为个人价值和社会价值是绝对对立的，认为强调社会价值会妨碍个人价值的实现，那就必然导致人们脱离社会实践，远离社会。人们如果不重视社会价值的创造，个人价值的实现也将失去良好的环境，最终影响个人价值的实现。相反，实现人的价值必须投身社会实践，因为只有在现实的世界中，并使用现实的手段，才能展示和发挥自己的潜能，实现人的价值。人的价值的实现不可能在想象中进行，不可能离开社会去实现个人价值。实现人的价值，离不开社会生产力的发展和进步，社会生产力的发展和进步，为人的价值的实现提供必要的物质基础。无论是社会价值还是自我价值的实现，都需要一定的物质基础。社会生产力的发展和进步，使得人的价值的实现所需要的物质基础和条件越来越好，必将有利于人的价值的实现。

其次，实现人的价值，要注重人自身的全面发展。人们应该努力利用以往创造出来的全部文明成果，为人的全面发展服务。人的全面发展是一个实践过程，个人的全面性不是想象的或设想的全面性，而是他的现实关系和观念关系的全面性。在社会实践中，人的现实关系和观念关系，反映人们的价值关系。人的现实关系和观念关系的全面性，标志着人的价值关系的全面性。人的全面发展意味着人在现实关系和观念关系中不断更新自身，发展自身。在这个过程中，人无论从现实性还是在观念上，都将全面符合社会历史发展的要求。人的主体性的充分发挥，人的全面发展，越来越显示出人对社会发展的推动价值，而社会的发展与进步将促进人的全面发展，为实现人的价值创造更好的条件。

第三节　人的全面发展

一、人的发展与社会发展

随着世界范围现代化进程的加快，人的全面发展问题越来越被人们所关注，在总结历史经验教训的基础上，人们对发展的认识越来越丰富和全面，可持续发展和人的全面发展被确定为社会发展的主要内容。

人的全面发展，既可以指个人的全面发展，也可以指所有人的全面发展即整个人类的全面发展。从广义上说，人的全面发展是指人类在各个方面都得到发展；从狭义上说，人的全面发展是指个体的体力、智力、心理、品德、能力等各方面的发展。个人的全面发展，是就单个个体而言，而人类的全面发展是就整个人类而言的。个人的全面发展和人类的全面发展是辩证统一的。

人是社会的人，人的发展同社会历史的发展相一致。在人类社会不同的历史阶段上，人自身的发展状况是不相同的。在社会发展的早期阶段，没有社会分工，生产生活资料的活动同求知活动、艺术活动和社会交往活动，以朴素的自然形式融合于个体活动之中。那时的人只具有原始的丰富性，无论个人还是社会，都根本谈不上自由而充分的发展。当社会分工和剥削制度发展到资本主义阶段，一方面劳动者创造出大量剩余产品，使越来越多的人从体力劳动中解脱出来，去从事科学、艺术、文化等社会活动；另一方面劳动者本身却被牢牢禁锢在物质生产的狭小领域，成为机器的附属品。固定分工造成人的片面发展和畸形化。许多进步的思想家，特别是空想社会主义者，曾经尖锐地揭露固定分工和剥削制度对人的压制和摧残。但是由于他们找不到达到人的全面发展的现实道路，所以只能是一种空想。马克思主义在发现社会发展规律的同时，揭示了人本身发展的规律。从而把关于人的全面发展的学说由空想变成科学。

人的发展经历漫长的历史过程，马克思把人的发展的历史过程概括为三个阶段：第一个历史阶段是人的依赖关系占统治地位的阶段。这时的个人没有独立性，直接依附于一定的社会共同体。第二个历史阶段是以物的依赖关系为基础的个人独立性阶段。这时的社会形成了普遍的物质交换、全面的关系、多方面的要求以及全面的能力体系。社会关系异化为物的关系，人的独立性是片面而低级的，人的发展仍然受到社会关系的束缚和压制，但是，这一阶段为人的发展的更高阶段准备了条件。第三个历史阶段是建立在个人层面发展的基础上的自由个性阶段，人们共同的生产能力成为整个社会的财富。这时社会关系不再是异化的力量，不再支配人，而是被人们共同很好地控制着。人们在自觉、丰富而全面的社会关系下，获得自由全面的发展，成为有自由个性的人。只有到了这个时候，人的全面发展的理想才能实现。

在未来共产主义社会中，人的全面发展的基础和主要表现是劳动性质的改变。共产主义的劳动是自由自主的劳动：它是彻底消灭了剥削和奴役的劳动，是为包括自己在内的全社会而进行的劳动；它不再是单独的谋生手段，而是生活的第一需要，是乐趣和享受，是快乐和幸福的源泉；它是摆脱了自发分工的劳动，脑力劳动和体力劳动的差别已经消灭；它是由高度发达的科学技术武装起来，并得到自觉的科学管理和控制的劳动。

推进人的全面发展，同推进经济、文化的发展和改善人民物质文化生活，是互为前提和基础的。人越全面发展，社会的物质文化财富就会创造得越多，人民的生活就越能得到改善，而物质文化条件越充分，又越能推进人的全面发展。社会生产力和经济文化的发展水平是逐步提高、永无止境的历史过程，人的全面发展程度也是逐步提高、永无止境的历史过程。这两个历史过程应相互结合、相互促进地向前发展。人的发展和社会的发展二者紧密联系，互为前提。一方面，人的发展离不开社会的发展。人的发展总是在一定的社会中进行的，需要社会为其提供必要的物质条件、物质环境。不同的社会环境和社会制度下，人的发展情形大不相同。好的社会环境和社会制度，为人的发展提供有利条件，在这种情况下，人的发展进行得比较顺利；反之，社会环境恶劣，社会制度不合理，那么人的发展必然受到阻碍，受到压制。另一方面，社会发展离不开人的发展。社会由无数个人组成，每一个社会成员健康、全面的发展，构成社会整体健康、全面的发展，而且会进一步促进社会全面而快速地发展。

二、人的素质及其全面提高

生理学、心理学意义上的素质，是指人与生俱来的某些解剖生理特点，包括人的神经系统以及感觉感官、运动器官的生理结构和功能特点，特别是脑的微观结构特点。这种生理学、心理学意义上的素质，可以称为人的自然素质或先天禀赋。教育学、社会学、哲学等社会科学所说的人的素质，是指以人的禀赋为基础，在环境和教育的影响下，形成和发展起来的相对稳定的身心组织的要素、结构及其质量水平。它即指可以开发的人的身心潜能，又指社会进步的文明成果在人的身心结构中的内化和积淀；既可以指人的个体素质，又可以指人的群体素质。我们这里说的人的素质主要是指后者。

人的素质是一个由生理素质、心理素质和社会文化素质构成的有机系统。生理素质是指人的身体状态、生理机能水平、运动能力水平和对外界环境和刺激的适应能力。心理素质由智力因素和非智力因素构成，其中，智力因素包括注意力、观察力、记忆力、思维力和想象力等；非智力因素包括情感、意志和性格等。心理因素是先天生物因素和后天社会因素的有机统一，在人的素质结构中占有十分重要的地位。社会文化素质由科学素质、道德素质和审美素质构成，它是人的素质构成中最重要的方面，它给人的生理素质、心理素质打上社会的烙印，决定着人的素质的性质。人的素质是一个有机系统，它有自身的一些特点，既有遗传性，又有习得性；既有自然性，又有现实性；既有共性，又有个性。了解这些特点，可以帮助我们更好地把握人的素质的科学含义。

人的素质一方面是社会历史发展的产物，同时给历史以巨大的影响。一个国家的发展，不仅取决于经济发展的水平，而且取决于公民的素质；一个民族的腾飞，不仅表现在经济发展的水平，而且表现在人民素质的提高。现代化有三个方面的内容，物质现代化、制度现代化和人的素质现代化，其中，人的素质现代化最为关键，也最为艰难。民族素质对于社会进步的重大影响，主要通过劳动者在生产中的地位和作用得到充分的反映。劳动者是生产力中最活跃的因素，劳动者的素质决定着劳动资料和劳动对象的创造和利用。具备一定素质的人，既是生产力的构成要素，也是生产力发展的推动力量。

个人有较高的素质，是个人全面发展必不可少的前提，也是国家和民族振兴、社会全面发展的基础。科教兴国的战略，可以看做是国家发展经济的战略，是提高全民族素质的战略。放眼世界和未来，各国各民族都面临更加激烈的竞争。竞争的表现有经济的，有科技的，有政治的，但是，归根结底是民族素质的竞争。无论是发达国家，还是发展中国家，都把国家的未来和民族的希望，寄托在提高民族素质上。民族素质水平成为当今世界衡量一个国家综合国力强弱的重要标志之一。

思想道德素质是民族素质的重要组成部分，它对提高全民族的整体素质有着特别重要的意义。道德素质以精神自律本质体现在人的素质结构中，起着导向、动力和调节的作用。人的思想道德素质一旦形成并巩固下来，就会在他们的创造性实践中发挥巨大作用。一个人既有较高的文化素质，同时又有良好的思想道德素质，才能具备良好的综合素质。中华民族有五千年的悠久历史，我们的人民历来就有很多优秀的品德。新中国建立以来，党和国家十分重视思想道德建设，全民道德素质有了新的提高。现阶段我国处于社会转型时期，许多原有的伦理道德规范已经不再适应时代的发展，而社会所需要的新的价值体系还没有牢固地树立起来，一些人在道德观念上产生困惑。另外，由于社会主义市场经济体制还不完善，市场经济的负面效应对党风和社会风气产生较大的不良影响，拜金主义、享乐主义、极端个人主义以及种种消极腐败现象严重影响人们道德素质的提高。为适应改革开放、发展社会主义市场经济的新形势，提高全民素质，中共中央在《公民道德建设实施纲要》的通知中号召全社会加强社会主义思想道德建设，提出公民道德建设的主要内容是：坚持以为人民服务为核心，以集体主义为原则，以爱祖国、爱人民、爱劳动、爱科学、爱社会主义为基础的要求，以社会公德、职业道德、家庭美德为主要着力点。当前，党中央又进而提出要加强社会主义核心价值体系的建设。

人的素质的提高必须通过长期艰苦细致的教育，才能逐步实现。教育承担着提高社会公民素质的重任，它直接影响我国社会主义现代化建设的进程。邓小平早在 1985 年就指出："我们国家，国力的强弱，经济发展后劲的大小，越来越取决于劳动者的素质，取决于知识分子的数量和质量。一个十亿人口的大国，教育搞上去了，人力资源的巨大优势是任何国家比不了的。有了人才优势，再加上先进的社会主义制度，我们的目标就有把握达到。"提高人口素质，是经济和社会发展对教育的要求。中国有 13 亿人口，人口整体素质高就成为一种优势，素质低则成为包袱。培养同现代化要求相适应的数以亿计的专门人才，发挥我国巨大的人力资源优势，将关系到 21 世纪社会主义事业的全局。

三、共产主义的含义及其实现

必然王国指人们在社会生活中受盲目性支配的社会状态。这些束缚人的盲目性因素有自然力量，也有社会关系和旧的思想意识。自由王国指人们在社会生活中自觉改造客观世界，摆脱了行动的盲目性，成为自然界、人类社会和人自身的主人的社会状态。从必然王国向自由王国的飞跃是一个漫长的历史过程。

马克思主义哲学认为，自由和必然既是对立的，又是统一的。当自然和社会的发展规律尚未被人认识，人们在实践活动中尚不会利用、甚至违反这些规律的时候，这些规律就表现为与人对立的自发势力，在这种情况下，人们的认识和实践活动就是不自由的。不能把自由看成是在幻想中摆脱客观规律而独立的，而应该认识这些规律，从而能够有计划地使规律为一定的目的服务。人们认识了事物的客观规律，掌握了它的性质、发生作用的条件和发展的趋势，并在实践中运用和驾驭它，只有这时人的行动才是自由的。没有在认识上和实践上对必然的正确把握，就没有人的自由可言。

人类从必然中获得自由的程度是同社会生产力水平、科学技术水平的进步程度以及人的思维能力密切联系在一起的，人类在这些方面的每一次进步，都从必然中获得不同程度的自由。人的自由程度还受到社会关系和社会制度的制约。在以私有制为基础的阶级社会里，尽管人们逐步取得了不同程度的自由，但对必然的认识，特别是对社会发展规律的认识和对社会的改造，受到很大的限制。私有制的社会关系和条件，使广大人民处于被剥削、被压迫、受奴役的不自由的状态，社会规律作为异己的力量与人们相对立，并统治着人们。只有彻底消灭私有制，消灭一切剥削和阶级，建立共产主义社会，人们才能真正实现从必然王国到自由王国的飞跃。

作为人类从必然王国进入自由王国的飞跃，共产主义的基本特征主要有：第一，生产力、科学技术高度发展，社会产品极大丰富；第二，一切阶级差别彻底消灭，工农之间、城乡之间、脑力劳动和体力劳动的差别逐步消失，人们摆脱了固定分工的束缚，在生产领域和社会生活一切领域实现完全平等；第三，经济生活的准则是"各尽所能按需分配"；第四，全体人民的共产主义思想、集体主义精神和大公无私的道德品质极大提高，共产主义劳动状态普遍形成，普及全民教育并不断提高，人们过着丰富高尚的精神文化生活，每个人都得到全面自由的发展，等等。

共产主义包括三方面相互联系的含义：第一，它是一种科学的思想理论体系；第二，它是指由这一科学的思想理论所揭示的最合理的社会制度；第三，它是在这一科学理论体系指导下，以建立这种社会制度为最终目标的实际运动，即共产主义的实践。如果把共产主义仅仅看做共产主义制度，而忽视共产主义的理论和实践，则是对共产主义的一种片面理解。

人类对未来社会的科学认识经历了一个非常曲折的过程。资本主义社会制度确立后，社会发展的进程大大加快，人们对未来社会的认识越来越丰富。自从莫尔于 1516 年发表《乌托邦》、康帕内拉于 1623 年发表《太阳城》以来，社会主义学说经过一段漫长的历史时期后，又获得了新发展。资本主义腐朽、黑暗的一面日益暴露，大大增加了人们对资本主义社会制度的厌恶和对新的、理想社会的憧憬。18 世纪末至 19 世纪初，出现了以圣西门、傅立叶和欧文为主要代表的英法空想社会主义，和莫尔、康帕内拉不同，他们对资本主义的揭露和抨击要深刻得多，对未来理想社会的设想要具体得多。但是，由于英法空想社会主义者的历史观是唯心主义的，他们把社会主义看成是人类理性的产物，认为只要通过宣传、说服和某种示范，就能使包括王公贵族在内的一切人都接受社会主义。他们排斥革命，排斥暴力，看不到无产阶级的历史作用，把希望寄托在人的理性与良知，特别是上层人物的理性与良知上面。这种空想社会主义不仅在理论上谬误颇多，而且在实践上陷于失败，但它却引起了人们对资本主义制度存在价值的怀疑，打破了资本主义是一个神圣不可侵犯的永恒王国的神话。

马克思和恩格斯考察了人类社会，特别是资本主义社会的产生和发展，全面剖析了资本主义的经济结构及其上层建筑，考察了阶级斗争的历史发展，尤其是无产阶级和资产阶级矛盾的产生及其激化的过程，阐明了资本主义必然为社会主义所代替的历史规律，批判各种空想社会主义学说，创立科学社会主义理论，使社会主义从空想变为科学。在科学社会主义理论中，马克思和恩格斯不仅为人类描述了未来共产主义社会的美好蓝图，更重要的是为实现共产主义指明了切实可行的现实道路。历史事实告诉我们，实现共产主义是一个非常艰巨而又漫长的历史过程。我们今天树立建设中国特色社会主义社会的共同理想并为之奋斗，就是将来实现共产主义的必要准备。

Ⅰ．客观性试题

一、**单项选择题**(在每个小题列出的四个选项中，有一项是最符合题目要求的，请将正确选项填在答题纸的括号内)

1．社会进步的内在根据是(　　)。

A．人与自然之间的和谐发展

B．人与人之间的团结合作

C．各民族之间的和谐相处

D．社会基本矛盾运动

2．社会进步最基本的标准是(　　)。

A．社会秩序的稳定

B．民主程度的提高

C．生产力的发展

D．自然环境的改善

3．社会进步具有曲折性和反复性的根本原因是(　　)。

A．社会发展具有与自然界发展不同的特点

B．旧的社会势力和反动阶级顽强而持久的反抗

C．人类认识能力和实践能力的局限

D．自然灾害的危害和人的自私观念作祟

4．人的本质属性是(　　)。

A．自然属性

B．社会属性

C．物质属性

D．先天属性

5．马克思主义哲学认为人的本质是(　　)。

A．自由的、自觉的活动

B．在其现实性上是一切社会关系的总和

C．有语言文字和宗教信仰

D．有意识和抽象思维的能力

6．人的社会性在阶级社会中突出表现为(　　)。

A．人的自私性

B．人的阶级性

C．人的个体性

D．人的意识性

7．人的价值包括两个方面，这就是(　　)。

A．人的经济价值和政治价值

B．人的物质价值和精神价值

C．人的潜在价值和现实价值

D．人的自我价值和社会价值

8．人在价值关系中与其他存在物的根本区别在于(　　)。

A．人既有物质价值又有精神价值，其他存在物只有物质价值

B．人既有自然价值又有社会价值，其他存在物只有自然价值

C．人既有自我价值又有社会价值，其他存在物只有自我价值

D．人既可以是价值客体又可以是价值主体，其他存在物只能是价值客体

9．人的社会价值的大小主要取决于(　　)。

A．个人对社会奉献的多少

B．个人社会地位的高低

C．个人知识和才能的多少

D．个人所从事的职业是否重要

10．人生观是对人生的根本看法和信念，其核心是(　　)。

A．人生目的

B．人生理想

C．人生态度

D．人生意义

11．确立正确的人生观，明确人生意义的关键是(　　)。

A．处理好人的自然属性和社会属性的关系

B．处理好贡献和索取的关系

C．处理好理想和现实的关系

D．处理好理论和实践的关系

12．人类历史发展的总趋势是(　　)。

A．前进上升的、由低级向高级的过程

B．周而复始的循环过程

C．有时前进、有时倒退的过程

D．有时进步、有时落后的过程

二、多项选择题(在每小题列出的五个选项中，有二至五个选项是符合题目要求的，请将正确选项填在答题纸的括号内)

13．下列表述中，违背马克思主义关于人的本质观点的有(　　)。

A．人之初，性本善

B．人的本性是自私的

C．人的本性是趋利避害

D．人的本质属性是理性思维

E．人的本质属性是社会性

14．人生观和世界观的关系是(　　)。

A．世界观决定人生观

B．人生观是世界观的基础

C．人生观对世界观有重大影响

D．人生观是世界观的重要组成部分

E．人生观和世界观没有必然联系

15．人类历史发展的总趋势是(　　)。

A．前进的、上升的过程

B．由低级到高级的发展过程

C．循环往复、周而复始的过程

D．一帆风顺、平稳进化的过程

E．时进时退、时快时慢的过程

16．社会进步的内在根据是社会基本矛盾。这是因为(　　)。

A．社会基本矛盾是各种社会矛盾的总汇

B．社会基本矛盾决定社会制度的性质

C．社会基本矛盾决定社会制度的更替

D．社会基本矛盾决定社会发展的基本趋势

E．社会基本矛盾是社会发展的根本动力

17．"人的本质并不是单个人所固有的抽象物，在其现实性上，它是一切社会关系的总和。"这句话说明(　　)。

A．人的本质不是先天的，而是在社会实践中形成的

B．人的本质不是抽象的，而是具体的

C．人的本质不是不变的，而是变化的

D．人的社会属性属于人性范畴，人的自然属性则不属于人性范畴

E．在社会关系中处于不同地位的人具有不同的本质

18．下列选项中体现个人和社会关系的有(　　)。

A．人生自古谁无死，留取丹心照汗青

B．书山有路勤为径，学海无涯苦作舟

C．横眉冷对千夫指，俯首甘为孺子牛

D．先天下之忧而忧，后天下之乐而乐

E．人的生命是有限的，为人民服务是无限的

19．下列选项中，正确反映人的自我价值与社会价值关系的有(　　)。

A．你若要喜爱你自己的价值，你就得给世界创造价值

B．人生的意义在于贡献，而不是索取

C．苦了我一人，富了千万家

D．主观为自己，客观为别人

E．把困难留给自己，把方便让给别人

20．人生的价值在于对社会的贡献，这是因为(　　)。

A．个人为社会作贡献，能够得到社会的赞扬和好评

B．个人为社会作贡献，是社会存在和发展的客观需要

C．个人为社会作贡献，是为了从社会获得更大的利益

D．个人为社会作贡献，是实现自我价值的基础

E．个人为社会作贡献，是实现自我价值的途径

21．关于必然和自由的关系，正确的理解是(　　)。

A．只有正确认识必然，才能真正获得自由

B．自由是对客观必然性的认识和对客观世界的改造

C．自由就是摆脱必然性的束缚，不受必然性的制约

D．自由和必然可以在实践基础上达到统一

E．人类的兴衰祸福都服从于必然性的安排，没有选择的自由

22．下列选项中，属于"共产主义"一词正确含义的有(　　)。

A．作为一种文化，共产主义是指对人类一切文化的彻底否定

B．作为一种学说，共产主义是指科学社会主义理论

C．作为一种运动，共产主义是指无产阶级的革命实践

D．作为一种社会制度，共产主义是指人类最理想的社会

E．作为一种理想，共产主义是指某些人精心设计的乌托邦

Ⅱ．主观性试题

23．简述社会进步的含义、内在根据及其标准。

24．什么是人的本质和人的根本属性？

25．简述人的社会价值和自我价值的含义及其相互关系。

26．简述人的价值的实现及其途径。

27．怎样理解人的本质在其现实性上是一切社会关系的总和？

28．什么是人的素质？联系实际情况说明当代大学生应怎样全面提高自身的素质。

第一章　哲学和马克思主义哲学

Ⅰ　客　观　性　试　题

一、单项选择题

1.（　　）　　2.（　　）　　3.（　　）　　4.（　　）

5.（　　）　　6.（　　）　　7.（　　）　　8.（　　）

9.（　　）　　10.（　　）　　11.（　　）　　12.（　　）

二、多项选择题

13.（　　）　　14.（　　）　　15.（　　）　　16.（　　）

17.（　　）　　18.（　　）　　19.（　　）　　20.（　　）

21.（　　）　　22.（　　）

Ⅱ　主　观　性　试　题

_____

_____

_____

_____

_____

_____

_____

_____

第二章　世界的物质性和人的实践活动

Ⅰ　客观性试题

一、单项选择题

1.（　　）　　　2.（　　）　　　3.（　　）　　　4.（　　）

5.（　　）　　　6.（　　）　　　7.（　　）　　　8.（　　）

9.（　　）　　　10.（　　）　　　11.（　　）　　　12.（　　）

二、多项选择题

13.（　　）　　　14.（　　）　　　15.（　　）　　　16.（　　）

17.（　　）　　　18.（　　）　　　19.（　　）　　　20.（　　）

21.（　　）　　　22.（　　）

Ⅱ　主观性试题

_____

_____

_____

_____

_____

_____

_____

_____

_____

第三章 物质世界的联系和发展

Ⅰ 客 观 性 试 题

一、单项选择题

1. ( )　　　　2. ( )　　　　3. ( )　　　　4. ( )

5. ( )　　　　6. ( )　　　　7. ( )　　　　8. ( )

9. ( )　　　　10. ( )　　　11. ( )　　　12. ( )

二、多项选择题

13. ( )　　　14. ( )　　　15. ( )　　　16. ( )

17. ( )　　　18. ( )　　　19. ( )　　　20. ( )

21. ( )　　　22. ( )

Ⅱ 主 观 性 试 题

_____

_____

_____

_____

_____

_____

_____

_____

_____

第四章　联系和发展的基本规律与基本环节

Ⅰ　客 观 性 试 题

一、单项选择题

1. （　　）　　2. （　　）　　3. （　　）　　4. （　　）

5. （　　）　　6. （　　）　　7. （　　）　　8. （　　）

9. （　　）　　10. （　　）　　11. （　　）　　12. （　　）

二、多项选择题

13. （　　）　　14. （　　）　　15. （　　）　　16. （　　）

17. （　　）　　18. （　　）　　19. （　　）　　20. （　　）

21. （　　）　　22. （　　）

Ⅱ　主 观 性 试 题

_____

_____

_____

_____

_____

_____

_____

_____

_____

第五章　认识的本质和发展过程

Ⅰ　客 观 性 试 题

一、单项选择题

1. (　　)　　　2. (　　)　　　3. (　　)　　　4. (　　)

5. (　　)　　　6. (　　)　　　7. (　　)　　　8. (　　)

9. (　　)　　　10. (　　)　　　11. (　　)　　　12. (　　)

二、多项选择题

13. (　　)　　　14. (　　)　　　15. (　　)　　　16. (　　)

17. (　　)　　　18. (　　)　　　19. (　　)　　　20. (　　)

21. (　　)　　　22. (　　)

Ⅱ　主 观 性 试 题

_____

_____

_____

_____

_____

_____

_____

_____

_____

第六章 真理和价值

Ⅰ 客观性试题

一、单项选择题

1. ( )　　　2. ( )　　　3. ( )　　　4. ( )

5. ( )　　　6. ( )　　　7. ( )　　　8. ( )

9. ( )　　　10. ( )　　　11. ( )　　　12. ( )

二、多项选择题

13. ( )　　　14. ( )　　　15. ( )　　　16. ( )

17. ( )　　　18. ( )　　　19. ( )　　　20. ( )

21. ( )　　　22. ( )

Ⅱ 主观性试题

第七章 人类社会的本质和基本结构

Ⅰ 客观性试题

一、单项选择题

1. (　　) 　2. (　　) 　3. (　　) 　4. (　　)

5. (　　) 　6. (　　) 　7. (　　) 　8. (　　)

9. (　　) 　10. (　　) 　11. (　　) 　12. (　　)

二、多项选择题

13. (　　) 　14. (　　) 　15. (　　) 　16. (　　)

17. (　　) 　18. (　　) 　19. (　　) 　20. (　　)

21. (　　) 　22. (　　)

Ⅱ 主观性试题

_____

_____

_____

_____

_____

_____

_____

_____

_____

第八章 社会发展的一般规律和社会发展的动力

Ⅰ 客观性试题

一、单项选择题

1. （　　）　　2. （　　）　　3. （　　）　　4. （　　）

5. （　　）　　6. （　　）　　7. （　　）　　8. （　　）

9. （　　）　　10. （　　）　　11. （　　）　　12. （　　）

二、多项选择题

13. （　　）　　14. （　　）　　15. （　　）　　16. （　　）

17. （　　）　　18. （　　）　　19. （　　）　　20. （　　）

21. （　　）　　22. （　　）

Ⅱ 主观性试题

_____

_____

_____

_____

_____

_____

_____

_____

_____

_____

_____

_____

第九章 社会进步和人的全面发展

Ⅰ 客观性试题

一、单项选择题

1. ( )　　2. ( )　　3. ( )　　4. ( )

5. ( )　　6. ( )　　7. ( )　　8. ( )

9. ( )　　10. ( )　　11. ( )　　12. ( )

二、多项选择题

13. ( )　　14. ( )　　15. ( )　　16. ( )

17. ( )　　18. ( )　　19. ( )　　20. ( )

21. ( )　　22. ( )

Ⅱ 主观性试题

_____

_____

_____

_____

_____

_____

_____

_____

_____